China Manufacturing 2025

中国制造2025大众读本

丛书总主编　褚君浩
丛书副总主编　王喜文　朱

节能
与新能源汽车

贠强　编著

山东科学技术出版社

图书在版编目（CIP）数据

节能与新能源汽车 / 贠强编著．—济南：山东科学技术出版社，2018.4

（中国制造 2025 大众读本）

ISBN 978-7-5331-9230-3

Ⅰ．①节…　Ⅱ．①贠…　Ⅲ．①新能源－汽车工业－工业发展－中国　Ⅳ．① F426.471

中国版本图书馆 CIP 数据核字（2018）第 004814 号

中国制造 2025 大众读本

节能与新能源汽车

贠　强　编著

主管单位：山东出版传媒股份有限公司

出　版　者：山东科学技术出版社

地址：济南市玉函路16号

邮编：250002　电话：（0531）82098088

网址：www.lkj.com.cn

电子邮件：sdkj@sdpress.com.cn

发　行　者：山东科学技术出版社

地址：济南市玉函路16号

邮编：250002　电话：（0531）82098071

印　刷　者：山东新华印务有限责任公司

地址：济南市世纪大道 2366 号

邮编：250104　电话：（0531）82079112

开本： 720 mm × 1020 mm　1/16

印张： 18.25

字数： 292 千

印数： 1–3000

版次： 2018 年 4 月第 1 版　　2018 年 4 月第 1 次印刷

ISBN 978-7-5331-9230-3

定价：68.80 元

褚君浩，丛书总主编，中国科学院院士，中国科学院上海技术物理研究所研究员，华东师范大学教授，九三学社中央科普工作委员会主任，上海市科普作家协会终身名誉理事长。主要从事红外物理、窄禁带半导体以及铁电薄膜的材料器件物理的应用基础研究，发表学术论文500余篇，出版《窄禁带半导体物理学》等中英文专著3部。获国家自然科学奖3次、部委级自然科学奖或科技进步奖10次。2012年获上海“科普杰出人物奖”；2015年被评为十佳全国优秀科技工作者；2017年获得首届全国创新争先奖章。

王喜文，丛书副总主编，工学博士，博士后，高级工程师，九三学社中央科技专门委员会委员、中央促进技术创新工作委员会委员。1998年8月起在北京第一机床厂工作过两年，后为日本开发10年计算机软件。2009年8月至2017年12月在工业和信息化部国际经济技术合作中心工作，历任信息部副主任、主任，电子商务研究所所长，中国智造与工业4.0研究所所长。

朱运海，丛书副总主编，双博士，博士后，硕士生导师，山东省科学院自动化研究所所长，山东省经济和信息化发展研究院副理事长。致力于智能制造与智慧城市应用技术研究，主持和参与国家重大专项十余项；参与编绘《国家1:100万地貌图图集》1部，参与编译《地理学方法》译著1部；授权软件著作权2项，发表学术论文30余篇，获省科技进步三等奖1项。

科学指导

陈学庚（中国工程院院士，农业机械设计制造专家）

俞建勇（中国工程院院士，纺织材料专家）

施仲衡（中国工程院院士，地下铁道专家）

钱　锋（中国工程院院士，工业过程智能控制专家）

甄永苏（中国工程院院士，微生物与生物技术药学、肿瘤药理学领域专家）

编著委员会

主　任

褚君浩（中国科学院院士，九三学社中央科普工作委员会主任）

副主任

孟安明（中国科学院院士，九三学社中央科技专门委员会主任）

白宗文（山东科学技术出版社副社长）

成　员（按姓名笔画排序）

王东伟　王吉星　王传栋　王喜文　王旖旎　石　忠　朱运海

汤华波　贠　强　李正宝　李向东　杨正泽　邹　迎　沈　江

尚书旗　周忠海　周思凡　郑　佳　段崇刚　徐　曼　凌沛学

丛书序言

科学技术的进步和普及是社会进步的重要内在动力。《中国制造 2025 大众读本》丛书生动解读和传播中国制造强国建设第一个十年纲领性文件《中国制造 2025》及其技术路线图提及的科学技术，是一套值得大众阅读的科普好书。

习近平总书记在 2016 年“科技三会”上指出：“科技创新、科学普及是实现创新发展的两翼，要把科学普及放在与科技创新同等重要的位置。没有全民科学素质普遍提高，就难以建立起宏大的高素质创新大军，难以实现科技成果快速转化。”本丛书编写的目的就在于通过科学普及，让大众都能消化吸收和运用扩展“中国制造 2025”的科技内涵，从而能够在实现创新型国家建设中更好地发挥才智。

目前，我们已经有一些科普网站从事科学传播工作，也有很多普及科学的广播和电视节目、报刊和图书，其内容或是对科学趣味性的发掘，或是对科学之美的展现，或是对读者阅读兴趣的引领，主要是科学知识的普及与传播，侧重于全民科学知识的积累。这为提高全民科学素养奠定了扎实的基础。与此同时，如何进一步传播从知识到技术的转化，以促进产业和经济发展，是需要广大科技工作者尤其是致力于科学普及创作的科技工作者深入思考并身体力行的。

就图书领域来说，由上海市科普作家协会组织编撰、由我担任总主编的国家出版基金项目《战略性新兴产业科普读本》（8 卷本，上海科学技术文献出版社 2014 年出版），已经试着打破传统科普读物那种纯粹以知识普及为主的固有模式，将科普与国家政策、产业发展、科技创新以及社会发展大势紧密融合，从而帮助人们形成产业意识并投入其中，吹响人们“科技行动”的号角。

但是，当时并未意识到科普与国家政策、产业发展等的结合将会开创一个全新的科普读物门类——工业技术科普读物。这次，由九三学社中央科普工作委员会和科技专门委员会成员组织编撰、山东科学技术出版社出版的《中国制造 2025 大众读本》丛书，从国家政策的顶层设计、产业行业的发展轨迹和科学技术的知识内涵等方面，对我国制造强国建设的第一个十年纲领性文件《中国制造 2025》及其技术路线图进行了多方位、全视角、普及化的解读，是对工业技术科普读物内涵的又一次深入发掘，标志着我国原创科普图书创作的一种新模式、新品种、新门类的诞生，将为广大科普爱好者奉上全新的知识盛宴。

工业技术科普的最大亮点，是打破了传统科普读物纯粹的知识普及为主的固有模式，将科普与国家政策、产业发展、科技创新以及社会发展大势紧密融合，体现了科普创作服务于国民经济建设的宗旨，可作为领导干部和公务员的决策参考、可为企业家和相关产业科研人员提供研发启迪、可使学生及普通读者获得具有现实应用意义的新知。[①]

中国制造 2025 具有鲜明的时代特征。“互联网 +”时代，信息技术与各项实体技术深度融合，工业行业的重重围墙不断被突破，“互联网 +”以巨大的资源聚合力和创新驱动力推动着全球工业格局重塑。“互联网 +”以其特有的跨界融合、资源聚合和整合传播力，深刻地改变了人们理解和体验现代科技文明的方式和习惯。以“开放、共享、协作、参与”的互联网精神扎实有效开展工业技术科普，切实构筑我国工业强国建设的公民科学素质根基，迫在眉睫。[②]

中国制造 2025 的核心是创新驱动。习近平总书记多次对中国制造转型升级做出重要论述。李克强总理从政府层面扎实推进中国制造 2025，努力推动形成我国经济发展的新动能。2017 年 6 月 12 日新华社发表标题为《习近平

① 佚名.科普爱好者的“盛宴”“战略性新兴产业科普读本”丛书亮相 [N/OL]. 人民网－上海频道 [2014-08-12]. http://sh.people.com.cn/n/2014/0812/c134768-21965506.html

② 张义忠.“互联网 +”时代亟须工业科普 [N]. 中国科学报，2015-09-28.

重新定义中国制造》的评论员文章，再次将世界的目光吸引到“中国制造”上来[③]。文章中归纳出，中国制造，当以创新为灵魂，当以品质为生命，当以人才为根本。现在，在比较挑剔的外国消费者眼里，中国产品的质量也已今非昔比，但我们也应清醒地认识到，中国制造走以质取胜的发展道路仅仅开了个头，人们还多用老眼光来看“中国造”。改变人们的“老眼光”，既要立足于行，使“质量第一”成为从企业到消费者普遍参与的社会行动；也要大力宣传，展现我们在制造业方面“强”的部分，激发人们的自豪和认同。横向对比，“德国制造”之所以长盛不衰，与其拥有大量一流技术工人、发达的职业技术教育分不开。从我国现实看，制约中国制造转型升级的一个瓶颈就是人才短板。建设制造强国，需要培养和造就一支数量充足、结构合理、素质优良、充满活力的制造业人才队伍，为实现中国制造“三步走”战略目标奠定坚实人才基础。相比技术的研发、产品的创新，这一过程更加需要定力和耐心，也更加呼唤企业界、教育界和政府部门等各方的共同努力，其基础在于改变人们对于制造业“傻大笨粗”的老印象、从事制造业“低人一等”的老观念，吸引更多的优秀人才到制造行业中创新创业，就业乐业。《中国制造2025大众读本》的策划，正是基于这个信念，从“工业技术普及”的角度，采用科普图书生动活泼的笔触，为产业现状、工业技术倾注各领域专业人士的情感，用带有温度的呈现形式展现出我国制造业的现状和未来。内容架构上，从纵向（历史）的角度展现各领域产业行业的传承与发展，从横向（国际）的角度展现各领域产业行业所取得的成绩以及与世界先进水平的差距。

《中国制造2025大众读本》丛书，与国家政策、产业发展、科技创新以及社会发展大势紧密融合，体现科普创作服务国民经济建设的宗旨。丛书共分十册，总论《中国制造2025曙光：智能·绿色·融合·创新》结合2015年国务院印发的《中国制造2025》文本，全面剖析我国制造业的新阶段、新形势和新环境，准确分析面临的挑战和任务。其余九册分别围绕新一代信息技术产业、高档数控机床和机器人、航空航天装备、海洋工程装备及高技术

③ 辛识平．习近平重新定义中国制造[N]．新华社[2017-06-12]．http://news.xinhuanet.com/2017-06/12/c_1121130716.htm

船舶、先进轨道交通装备、节能与新能源汽车、农机装备、新材料、生物医药与高性能医疗器械等《中国制造 2025》要突破发展的九大重点领域（《中国制造 2025》提及的是十大领域，其中电力装备对应的分册暂不出版）进行科普解读，系统介绍每个领域产业行业的发展历程、发展路径、技术方向、发展目标以及和社会经济发展的关联。编写中，突出“掌握规律—技术发明—产业应用”的发展脉络和思想，体现所涉及技术、产品知识产权的“自主”和“创新”。内容选取，参照又不拘泥于国家制造强国建设战略咨询委员会发布的《〈中国制造 2025〉重点领域技术路线图》，既阐明我国制造业“大而不强”的现状态势以及“从大变强”的意愿和做法，帮助读者“认清家底儿”，又重点展现我们在制造业方面“强且领跑”的部分，激发读者的认同和自信。

本丛书编写团队，由我担任总主编，工信部中国智造与工业 4.0 研究所原所长王喜文博士和山东省科学院自动化研究所所长朱运海博士具体协调组织，作者以九三学社中央科技委委员为主，既有工信部、科技部下属科研院所以及山东省科学院的青年才俊，又有北京市交通委、中国中车的技术大拿，还有中国科协的首席科学传播专家，更有泰山学者、山东省科学技术最高奖获得者，他们的专业性和对于科技传播和科普创作的热忱，决定了本丛书是一套既有科技含量又有温度的工业技术科普读物。

希望本书有益于深化大众对《中国制造 2025》的全面认识。

（中国科学院院士，中国科学院上海技术物理研究所研究员，
华东师范大学教授，九三学社中央科普工作委员会主任 **褚君浩**）

序言：中国汽车——迈向低碳智能之路

过去20年，是中国汽车产业肆意生长的“黄金20年”，不仅诞生了诸如上汽、长安等年产销过百万辆的大型汽车集团，吉利、奇瑞、长城、比亚迪等自主车企也在激烈的市场竞争中站稳脚跟并快速成长起来。时至今日，世界汽车产业风口正逐渐转向了新能源和智能汽车。推动汽车产业迈向低碳智能之路的，除了源自传统汽车圈的内生力量之外，还有正加速向社会各个方面渗透的互联网等新兴科技圈的巨大外力。当前正是互联网和汽车两大力量相互融合的历史交汇点，“互联网＋汽车”的大幕已正式拉开。

互联网预言大师、畅销书《失控》一书的作者凯文•凯利甚至预言，未来汽车不再只是个交通工具，而是一台拥有四个轮子的智能化电脑，是人类除了家、办公室和公共空间之外的第四空间。人们开始畅想未来的汽车生活究竟是怎样的，清洁、环保、安全、高度智能、实时交互、自动驾驶……

中国制造2025规划，是中国政府在新一轮产业革命浪潮中做出的积极举措，是在“新常态”和“供给侧改革”的背景下，强调制造业在中国经济中的基础作用，认真谋划如何从要素驱动、投资驱动转向创新驱动，以及如何将制造大国升级为制造强国。

由九三学社中央科普工作委员会主任褚君浩院士总主编的工业技术科普读物《中国制造2025大众读本》，主题是“科普中国制造2025，宣讲制造强国战略”，生动解读和传播《中国制造2025》及其技术路线图提及的科学技术。《节能与新能源汽车》是其中一个分册，从节能与新能源汽车的发展历程、发展趋势、发展路径等角度全面地解读了中国汽车参与全球新一轮工业革命的机遇与挑战。这对于中国相关企业来说，是十分有借鉴意义，并值得深入思考的。

（清华大学汽车工程系教授，博士生导师，

国家杰出青年基金获得者，长江学者 **王建强**）

前言

随着全球汽车保有量的迅速增长，带来的能源和安全问题日益严峻。从可持续发展的角度来看，汽车产业必须解决能源、污染、安全和拥堵等四大全球性问题，而低碳化、信息化与智能化汽车已被认为是最终解决方案。

据中国汽车工业协会统计，2016 年中国汽车产销均超 2800 万辆，连续八年蝉联全球第一。海关总署公布的数据显示，2016 年我国原油进口量攀升 13.6% 至 3.81 亿吨，创下日均 763 万桶的纪录，12 月更是超越美国成为全球最大石油进口国。在这种情况下，国内原油对外依存度持续大幅攀升，已超过 60% 的警戒线。当前中国汽车耗油约占整个石油消费量的 1/3，预计到 2020 年这个比例将上升到 57%。工信部预测到 2020 年，中国汽车保有量将达到 2.5 亿量，消耗成品油约 4 亿吨，也就是说汽车的平均年耗油量为 1.6 吨 / 辆。由此而引发的能源、坏境和交通等一系列的问题都在迫使我国汽车产业必须寻找新的可持续发展之路。

公安部交通管理局发布的数字显示，截至 2016 年底，全国机动车保有量达 2.9 亿辆，其中汽车 1.94 亿辆；机动车驾驶人达到 3.6 亿人，其中汽车驾驶人超过 3.1 亿人。机动车及驾驶人数量迅速增长，给人们生产生活带来便捷的同时，也带来不容忽视的安全隐患。世界卫生组织（WHO）发布的《道路安全全球现状报告》指出，道路交通伤害已取代自杀成为“伤害死亡”的首要原因。据中国公安部交通管理科学研究所的统计，全国各地交警接报事故的总量大概在 470 万左右，每年因道路交通安全事故伤亡人数超过 20 万人。

“中国制造 2025”是中国实施制造强国战略的第一个十年行动纲领，意在全面提升中国制造业发展的质量和水平。无论从创新驱动发展，还是国民经济的可持续健康发展来看，具有大规模产业关联带动作用的汽车产业都是战略必争产业。因此，“中国制造 2025”对汽车产业给予了充分的重视，明确提出节能汽车、新能源汽车（纯电动和插电式混合动力汽车、燃料电池汽车）、智能网联汽车是我国汽车产业未来重点发展的方向，并分别提出了 2020 年和 2025 年的发展目标。

节能汽车是指以内燃机为主要动力，综合工况燃料消耗量优于下一阶段目标值的汽车。在未来 30 年内传统汽车仍将在我国汽车消费中占绝对主体地位，因此节能汽车的大量普及对缓解我国能源与环境压力起着至关重要的作用。“中国制造 2025”提出：到 2025 年，形成自主可控完整的节能汽车产业链，自主产品市场份额达到 50%。商用车新车油耗达到世界先进水平，关键零部件自主化率超过 80%；乘用车新车百千米油耗不超过 4 L，关键零部件自主化率超过 60%。

新能源汽车是指采用新型动力系统，完全或主要依靠新型能源驱动的汽车，主要包括纯电动汽车、插电式混合动力汽车和燃料电池汽车。“中国制造 2025”提出：2020 年初步建成以市场为导向、企业为主体、产学研用紧密结合的新能源汽车产业体系。自主新能源汽车年销量突破 100 万辆，市场份额达到 70% 以上；至 2025 年，形成自主可控完整的产业链，与国际先进水平同步的新能源汽车年销 300 万辆，自主新能源汽车市场份额达到 80% 以上；产品技术水平与国际同步，拥有两家在全球销量进入前十的一流整车企业，海外销售占总销量的 10%。

智能网联汽车是指搭载先进的车载传感器、控制器、执行器等装置，并融合现代通信与网络技术，实现车内网、车外网、车际网的无缝链接，具备信息共享、复杂环境感知、智能化决策、自动化协同等控制功能，与智能公路和辅助设施组成的智能出行系统，可实现“高效、安全、舒适、节能”行驶的新一代汽车。“中国制造 2025”提出：到 2020 年，掌握智能辅助驾驶总体技术及各项关键技术，初步建立智能网联汽车自主研发体系及生产配套体系；到 2025 年，掌握自动驾驶总体技术及各项关键技术，建立较完善的智能网联汽车自主研发体系、生产配套体系及产业群，基本完成汽车产业转型升级。

本书作为工业技术科普读物，能够向广大群众、青年学子、汽车爱好者普及节能与新能源汽车科技知识，希望能够激励更多的社会人士关注和宣传新能源汽车，投身于中国新能源汽车产业的振兴之中。

编著者

2018 年 1 月

目　录

改变世界的机器

汽车发展的前世与今生

在汽车诞生之前，马车一直是人类最重要的交通工具。中国是最早使用车辆的国家之一，相传早在4600多年前的黄帝时代，劳动人民就发明了舟车。公元前21世纪，奚仲就任夏朝的“车正”（古代职掌车服诸事的官员）创造了世界上第一辆用马牵引的木制车辆。公元13世纪，中国马车制造技术通过丝绸之路和海路传到了欧洲。16世纪，欧洲马车制造业兴起，出现了双轴四轮马车，具有弹簧缓冲装置。到19世纪末，欧洲的自行车和马车工业已经很发达了，为汽车的发明奠定了基础。自行车所用的钢管构架、滚珠轴承、链条传动、变速齿轮、充气轮胎、专用机床等等都可用于汽车，马车的车身技术和车身造型也可用于汽车。自行车、马车的普及推动了公路建设。自行车和马车业还为汽车行业准备了技术人才和管理人才，组建标致公司的阿尔芒·标致（Armand Peugeot）先生原来是自行车生产者，组建通用汽车公司的威廉·杜兰特（William Crapo Durant）先生原来是马车制造商。

自行车、马车和汽车的根本区别是，自行车和马车是人力或畜力驱动，而汽车是靠自身携带的动力装置（不包括人力、畜力和风力等）驱动的。1712年，英国人托马斯·纽可门（Thomas Neucomen）发明了世界上第一台蒸汽机。蒸汽机用于驱动机械，拉开了划时代的第一次工业革命的大幕。1769年，法国陆军工程师尼古拉·约瑟夫·居纽（Nicolas-Joseph Cugnot）制造出世界上第一辆蒸汽机驱动的三轮汽车。该车的速度仅约4 km/h，没有转向装置，只能直线行走，而且每15 min就要停车向锅炉加煤，后来在试车途中撞坏了。尽管居纽的这项发明没有完全成功，但它却是古代交通运输（以人、畜或风为动力）与近代交通运输（以动力机械驱动）的分水岭，具有划时代的意义。后来虽然人们对蒸汽汽车进行了许多的改良，1834年在伦敦还出现了蒸汽公共汽车，但由于蒸汽汽车体积大、速度小、热效率低，最终还是退出了历史的舞台。

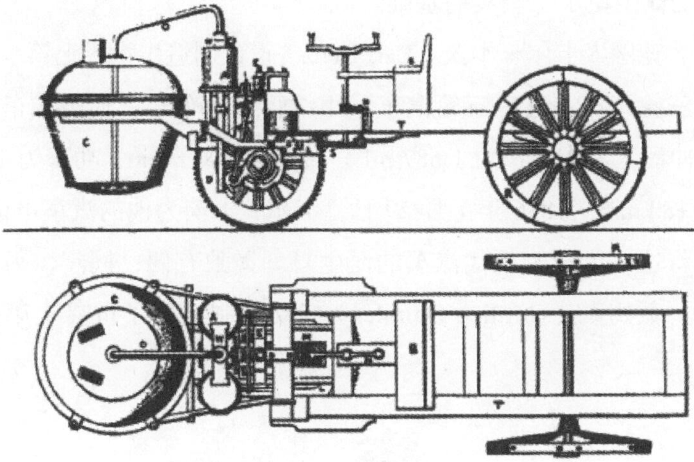

世界上最早的蒸汽汽车结构图

1794 年，英国人斯垂特首次提出把燃料和空气混合制成混合气体以供燃烧的构想。1801 年，法国人勒本提出煤气机原理。1838 年，英国发明家亨纳特发明了世界第一台内燃机点火装置，该发明被称为“世界汽车发展史上的一场革命”。1860 年，法国电器工程师莱诺（Lenoir）成功地研制出来一台安装了蓄电池点火系统、使用煤气做燃料的单缸二冲程内燃机，这是世界上最早的内燃机。1861 年，法国铁路工程师罗夏发表了进气、压缩、做功、排气等容燃烧的四冲程发动机理论，后来成为内燃机发展的基础。1867 年，德国工程师尼古拉斯·奥托（Otto）研制成功世界上第一台往复活塞式四冲程煤气发动机。这台单缸卧式煤气机的功率为 2.9 kW，压缩比为 2.5，转速为 250 r/min。奥托于 1877 年 8

奥托发明的内燃机

月 4 日获得专利，但后来他宣布放弃自己所获得的四冲程发动机专利，任何人都可根据需要免费使用。奥托以内燃机奠基人的身份被载入史册，其发明为现代汽车的诞生奠定了坚实的基础。

1886 年，德国人卡尔 · 本茨（Carl Benz）设计制造出世界上第一辆装有汽油内燃机的三轮汽车。这辆三轮汽车采用钢管焊接车架，辐条式车轮，发动机为单缸四冲程，工作容积为 1 687 mL，转速为 200 r/min，功率为 1.103 kW，最高时速为 18 km/h。1886 年 1 月 29 日，卡尔 · 本茨为他的汽车申请了专利。人们通常也将这一天视为现代汽车的诞生日。无独有偶，同年，另一位德国人哥德利普 · 戴姆勒（Gottlieb Daimler）成功地制造出了世界上第一台四轮汽油机汽车。

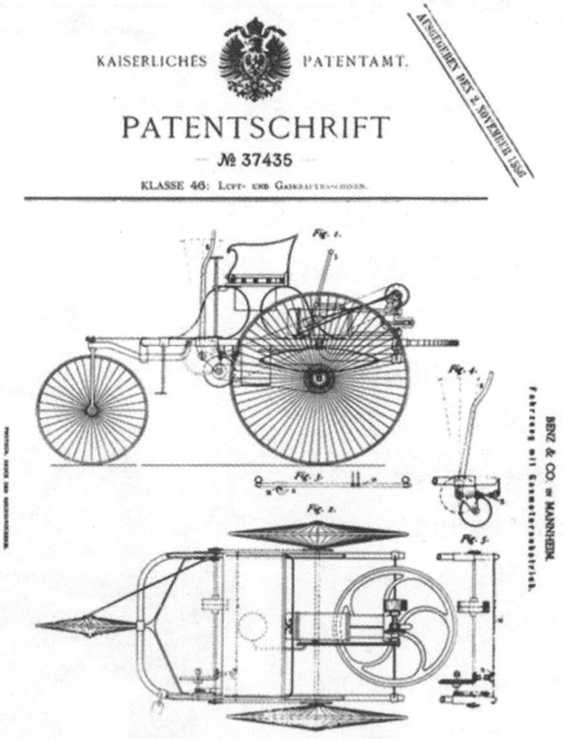

本茨第一辆汽车的专利证书

本茨和戴姆勒发明的都是汽油机汽车，当时的人们也尝试用其他燃油作为汽车燃料。1897 年，德国人鲁道夫 · 狄塞尔（Rudolf Diesel）成功地试制出了第一台柴油机。它的功率为 14 瓦特，远远超过当时的蒸汽机和已经发明的奥拓发动机。由于这种发动机功率大，油耗低，并可使用劣质的燃油，显示出辉煌的发展前景。可惜的是，这位对柴油机做出重大贡献的狄塞尔于 1929 年 9 月 29 日结束了自己的生命，未能看到柴油机被用于汽车的那一天。人们为了纪念他，就把柴油机称作狄塞尔柴油机。

狄塞尔和他发明的柴油机

自从本茨发明第一辆汽车之后，与汽车相关的各项技术如雨后春笋般涌现并快速发展。车身设计从仿照马车逐步发展到在车身上加装挡风板、挡泥板和挡风玻璃等装备。从空气阻力巨大的福特 T 型箱式车身，到 20 世纪 30 年代中期著名的汽车设计师波尔舍设计了流线型车身的甲壳虫轿车。随着人体工程学和流体力学的发展，20 世纪 50—70 年代又相继出现了具有较小空气阻力的船型、鱼型和斜背式车身等。20 世纪 70 年代之后，汽车进入了综合技术及高科技广泛应用的发展时期。从空气动力学、人体工程学、材料科学、电子技术、环境技术、安全技术、节能技术到信息技术等，汽车综合了各工业门类的众多技术，成为人类科学发明和技术创新的载体。汽车已不再是单纯的交通工具，它改变了人类的生活和工作方式，进而成长为国家的支柱产业。因此，汽车也被誉为“改变世界的机器”。

世界汽车工业的发展历程

在过去 100 多年的发展历程中，作为一种具有四个轮子、依靠内燃机动力、用以载人 / 货行驶的运输工具，汽车这个基本概念基本没有发生变化。但汽车工业从无到有、从小到大、从简单到复杂、从欧美到亚非，已经历了多次的大变革，发展成为当今世界上最庞大的产业之一。

汽车工业早期（1886—1909）：手工装配的作坊式生产

1887 年，法国庞哈德 · 莱瓦索马车制造公司获得了戴姆勒高速汽油机在法国生产的专利权。按买主要求，依靠技巧娴熟的工匠用手工在装配大厅配制每辆各不相同的轿车。1889 年生产的汽车可称得上是现代汽车的原型，发动机放在车前部，乘客分排坐在后面，装备有离合器、变速器和后驱动轴。当时的法国巴黎道路宽阔，且有奢华风尚，带动了汽车需求，该公司汽车产量大增。1894 年，该公司每年能生产几百辆汽车，是世界领先的汽车公司。继德国、法国之后，美国、英国和意大利也陆续出现了多间这种作坊式汽车生产公司。1900 年，欧美各国共生产了 9 504 辆汽车。这一时期的汽车实际是一种供富贵阶层游乐消遣的手工单件制作的“工艺品”。

庞哈德 · 莱瓦索公司生产的汽车

第一次变革（1910—1949）：流水线批量生产美国称霸

1863 年，亨利·福特（Henry Ford）出生在美国密歇根州韦恩郡的史普林威尔镇。他从小就对机械感兴趣，曾经梦想制造一辆靠本身的动力运行并能载人的“不用马的马车”。15 岁时，小福特亲手造了一台内燃机。16 岁那年，他离开家乡，去底特律做了一名机械师学徒工，学成后进入了西屋电气公司。1896 年，福特成功制造了人生中第一辆汽车，将其命名为“四轮车”（Quadricycle）。此后他与几个伙伴一起成立了汽车公司，潜心研究提升汽车性能的技术，并通过比赛来证明车的优良性能。但是由于经营不善，他组建的第一家公司很快倒闭了。非常不幸，他创立的第二家公司的投资者后来也迫使他离开公司，并将公司名称改为凯迪拉克。

1903 年，福特又联合 11 位投资者建立了福特汽车公司。初期，他们租赁马车制造厂做总装厂，装配两座带篷船式车身 A 型车，售价 850 美元。后来在比凯·阿庇纽建立新的三层式厂房，一层机加工缸体、曲轴等大件，二层机加工小件，三层组装。这已具备大量生产的基本形态。1908 年，福特公司推出了福特 T 型车——一种不加装饰、结实耐用、容易驾驶和维修、可在乡间道路行驶、大众市场需要的低价位车。T 型车装配 4 缸 20 马力（注：马力是功率单位，当时 1 马力约相当于 735 W）汽油机，前置于发动机罩内，装配具有两个前进挡和一个倒挡的行星齿轮变速器，充气轮胎，双排座带蓬船形车身。该车一经投放市场便大获好评，很快就接到了大量订单。1909 年开始 T 型车生产，当年售价 950 美元，产量达万辆。1914 年，他将泰勒的流水生产线技术运用到汽车上，不仅有助于在装配过程中通过生产设备使零部件连续流动，而且便于对制造技能进行分工，把复杂技术简单化、程序化。组装 1 辆汽车由原定置式的 750 min 缩短为 93 min，工厂单班生产能力达 1 212 辆。当时有专用机床约 1.5 万台，员工 1.5 万人，成为后来为全世界汽车厂采用的汽车大批量生产方式的原型。

福特 T 型车生产线

与此同时，福特公司调整了销售组织，在销售服务子公司基础上，开设现地组装厂，把从底特律运来的散件组装成车。这样可以用普通货车运输，大量削减了运输成本，并且节省了底特律的仓库面积。大批量生产和分装使生产成本逐年下降，1924 年底 T 型车售价下降到 290 美元。1917 年福特公司市场占有率逾 42%，1921 年达 55.45%，成为当时美国最大的汽车制造商。1927 年停产前，福特 T 型车共售出 1 500 万辆，同一车型连续生产长达 19 年，这是 T 型车和大批量生产创造的辉煌。

大批量流水线生产的成功，不仅使 T 型车成为有史以来最普遍的车型，而且使家庭轿车的神话变为现实。福特流水线生产方式的成功，不仅大幅度地降低了汽车成本、扩大了汽车生产规模、创造了一个庞大的汽车工业，而且使当时世界上的大部分汽车生产从欧洲移到了美国。1929 年，美国全年生产了 54.5 万辆汽车，出口 5 万多辆，占领了美国之外的国际市场的 35%。

第二次变革（1950—1969）：产品多样化，欧美争霸

二战后，欧美率先进入汽车时代。汽车无论是在外形、性能还是颜色上，都发展变化很快，汽车外形演变的每一个时期都在不断地开拓着汽车新的造型，除了使汽车性能得以提升外，同时也是汽车美学的发展。20 世纪 50 年代，美国汽车业界已形成“通用”“福特”“克莱斯勒”三大公司鼎立的局面，并且以压倒性优势雄霸世界汽车市场。1948 年，美国独占沙特阿拉伯石油资源，大量石油使汽车燃料和生产汽车所需电力及各类材料得到低价且充分的供应，而且汽油价格和汽油税都很低，因此美国汽车厂更倾向于生产利润丰厚的大型、豪华的高档车。美国车采用的小型发动机都超过 3.0 L，大的甚至超过 7 L，自动变速、助力制动、动力转向和车身与底盘成一体的结构已普及，大型尾翼、多款镀铬件和优质涂料把汽车打造得光亮夺目。汽车耐用期已增到十年，但崇尚消费的美国民众平均三年换新车成为社会潮流。各厂家纷纷以产品换型、变更式样，用大型、大马力、高操纵性形成的高价格化获取最大限度利润。这一时期，出现了搭载大排量 V8 发动机、具有强劲马力、外形富有肌肉感的美国肌肉车（Muscle Car），例如雪佛兰科迈罗（Camaro）、道奇挑战者（Dodge Challenger ）以及福特野马（Mustang）等。20 世纪 60 年代，美国肌肉车极其盛行并受到人们追捧。

美国肌肉车代表——福特野马

美国肌肉车代表——雪佛兰科迈罗

美国肌肉车代表——道奇 Challenger

同时期的欧洲厂商也开始实行“量产化”，但与美国不同的是，欧洲燃油匮乏，燃油税也较高，因此重点发展小型车。为了适应欧洲各国大不相同的市场情况，当时的欧洲汽车制造商纷纷寻求对不同设计要求的多样化技术。有的偏爱功率大的发动机，有的设计别出心裁的气缸，有的使用后置式发动机，也有的集中研究前悬挂式发动机和后轮驱动。竞争不仅表现在组合车身的设计上，还包括柴油发动机和汽油发动机。欧洲汽车设计轻巧、各具特色又省油，成为欧洲主要的出口工业品。德国的甲壳虫、英国的希尔曼、莫利斯、法国的雷诺、意大利的菲亚特等，都是当时欧洲汽车工业杰出的代表。

20 世纪 60 年代，英国奥斯汀 MINI 牌小型车采用发动机前横置、前轮驱动结构，占用空间更小，车子更紧凑，几乎成为当代轿车的标准布置方式。此外，欧洲还发展了许多款跑车，如英国的捷豹和奥斯汀·希利，德国的保时捷和奔驰，意大利的菲亚特和阿尔法·罗密欧。这些汽车行驶性能优越，采用了许多新技术，如奔驰 300SL 为更好地参加比赛，采用了如柴油机供油式的汽油喷射；捷豹 C 型跑车采用了盘式制动器。凭借具有卓越的产品设计和技术性能，欧洲汽车厂商生产出的各式各样的跑车销往美国，从而出现了欧美争霸的局面。

奥斯汀 MINI

保时捷 904 Carrera GTS

捷豹 C-Type

第三次变革（1970—1989）：石油危机促欧美日三足鼎立

随着日本宣布无条件投降，第二次世界大战正式结束。当时的日本已经是一片废墟，不可能再搞军事工业，要发展工业只能寄托于民用工业。但由于日本的自然资源贫乏，不可能像美国和苏联那样建立一个独立的国内市场，必须走“贸易立国”的道路。可要想在狭小的国土上养活 1 亿多人，只有靠高技术、高附加价值的产品才能实现。日本政府在这个时刻发挥了关键作用。一位官员指出：如果日本把未来寄托在劳动密集型产业上，将永远无法摆脱亚洲贫穷与停滞的模式。因此，他们把赌注压到了小轿车这个代表民用技术最高水平的产品上。小轿车是钢铁、橡胶、机电的综合工业，可以成为整个日本经济发展的原动力。1945 年 8 月 28 日，距日本宣布投降仅仅 13 天，日本通产省的官员就召集丰田、日产等当时日本汽车公司的首脑，商讨日本的工业再建问题。通产省的官员向汽车公司的首脑们说明了政府准备以小轿车产业为今后工业发展龙头的计划。这样，汽车产业就被放到了日本经济发展的主导位置上。

日本的汽车工业起步比欧美国家晚了约 30 年，当丰田汽车公司的创始人丰田喜一郎开始研制汽车时，美国的通用和福特早已成为举世闻名的汽车巨头了。而丰田第一辆小型轿车的样车直到 1947 年 1 月才试制成功。二战结束后，出于政治上的考虑，美国政府给予了日本大量经济援助，其中一项就包括帮助发展日本本土汽车业。在此期间，日本政府也通过关税壁垒、财政补贴、信贷支持等种种手段大力扶持本国汽车工业。随着经济的强势复苏，日本的民用车市场逐渐打开，从 20 世纪 50 年代到 60 年代初，日本刮起了“三轮车”旋风。1953 年，日本一跃成为全球摩托车第五大生产国。1954 年第一届东京国际车展应运而生，吸引了 55 万观众，在当时引起了轰动。1955 年 9 月，日本重新加入 GATT（关税及贸易总协定），政府为本土车企争取到了 10 年的缓冲期，直到 1965 年 10 月才彻底放开了日本市场对于进口汽车的准入壁垒。这 10 年间，日本车企大力进行了技术和管理革新。

为了向欧美先进汽车企业学习，丰田派代表团到美国访问，参观了福特汽车公司位于美国密歇根州的汽车工厂。尽管当时福特汽车是行业的领导者，但丰田代表团发现福特使用的很多生产方法并不是很有效率。令代表团最为震惊的是大量的库存和在大部分时间里工厂各部门的工作量并不平均。不过，他们在访问 Piggly Wiggly 超级市场时，发现 Piggly Wiggly 只会在顾客购买货品之后才重新进货，从而得到了启发。在此基础上，1954 年，丰田在管理方面引进了一系列的全新生产方式，并在其后的发展过程中将其逐步演变成今天众所周知的“看板方式”。1963 年，丰田汽车公司全面推行把工件号、数量、时间、工程和用途等指令计入看板，实现了精益生产方式，这是组织汽车生产的又一重要技术进步。这一方式实际上就是丰田喜一郎率先倡导的“Just in time”（零部件应在正好需要的时间以正好需要的数量到达正好需要的位置）这一理念的具体体现。后来，这种生产方式被称为丰田式生产管理（Toyota Management）或丰田生产体系（Toyota Production System，TPS）。美国麻省理工学院在一项名为“国际汽车计划”的研究项目中做了大量的调查和对比后认为，日本丰田汽车公司的生产方式是最适用于现代制造企业的一种生产组织管理方式，并将其称为精益生产（Lean Production）。精益生产综合了大量生产与单件生产方式的优点，力求在大量生产中实现多品种和高质量产品的低成本控制。

看板管理系统

20 世纪 70 年代接连爆发的两次石油危机，彻底帮助日本车打开了海外市场。日本生产的小型车耐用、便宜、性价比高，符合国外排放、安全标准，尤其是省油的特点，使其广受国际市场欢迎，特别是对美国出口猛增。1980 年，日本产量达 1 100 万辆汽车，出口近 600 万辆，首次超过美国，并一直保持到 1993 年（1994 年再次被美国超过）。20 世纪 80—90 年代的日本汽车产业在生产总额上占日本制造业的 10%—15%，设备投资额和研发费用约占全部产业的 10%，汽车出口额约占出口总额的 20%；而从国际市场来看，在 20 世纪的最后 20 年里，日本汽车企业就确立了其世界地位，日本车甚至占据世界汽车产业 30% 的市场份额。美国汽车新闻数据中心公布的数据表明，丰田汽车生产量增长了 40%，但人员仅增加了 3%，技术密集程度已超过稳坐世界头号汽车制造商宝座 76 年之久的通用汽车公司。

20 世纪 70 年代的石油危机极大地促进了汽车节能观念及技术的发展，如发展小型车，减轻汽车自重，提高汽车传动效率，无内胎钢丝子午线轮胎普及化并改善轮胎花纹，降低汽车风阻；发动机的稀薄燃烧和电子控制配气、供油与点火以及增压技术，热效率比汽油机高的柴油机成为商用车的主体动力，柴油轿车的比例日益提高；使用压缩天然气、液化石油气、掺烧甲醇、乙醇、植物油等代用燃料；开发了电动、混合动力和燃料电池等新能源汽车。

石油危机对世界汽车发展和竞争格局产生了深远的影响，逐渐形成了美、欧、日三足鼎立的局面。

第四次变革（1990—2010）：新兴国家崛起，全球化时代多极并存

全球化是20世纪80年代以来日益凸现的新现象，是当今世界的基本特征。20世纪90年代以后，经济全球化的进程显著加快，作为领先且典型的全球化产业之一，汽车产业的全球化特征显著。汽车产业的全球化集中体现在两个显著而又相互关联的特征上：一是汽车产业链，包括投资、生产、采购、销售及售后服务、研发等主要环节日益全球化；二是巨型汽车企业大规模重组，其结果实质性地改变了传统的资源配置方式、产业竞争模式和产业组织结构。在新旧世纪交替之际，汽车产业明显出现由发达国家向发展中国家转移的趋势，尤其是21世纪前10年，呈现出前所未有的猛烈之势。

汽车产业链的全球性配置使得汽车跨国公司能利用全球资源，实现投资、开发、生产、采购和销售的优化配置，以适应各地区不同的环境和市场偏好。过去跨国公司在本国建立研发机构，对于目标国市场采取复制产品的方式进行投资，而现在则将各个功能活动和能力分配给全球市场。汽车产业链这种全球性配置导致了一系列具有深远意义的变化。比如，国际汽车产业链全球化加快，使得全球化经营成为跨国生产的方向性战略，汽车无国界生产成为现实；为提高产品竞争力，国际汽车工业广泛采用平台战略、全球采购、系统开发、模块化供货等产业链整合方式，从而导致新的专业化分工协作模式出现，特别是整车和零部件配套厂分离的趋势越来越明显。整车和零部件配套厂的从属关系开始发生变化，全球范围内采购零部件的采购体系开始形成，配套厂商产业集中趋势明显。生产零部件的跨国公司越来越多，零部件企业与整车装配企业之间以合同为纽带的网络型组织结构日趋明显。整车制造企业零部件的全球采购以及零部件工业的国际化，模糊了汽车产品的“国家特征”，使汽车产品日益具备全球性特征，成为典型的“全球化产品”。在日、

美、欧等国家和地区，人们甚至很难说清楚在这里制造的汽车属于哪个“国籍”，例如，可能车身在美国制造，但发动机、变速箱或其他部件是从其他国家 / 地区进口的。

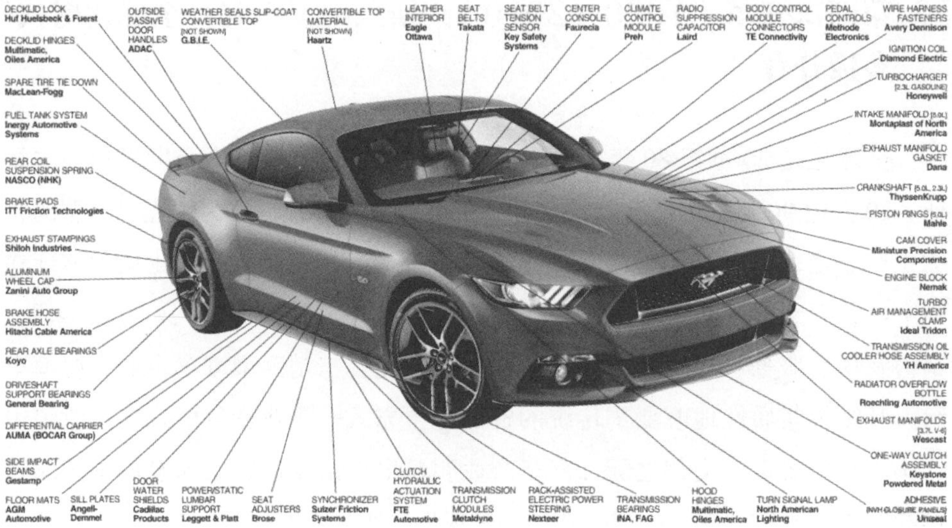

2015 款福特野马汽车零部件供应商一览图

各强势汽车工业集团以其技术和资本优势，在产品、生产成本、信息技术、电子商务、销售及各类售后服务和资本运作等领域展开了全方位激烈竞争。一方面，向发展中国家输出剩余资本、技术；另一方面，相互兼并、重组、吸纳全球资源，扩大全球市场份额，谋求利益最大化，进一步推进汽车全球化。1998 年，德国戴姆勒 - 奔驰公司和美国克莱斯勒汽车公司合组成立戴姆勒 - 克莱斯勒集团；1999 年，美国福特汽车公司收购瑞典沃尔沃公司轿车事业部；法国雷诺集团向日本日产汽车公司出资 36.8%，向日产柴油机工业公司出资 22.5%。至此，全球形成“6+3”汽车集团格局，即通用、福特、戴 - 克、丰田、大众和雷诺等六个集团化程度高的大集团，及本田、宝马和标致 - 雪铁龙等三个集团化程度小的公司。但 2008 年金融危机加速了全球汽车版图的调整，最主要体现在北美三巨头的变化上：克莱斯勒分立两年后无法独立生存重新被菲亚特整合；而通用汽车和福特汽车不断分拆出售自己的下属子品牌或资产以自保。一系列导致全球汽车产业出现新的“6+3+X”的格局。新的六大集团包括丰田集团、大众集团、新通用、福特、雷诺 - 日产联盟、菲亚特 - 克莱斯勒联盟。新的三小集团包括现代 - 起亚、标志 - 雪铁龙和本田。

韩国汽车创造的奇迹，以及中国、印度和巴西等新兴国家的不断成长也是全球汽车版图不可忽视的。1962 年，韩国汽车产量还不到 2 000 辆，到 1994 年汽车产量已经达到 231.2 万辆，汽车出口达到 73.8 万辆，成为世界第六大汽车生产国和世界第五大出口国；2010 年，韩国汽车产量达到 427 万辆，位居世界第五。新中国汽车工业自 1953 年毛主席为第一汽车制造厂奠基题字开始起步，到 1971 年中国汽车产量突破 10 万辆，1992 年汽车产量突破 100 万辆，2000 年汽车产量突破 200 万辆（世界排名第八位），2010 年汽车产量超过 1 800 万辆，位居世界第一。国际汽车制造商协会（OICA）公布的数据表明，1990 年全世界汽车生产总量为 4 879 万辆，其中美国、日本和德国三国的产量之和占全世界总产量的 59%；2000 年全球共生产汽车 5 754 万辆，其中美国、日本和德国三国的产量之和为 2 814 万辆，占比为 48.9%；2010 年全球共生产汽车 7 758.35 万辆，其中美国、日本和德国的产量之和为 2 328 万辆，占比仅为 29.9%。因此，全球化使世界汽车生产和制造的重心由美、日、欧等发达国家向中国、印度、巴西等新兴市场国家发生了转移，最终形成了汽车产业多极化并存的格局。

第五次变革（2011 至今）：工业 4.0 催生汽车智能工厂

“工业 4.0”最初是在 2011 年德国汉诺威工业博览会上被提出来的。两年后，德国政府将“工业 4.0”上升为国家战略，并在 2013 年汉诺威工业博览会上发布了“工业 4.0”工作组最终报告——《保障德国制造业的未来——关于实施工业 4.0 战略的建议》。德国政府希望借助“工业 4.0”，在生产制造的各个环节应用信息技术，将数字信息与物理现实社会之间的联系可视化，将生产工艺与管理流程全面融合，由此通过智能制造，生产出智能产品，形成智能工厂。“工业 4.0”在德国被认为是机械化、电气化和自动化之后的第四次工业革命。

德国一直以来都是汽车制造业的领头羊，但在近些年的发展过程中，其先进制造的地位受到了越来越大的竞争压力和挑战。随着全球化程度不断加深，德国汽车业面临的很多问题也成为当今全球汽车业所需应对的挑战，如何提高能源资源的利用效率；如何在产品越来越复杂的情况下进一步缩短交货期；如何更好地满足日益增多的小批量、多批次的定制化或半定制化生产需求；如何应对全球人口结构的变化和劳动力短缺，等等。因此，从整体来看，“工业 4.0”时代下的汽车业面临的主要课题包括以下几个方面：开发轻量化、智能化的产品；由封闭的大规模流水线生产向开放的规模化定制生产转变；汽车产业与信息通信、互联网等产业融合，衍生更多的商业模式。在这一构架下，大数据驱动汽车智能工厂与智能生产组合成精密、完整的制造体系，涵盖产品设计、生产规划和执行、市场销售、售后服务等整个产业链条。

一直以来汽车都是在相对封闭的体系中进行生产，而在工业 4.0 的构架中，未来汽车企业的各部门都将对外开放。消费者可以将自己的需求输入制造系统，企业则按照这些定制需求，开发产品或对其进行改进和调整。智能化的生产体系使得每一个汽车零部件都有属于自己的身份认证，并贯穿其整个生产、装备和服务环节，便于管理和追溯。机器与机器之间有了实现交流的可能性，可以根据产品性能、环境要求等参数，结合大数据去寻找相应材料，每台机器也可根据产品特性相应调节，进行零部件匹配性生产。虽然目前汽车生产线已经可以实现相对柔性化的生产，但未来这种柔性会进一步加大。更宏伟的构想是，汽车工厂实现网络化、分布式、模块化的生产，社区工厂就可以生产消费者想要的车型。这将是汽车工业继福特流水线生产、丰田精益生产之后的又一次飞跃。

除了对制造端的影响，汽车行业的供应与售后体系也将被重构，或者说会形成更复杂的供应链和价值链，以及吸引更多的参与者。“工业 4.0”不仅仅意味着技术和生产过程的转变，也同时意味着整个管理和组织的重构，“工业 4.0”注重价值网络的横向集成，主要是指公司外部的商业模式和协作伙伴关系的集成。也就是说，原本企业和服务商、供应商、协调制造商、客户以及设计生产等环节的关系，都会发生颠覆。随着汽车制造业逐步向“工业4.0”时代切换，汽车制造厂在生产环节不断智能化，也将直接推动汽车庞大前后端体系的重构。“工业 4.0”时代，汽车共享模式会得到进一步发展，这种模式改变了汽车的销售模式和使用方式，汽车企业将通过提供服务实现更多的盈利，而其发展出的新商业模式对各国也意味着重新洗牌，谁先开发出新的商业模式，谁就将占领更大的市场。

当今汽车社会的三大顽疾

汽车尾气排放造成的空气污染问题不容忽视

2015 年初春，有关污染问题的纪录片《穹顶之下》席卷了整个中国，在不到 24 小时的时间里点播次数超过了 1 亿。时任环境保护部部长陈吉宁也对这部纪录片及导演柴静给予了肯定与赞扬，称这部片子“从公众健康的角度唤起了大家对环境问题的重视，值得敬佩。”在经历了 2013 年和 2014 年冬季两次大面积、长时间的严重雾霾污染之后，柴静的这个话题确实点到了当下国人的心窝，引发了强烈的社会反应。雾霾的元凶到底是谁？恐怕是除了房价是否会降之外，全国人民最想知道的事情了。2015 年 4 月 1 日，环保部副部长吴晓青在全国环境监测工作现场会上给出了官方的答案：机动车、工业生产、燃煤、扬尘等是当前我国大部分城市环境空气中颗粒物的主要污染来源，约占 85% 甚至 90%，其中北京、杭州、广州、深圳城市的首要污染来源是机动车尾气排放。北京市环保局发布的北京市 $PM_{2.5}$（大气中直径 2.5 μm 或以下的小颗粒物）来源解析最新研究成果也表明：北京市全年 $PM_{2.5}$ 来源中，机动车尾气排放的贡献率超过三成（31.1%）。

雾霾的主要成分

雾霾并非“中国特色”，而是相当具有“普世性”的现象，许多先行工业化国家和地区也曾经历过，如美国的洛杉矶、英国的伦敦、法国的巴黎、日本的东部沿海工业带以及德国的鲁尔工业区等。由于地理、气候条件以及工业结构等不同，不同国家雾霾等大气污染的主要成因也各不相同。1943 年洛杉矶发生的雾霾主要表现是淡蓝色烟雾，造成这一现象的主要原因是汽车尾气，汽车排放的碳氢化合物在阳光作用下，与空气中其他成分起化学作用，产生了一种新型的刺激性强的光化学烟雾。1952 年发生的“伦敦烟雾”主要表现是极浓的灰黄色烟雾，直接原因是燃煤产生的二氧化硫和粉尘污染。过去几十年中，法国巴黎虽然没有出现灾难式的空气污染问题，但也一直被大气污染困扰，“罪魁祸首”是过多的机动车辆（巴黎市的主要能源依靠核能）。日本的大气污染问题在 20 世纪 60 年代日益突出，突出表现为亚硫酸气体构成的“白烟”，造成这一问题的主要原因是过度集中的工业排放，当时日本建立了 13 个新工业城市和 6 个工业开发特区。德国鲁尔工业区 1962 年 12 月发生的严重雾霾主要污染物是二氧化硫（浓度高达 5 000 $\mu g/m^3$），造成其污染的主要原因是工业污染。

面对雾霾等大气污染带来的严重影响，许多国家均采取了包括立法保障、污染源分类综合治理、分阶段治理等在内的多项措施积极应对。其中，严控机动车尾气的排放几乎成了各国政府治理措施的必选项。如法国积极发展城市轻轨和地铁等有轨公共交通网络，吸引城市居民放弃化石燃料汽车，选择更清洁的出行方式。美国加利福尼亚州于1965年率先制定了机动车辆排放限制标准；1975年要求所有汽车配备催化转换器；20世纪70—80年代，加州环保机构鼓励使用甲醇和天然气取代汽油，从而减少一半的汽车烟雾排放量。日本政府依据相关法律按机动车种类制定严格的排放标准、燃油标准，同时通过大力推广低排放车、推动轨道交通建设、完善整体交通管理等措施，努力降低机动车的总体排放水平。英国有关部门也出台了包括实行新的交通发展战略，减少对小汽车的依赖等在内的措施，从而有效降低机动车总排量。

交通事故造成的人员伤亡问题形势严峻

据美国汽车行业权威杂志《Wardsauto》的统计，自1970年以来，全球汽车数量几乎每隔15年翻一番。截至2011年，全球处于使用状态的各种汽车，包括轿车、卡车以及公共汽车等的总保有量已突破10亿辆。我国公安部交通管理局发布的数字显示，截至2017年底，全国机动车保有量达3.10亿辆，其中汽车2.17亿辆；机动车驾驶人达3.85亿人，其中汽车驾驶人超过3.42亿人。2014年新注册登记的汽车达2 813万辆，保有量净增2 304万辆，均为历史最高水平。汽车占机动车的比率迅速提高，近五年汽车占机动车比率从54.93%提高到70.17%，人们机动化出行方式经历了从摩托车到汽车的转变，交通出行结构发生了根本性变化。

在人们享受汽车带来的便利的同时，道路交通安全问题却越来越突出。世界卫生组织（WHO）发布的《道路安全全球现状报告》指出，“道路交通伤害已取代自杀成为‘伤害死亡’的首要原因，全球每年有至少127万人死于交通事故，其中46%的为摩托车驾驶人、非机动车驾驶人和行人。”发布的《全球青少年健康问题报告》显示，“道路交通事故是全球10—19岁青少年死亡的头号原因，是致病和致残的第二大主因。”因此，2005年第60届联合国大会通过了5号决议，呼吁各国政府将每年11月第3个星期日作为世界道路交通事故受害者纪念日，以提醒公众关注道路交通事故并采取预防事故的措施。

虽然我国汽车保有量仅占世界汽车总量的 2%，但交通事故占比却高达到 20%，每年因道路交通安全事故伤亡人数超过 20 万人，连续十年位居世界第一。根据中国社科院发布的相关数据，我国 75.66% 的汽车内没有安装儿童安全座椅，39.95% 的家长曾让孩子乘车时坐副驾驶位置，有 43.12% 的家长选择在乘车时怀抱儿童。

汽车引发的交通拥堵问题日益严重

2014 年北京师范大学的一份报告显示，北京是全国通勤时间最长的城市，平均每天上下班（往返）时间达到 97 分钟，远大于美国（费城最长，单程为 38.3 分钟）和欧洲（英国最长，单程为 22.5 分钟）主要城市。IBM 公司一项名为“通勤痛苦指数”的研究显示，北京和墨西哥城是世界上交通拥堵状况最为严重的两个城市，痛苦指数均为 99（满分 100）。据统计，2013 年北京每天平均堵车时间为 1 h 55 min，北京因交通拥堵每年带来的损失超过 700 亿元。网上有个关于北京堵车的段子：在法国坐一小时的车，你就到了德国，再坐一小时，你到了波兰；在北京，高峰时间你坐一小时的车，还没出朝阳区，再坐一小时，还在朝阳。因此，北京也被网友戏称为“帝堵”。北京的交通不仅事关老百姓的生活，2014 年 2 月习近平在北京视察工作时指出，要把解决交通拥堵问题放在城市发展的重要位置，加快形成安全、便捷、高效、绿色、经济的综合交通体系。为了缓解北京的交通拥堵，北京市政府也是绞尽脑汁，出台了包括尾号限行、摇号上牌等措施。

截至 2017 年末，北京市机动车拥有量 590.9 万辆，其中私人汽车 467.2 万辆，与纽约、东京和巴黎等城市机动车规模相仿，但北京的交通拥堵程度远超上述城市。除了城市规划不合理、居住与工作两地分离形成的大量潮汐式车流导致交通压力过大之外，北京私家车出行率高、空座率高也是造成拥堵的重要原因。北京汽车行业协会的调查数据显示：北京的私家车出行率为 34%，其中低于 5 km 的短途出行率高达 44%，而东京的私家车出行率仅为

12%。另据统计，北京市每天早 7：00—9：00 之间，上路行驶的私家车中只有司机一人的约占 85%，车内有两人的占 13%—14%，车内有三人或三人以上的只占 1%—2%。这种出行模式，实在是对车辆运输能力和道路交通资源的极大浪费，更是造成城市拥堵和空气污染的元凶之一。

早高峰北京交通状况

未来汽车的三个发展趋势

新能源汽车让空气更清洁

因为空气污染和温室效应所产生的影响越来越令人担心，一些国家和地区开始采取更加严格的汽车排放法规。1990 年，美国加利福尼亚州（加州）大气资源委员会（California Air Resource Board）率先通过了“汽车零排放法规”（Zero-Emission Vehicle Mandate），以控制当时极其糟糕的空气质量。法规规定，1998 年在加州销售的汽车中 2% 必须是零排放的车辆，到 2003 年零排放车辆应达到 10%。受加州法规的影响，美国其他州和世界上其他国家也开始制定类似的排放法规。电动汽车被认为是符合零排放标准的唯一可实用的技术，所以电动汽车迅速发展起来。虽然加州 1998 年的目标没有实现，但零排放法规的颁布极大地促进了电动汽车的发展。因此，加州也被誉为现代电动汽车的发源地。

今天的中国，经济增长和能源安全仍旧是发展的重中之重并且主导着国家发展的方向和模式。但与此同时，环境污染也成了政府施政纲领上同样重要的攻关课题。空气污染，尤其是空气中 $PM_{2.5}$ 含量变化所受关注，已经促使过去单纯的工业减排任务上升为全社会公众舆论关注的焦点，迫使政府采取行动。2013 年 9 月国务院发布的《大气污染防治行动计划》列出了十项针对全国重点城市的 2017 年空气减排目标，并且比过去发布的所有空气污染防治政策都要细致和具体。北京于 2014 年 1 月 22 日颁布了《北京市大气污染防治条例》，是全国第一个根据行动计划制定地方空气减排措施的城市。北京通过车辆限行、冬天燃气供热以及减少燃煤电站等方式，2017 年底已将 $PM_{2.5}$ 年均浓度控制在 58 毫克 / 每立方米。在控制机动车污染方面，北京实施补助政策，鼓励淘汰黄标车和老旧机动车，同时将严格控制新增量，鼓励使用新能源和清洁能源车。从 2014 年起，小客车年新增总量压缩到 15 万辆。并通过电动汽车推广应用行动计划，逐步提高电动汽车数量，其中 2014 至 2017 年电动汽车（上牌指标）分别新增 2 万、3 万、6 万和 6 万辆。因此，可以说北京治理雾霾是从电动汽车开始的。

智能汽车让交通更安全

欧洲的一项研究显示：汽车驾驶员只要在碰撞危险的 0.5 s 前得到“预警”，就可以避免至少 60% 的追尾撞车事故、30% 的迎面撞车事故以及 50% 的路面相关事故；若有 1 s 的“预警”时间，将可避免 90% 的事故发生。美国高速公路安全保险协会（IIHS）研究显示，通过碰撞前提示系统（FCW）美国每年可以避免 230 万起撞车事故和 7 200 起交通悲剧；通过车道偏离预警系统（LDW），每年可以减少50万起撞车事故。此外，六成的交通事故可以通过为汽车配备包括盲点提示等基础智能辅助系统加以避免。如果将无人驾驶汽车与车联网相结合，形成一个庞大的移动车联网络，再加上智能交通系统提供的丰富的道路交通信息，无人驾驶汽车便可更加安全地行驶在城市道路环境中，使交通事故降为零成为可能。因此，无人驾驶汽车的价值和意义在于：大量减少公路交通堵塞和拥挤，大幅度提高公路的通行能力，大幅度降低交通事故率，从而使城市交通更安全通畅。无人驾驶汽车之所以成为各大互联网公司和汽车巨头关注的焦点，被国内外大学科研机构作为研究重点投入大量人力和财力进行研究，不仅仅因为它代表了更高的技术水平，更因为它能实现人们让道路交通更美好的梦想。

开放共享让道路更畅通

国外的经验表明，通过拼车或顺风车等共乘模式提高私家车和出租车座位使用率，可以有效降低私家车出行率，从而缓解交通拥堵。例如，从20世纪70年代开始新加坡在交通高峰期开始实施通行证制度，规定乘客若在四人以下则私家车必须出具通行证才有资格出行，若发现车辆空乘会遭到罚款。通过这项顺风车鼓励政策，新加坡每天减少10%—25%的私家车出行。美国旧金山市规定在早晚交通高峰时间段私家车如果只有驾驶员一人乘坐的话，需得缴纳4—5美元的过桥费用，而搭乘三人以上则可以享受免费通行特权。纽约和洛杉矶等城市为上下班高峰期共乘出行的私家车专门设立了共乘专用车道（High Occupation Vehicle Lane，简称HOV），只允许车内乘坐人数不少于2人或3人以上的车辆行驶。车内乘客不到规定人数且使用这一专用车道行驶的车辆将被处以100美元以上的罚款。据统计，以50 km左右通勤距离计算，高峰时段走HOV专用车道大约需要40 min，而走普通车道则需耗时90 min左右。可见通过设立共乘专用车道，可以有效减少机动车出勤率，明显缩短通勤时间，大幅提高交通效率。2016年4月18日，深圳市交警局通报，深圳东西走向主干道滨海-滨河大道被确定为市内首条HOV车道，主要供工作日早晚高峰时段以拼车方式出行的车辆通行。这是我国的第一条 HOV 车道。

旧金山 HOV 车道

以北京 467 万辆私家车计算，如果合乘出行得以推广，每天能减少 40 多万辆车上路。在倡导低碳、绿色、环保出行的今天，创新社会管理手段，鼓励私家车拼车合乘是大势所趋。因此，2014 年北京市交通委发布了《关于北京市小客车合乘出行的意见》，鼓励私家车上下班通勤、节假日返乡合乘，以减轻道路交通压力。

中国第一条 HOV 车道（深圳滨海—滨河大道）

高效节能燃油车

节能汽车是指以内燃机为主要动力，综合工况燃料消耗量优于下一阶段目标值的汽车。传统汽车在未来三十年内仍将在消费中占绝对主体地位，因此节能汽车的大量普及对缓解我国能源与环境压力起着至关重要的作用。传统动力汽车技术的持续优化也是我国汽车工业缩短差距并有利于新能源汽车发展和市场导入的重要举措。

大行其道的涡轮增压发动机

现在市场上搭载涡轮增压引擎的车型越来越多，而涡轮增压的车子往往都带有一个字母“T”（Turbo）。涡轮增压是指通过涡轮增压器驱动并压缩空气，增大发动机的进气量，使燃油得到充分燃烧，从而获得更大的扭矩和功率，提高发动机马力的技术。涡轮增压并不是什么新技术，它已经有 100 多年历史了。早在 1905 年瑞士工程师比希（Alfred Buchi）博士就申请了第一件涡轮增压器的专利——动力驱动的轴向增压器。不过，最早的涡轮增压器是应用在飞机和坦克的发动机上的，50 多年后的 1961 年，美国通用汽车公司才开始尝试在汽车发动机上采用涡轮增压技术。1971 年，保时捷将涡轮增压技术装配到了 911 量产车型上。但因为瞬间产生的巨大压力和热量，使安装后效果并不理想。而来自于北欧瑞典的萨博公司（SAAB）则是第一家把涡轮增压器成功应用到汽车产品上的汽车制造商。1977 年问世的萨博 99 汽车使汽车发动机在应用涡轮增压技术上真正开始走向成熟，同时宣告了汽车产业一个新时代的诞生。直到 20 世纪 80 年代之后，涡轮增压技术在汽车发动机的应用才开始走向普及，各国都开始将这一技术广泛应用在自己的汽油和柴油车型中。而在中国，涡轮增压开始流行、厂家与消费者开始热捧，也就是最近10年间发生的事情。

萨博 99 汽车

增压发动机主要有机械增压系统、废气涡轮增压系统、复合增压系统。其中，机械增压系统是用发动机的动力来直接驱动涡轮，压缩空气进入发动机，这样的方式可以直接获得稳定的转速，而且没有迟滞现象，动力输出较为流畅，但是这种方式会损耗发动机动力，增压效率不是很高。而我们俗称的涡轮增压系统则是利用发动机排出的废气来驱动涡轮，从而带动同轴的空气压缩器进行发动机空气的增压，需要发动机增大排气之后才能够获得相应的功率提升，所以会有曾经常见的“涡轮迟滞”的现象，一般会有 2 s 左右的停顿，才会获得动力爆发。而复合增压发动机也就是“双增压发动机”，即是将这两者进行结合，从而同时获得两者的长处。涡轮增压发展到今天，还出现了诸如双涡轮增压、单涡轮双涡管增压、可变截面涡轮增压等技术。

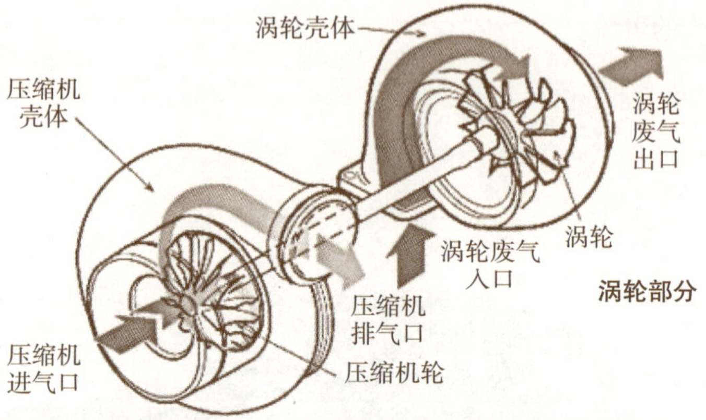

废气涡轮增压工作原理（压缩机部分）

涡轮增压技术改变了汽车“排量大小决定功率大小”的传统观念。装备了涡轮增压发动机的汽车不仅在动力和功率性能的数字表现上远超同排量的汽车产品，更在实际使用过程中能与排量上比自己高一个等级的汽车相匹敌。例如，萨博 93 Vector 2.0Ts 上装备的 2.0 L 强涡轮增压发动机可以在 5 300 r/min 时功率输出达到惊人的 155 kW，这一指标几乎已经赶上普通轿车 3.0 L 排量的发动机。也就是说，在某一程度上这款四缸发动机的产品所产生的功率与普通六缸发动机是等效的。这样带来的优点很明显：不仅不需要为了追求高速率来花更多的费用购买大排量汽车，并且发动机工作时噪声更小，还由于采用较轻的发动机，对降低整车重量、减少油耗更是大有益处。

另外，尾气排放更清洁，能够使车辆满足更严格的排放标准也是涡轮增压器一个很重要的优点。因为在污染日趋严重的今天，有高度责任感的汽车制造商不仅要满足客户对汽车的驾乘欲望保证产品有足够的驾驶乐趣，更要以保护环境、创造良好的生存空间为己任。涡轮增压器正好能满足既提高燃油经济性、降低排放，又不会以失去驾驶乐趣为代价的综合性要求。因为增压会给燃烧室提供更多的空气，使燃烧更彻底、排放更干净。因此，对于汽油机，CO_2 的排放与相同功率的自然吸气发动机相比要少 10%—20%。涡轮增压带来的其他好处还包括在高海拔地区也能满足空气供给、在冷启动时使三元催化更快进入工作温度等。

根据统计数据，2013 年搭载涡轮增压器的车辆在全球销售了 900 万辆，对比 8 500 万辆整体车市，占据 10.6% 份额。作为对比，2013 年混合动力车（油电混动车）在全球范围内销量是 190 万辆，而电动车（含纯电动车和插电式混合动力车）总计只有 10 万辆。相关数据显示，在欧洲乘用车涡轮增压技术的渗透率已经超过了 2/3，预计到 2020 年会达到 85%。而在美国，到 2020 年也将会有 82% 的渗透率。尽管，在小排量涡轮增压发动机是否适合中国都市拥堵严重的路况的问题上，一些专业人士提出了不同看法。但其同时表示，结合目前企业行动和市场反应来看，在未来相当长一段时间内，涡轮增压发动机将成为国内乘用车的主流技术，这股“T”风也将越刮越猛。

大器晚成的先进柴油发动机

柴油发动机是燃烧柴油来获取能量释放的发动机，是由德国发明家鲁道夫·狄塞尔（Rudolf Diesel）于 1892 年发明的。为了纪念这位发明家，柴油发动机也称为狄塞尔发动机。众所周知，柴油和汽油都是石油提炼物之一，主要以碳氢化合物混合物出现，汽油与柴油分子结构上的区别主要是碳原子数不同，构成不同的相对分子质量。炼制汽油与柴油最简便的方法是利用沸点不同直接进行分馏，依次得到石油气、汽油、煤油、轻 / 重柴油、渣油。

柴油与汽油燃料性质不一样，是引起汽油机和柴油机在混合气体形成与燃烧方面差异的根本原因。由于柴油机用的柴油的黏度比汽油大，不容易蒸发，而其自燃温度却比汽油低。因此，可燃混合气的形成及点火方式都与汽油机不同。汽油发动机一般将汽油喷入进气管，与空气混合成为可燃混合气再进入气缸，经火花塞点火燃烧膨胀做功。人们通常称它为点燃式发动机。而柴油机一般是通过喷油泵和喷油嘴将柴油直接喷入发动机气缸，和在气缸内经压缩后的空气均匀混合，在高温、高压下自燃，推动活塞做功。人们把这种发动机通常称为压燃式发动机。

柴油与汽油同样是石油提炼的产物。柴油含碳较多，因此其质量和密度都比汽油略微大些，热值则近似。

汽油挥发性强，容易形成混合气体，易点燃，不易自燃；柴油安定性差，黏度大，容易自燃。

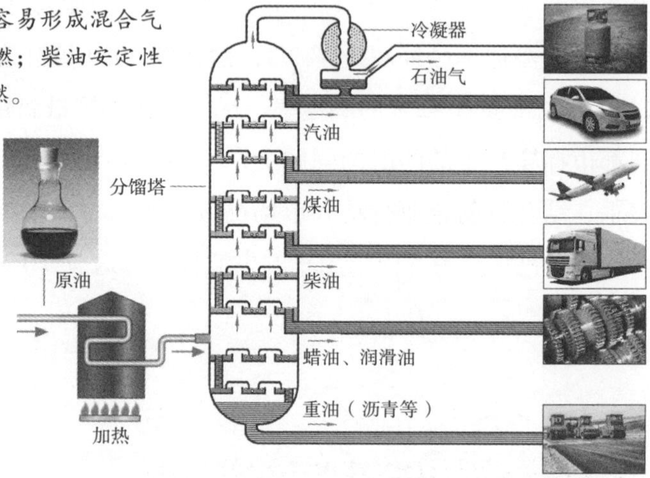

碳原子数	沸点（℃）	品种	相对分子质量	理化性质变化趋势
C_1—C_4	常温	石油气	16—58	质轻 ↑；易挥发 ↑；化学安定性 ↑；黏度增大 ↓；易自燃 ↓；易点燃 ↑
C_5—C_{11}	50—200	汽油	95—120	
C_{11}—C_{19}	180—300	煤油	100—180	
C_{16}—C_{23}	250—360	柴油	180—200	
C_{23} 以上	＞360	渣油	220—280	

石油提炼

在普通人眼中，柴油机意味着吃苦耐劳、任劳任怨和少吃多干。然而柴油机冒黑烟、噪声大和震动大等缺点也深深地留在人们的脑海中。显然，这些都已经成为过去式，如今的柴油机已经有了质的飞跃，升级的燃油喷射方式足以让柴油机不再背负“黑嘈抖”的恶名。现代柴油机一般采用电控喷射-高压共轨、涡轮增压、电控 EGR 废气再循环等技术，在重量、噪声、排放等方面已取得重大突破，基本达到了汽油机的水平。

第三代柴油电子喷射系统——电控高压共轨系统

在汽车柴油机中，高速运转使柴油喷射过程的时间只有千分之几秒。实验证明，在喷射过程中高压油管各处的压力是随时间和位置的不同而变化的。由于柴油的可压缩性和高压油管中柴油的压力波动，使实际的喷油状态与喷油泵所规定的柱塞供油规律有较大的差异。油管内的压力波动有时还会在主喷射之后，使高压油管内的压力再次上升，达到令喷油器的针阀开启的压力，将已经关闭的针阀又重新打开，产生二次喷油现象。由于二次喷油不可能完全燃烧，于是增加了烟度和碳氢化合物的排放量，油耗增加。此外，每次喷射循环后高压油管内的残压都会发生变化，随之引起不稳定的喷射，尤其在低转速区域容易产生上述现象，严重时不仅喷油不均匀，而且会发生间歇性不喷射现象。为了解决柴油机燃油压力变化的缺陷，现代柴油机采用了一种称为“共轨”的技术。“共轨”技术是指高压油泵、压力传感器和控制单元组成的闭环系统中，将喷射压力的产生和喷射过程彼此完全分开的一种供油方式，由高压油泵把高压燃油输送到公共供油管，通过对公共供油管内的油压实现精确控制，使高压油管压力大小与发动机的转速无关，可以大幅度减小柴油机供油压力随发动机转速的变化，因此也就改少了传统柴油机的缺陷。

20 世纪 90 年代以来电控技术在柴油机应用逐渐增多，控制精度不断提高。从第一代电子位置控制燃油喷射系统，到第二代电子时间控制系统燃油喷射系统，现在到第三代电子高压共轨控制系统。电控高压共轨系统被认为是发动机行业公认的三大突破之一。高压共轨燃油喷射系统主要由电控单元（ECU）、高压油泵、共轨管、高压油管、电控喷油器以及各种传感器和执行器组成。工作原理主要是：低压燃油泵将燃油充油箱输入至高压油泵，高压油泵将燃油加压送入高压共轨管，高压共轨管中的压力由电控单元根据压力传感器以及需要进行调节，高压共轨管内的燃油经过高压油管，根据柴油机的运行状态，由电控单元决定喷油时间，最后由电子阀喷油器向缸内喷射。

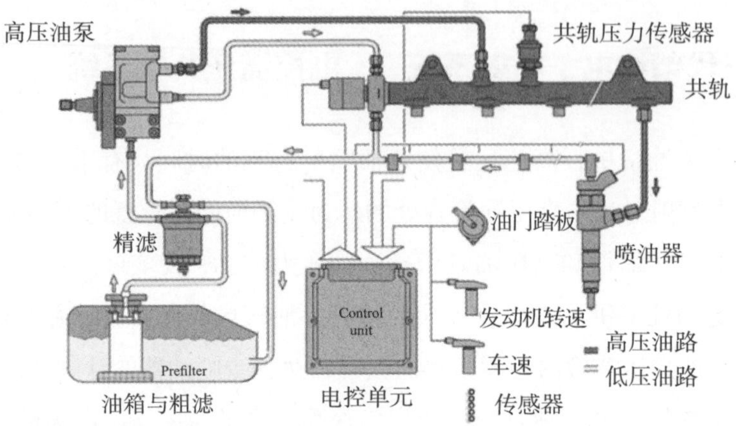

电子高压共轨控制系统

喷射压力影响着燃油雾化性能，是对柴油机各方面性能有着重大影响。燃油雾化、贯穿和混合气形成的能量主要依靠喷油的能量。喷油压力越大，喷油能量越高，喷雾越细、混合气形成后燃烧越明显，从而使柴油机排放性能和动力性、经济性都得以改善。现在电控高压共轨喷射压力普遍在120—200 MPa之间，甚至可达到250 MPa以上。一般高压喷射会使氮氧化物（NO_x）增加，但合理利用高压喷射持续时间短的特点，同时推迟喷油时刻或采用废气再循环等方法，可使微粒和氮氧化物同时减低。喷油规律同样影响柴油机排放性和动力性。在保证适当动力性的情况下，现在的喷射规律更多的照顾排放方面要求。减少燃烧过程中的粗暴现象出现，滞燃期中的喷油量影响着燃烧时的最高压力、温度和压力升高率，因此减小滞燃期燃烧速率较为重要。预喷射是实现柴油机初期缓慢燃烧的较好办法，少量燃油预先喷射，使得在滞燃期内形成有限的可燃混合气量，同时只有较弱的初期燃烧放热，使主喷射燃油的着火期缩短，同时避免燃烧初期压力、温度的急剧升高。主喷射则采用快速高压的喷射以加快燃烧，防止生成大量微粒和降低燃烧噪声；喷油后期则要快速结束喷射，避免低速喷射燃烧雾化变差，导致燃烧不完全而使碳氢化合物和微粒排放增多。因此，喷油规律大致为“初期缓慢、中期急速、后期快断”，喷射次数在3—5次，有时甚至高达9次。

电控高压共轨燃油喷射系统可以让柴油机产生质的飞跃，从汽油机发展历程来看，如从化油器时代直接跨入缸内直喷时代。电控喷油器、高压油管等让燃油喷射实现柔性、高压喷射，同时减低微粒和 NO_x 的排放，保证优良动力性和经济性。

废气涡轮增压技术

传统上柴油机的功率偏小一直被人们诟病，废气涡轮增压技术刚好可以弥补这一缺点，同时改变了低速转矩的性能变化。由于柴油机常处在空气过量的情况下工作，再采用废气涡轮增压可以进一步提升充气量和工作压力，在保持原有功率和高转矩情况下，适当降低发动机转速，减少机械损失和减少磨损，从而提高燃油经济性。事实上，在柴油机上应用废气涡轮增压技术除了提升功率和燃油经济性外，更重要的是可以控制排放。废气涡轮增压技术使缸内充气量进一步增大，燃料可以更加充分燃烧，使得一氧化碳和碳氢化合物排放更低，远远比汽油机来得少。但增压后燃烧温度变高不利于氮氧化物和微粒减少，因此需要中冷技术进行空气冷却，进而减少氮氧化物和降低 45% 以上的微粒排放。

电控 EGR 废气再循环系统

废气再循环（Exhaust Gas Recirculation，EGR）系统用于降低废气中的氧化氮的排出量。氮和氧只有在高温高压条件（例如发动机燃烧室内的温度和压力）下才会发生化学反应。汽车废气由于不含燃料和氧化剂，在燃烧室内不参与燃烧，但可以通过吸收燃烧产生的部分热量来降低燃烧温度和压力，从而减少氧化氮的生成量。废气再循环率（EGR 率）采用电控系统进行闭环控制，时刻检测进气中氧气浓度，从而不断调整EGR率使其保持在最佳状态。柴油机的 NO_x 排放主要在大、中负荷时产生，EGR 率为 15% 时可减少 50% 的 NO_x 排放；EGR 率在 25% 时可减少 80% 的 NO_x 排放。虽然废气再循环系统可减少 NO_x 排放，但会让微粒排放增多，因此需要结合其他技术，例如电子节气门技术。

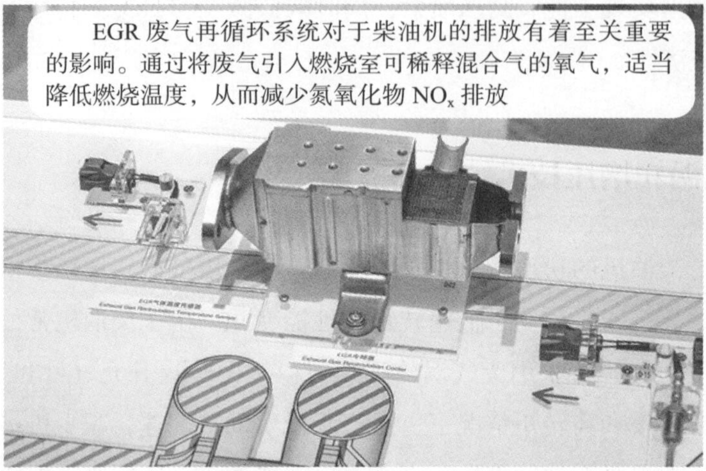

电控 EGR 废气再循环系统

为了更直观地表现现代先进柴油机的技术发展水平，我们可以用德国宝马在售 5 系车型所使用的柴油发动机和汽油发动机来做一个对比。对比的对象分别是宝马 5 系 4 缸 2.0 T 涡轮增压的 528i（汽油）和 4 缸 2.0 T 涡轮增压的 525 d（柴油）发动机，见下表。

汽油发动机和柴油发动机参数对比表

发动机参数	宝马 528i xDrive	宝马 525d xDrive
每千米二氧化碳排放量（g/km）	149	133
二氧化碳排放等级	B	A
百千米油耗（L/100 km）	6.4	5.1
百千米最大油耗（L/100 km）	6.8	5.4
气缸数 / 气门数	4/4	4/4
排量（cm^2）	1997	1995
活塞行程 / 缸径（mm）	90.1/84.0	90.1/84.0
最大功率（kW/PS）	180（245）	160（218）
最大扭矩（N · m）	350	450
压缩比	10.0	16.5

可以看出，与汽油发动机相比，无论是在二氧化碳排放量还是在油耗（燃烧效率）方面，柴油机均表现更好。所以在经济和环保的对比中柴油机先拔头筹。

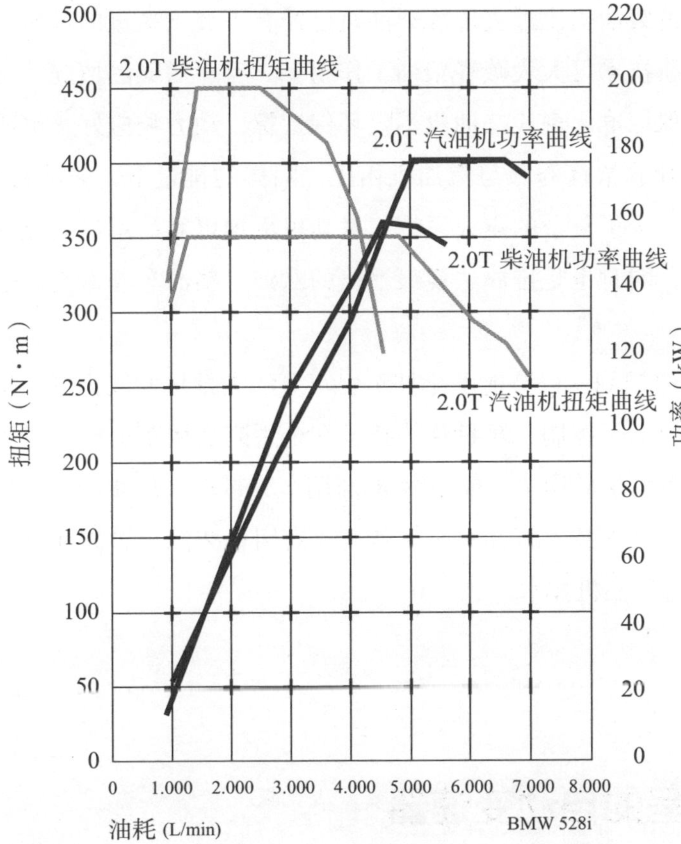

德国售宝马 5 系 4 缸 2.0T 涡轮增压汽油 / 柴油发动机对比

上图红色曲线代表了 2.0 T 汽油和柴油发动机的扭矩输出，黑色曲线代表了 2.0 T 汽油和柴油发动机功率输出，通过这张图可以很明显看出：

在常用转速范围内（1 000—2 500 r/min），柴油机的扭矩输出要远超汽油机。同等排量之下柴油机强大的低速扭矩是汽油机无法比拟的，低转速就可以输出高扭矩注定了柴油机会比汽油机节省燃油，同时也会有更好的加速能力。

低转速下柴油机的输出功率增长要比汽油机迅速（曲线斜率大）。虽然

2.0 T 的对比中柴油机最大功率输给了汽油机，但是只有在超过 4 000 r/min 之后汽油机的功率优势才得以显现，且汽油机只有通过更高的转速才可以换来更好的动力，但付出的代价就是更高的油耗以及更大的二氧化碳排放量。

现代先进柴油机比过去传统柴油机已经有了突飞猛进的进步，除提升动力性能外，新技术可大大减轻柴油工作粗暴、噪声污染的情况，更重要的是可以达到环保标准。现代柴油机不仅环保达标，动力响应好，更明显的优势是燃油经济性非常优秀。与汽油机相比，同样的排量下，柴油机转矩更大，经济性更好。少了复杂的点火系统，发动机更加可靠耐用。因此在汽车文化底蕴最深厚，同时也是排放法规最严格的欧洲，柴油车非常受欢迎，市场占有率非常高。

2025 战略规划：以节能型半挂牵引车等的大批量发展为主，实现高效动力总成、综合电子控制、轻量化等技术在全系列商用车的推广应用。以综合燃料消耗和市场份额均位于前 20% 的商用车为带动，形成中国特色节能品牌产品。在关键共性技术方面——突破高效商用车柴油机燃烧和控制技术、突破乘用车先进柴油机技术。

异彩纷呈的自动变速器

变速器是汽车传动系统的主要组成部分之一，是进行机械动力转换的机械或液压设备。其实在我们开车的过程中，遇到需要起步、爬坡、倒车、提速或者减速行驶等情况时，都要依赖于变速器。因为这些情况要求汽车的驱动力和车速能在相当大的范围内变化，而设置了变速器就能很好地解决这些问题，它能适应经常变化的行驶条件，同时使发动机在有利的工况下工作。变速器的每个挡位都有不同的传动比，相当于小齿轮与大齿轮的啮合能产生不同的转速，低速行驶时用低传动比（三挡及以下），大轴转速低于发动机转速，可获得更大的驱动力；高速时用高传动比（四挡及以上），大轴转速高于发动机转速，降低牵引力获得更高速度。切换挡位即选择不同尺寸的齿轮和大轴的齿轮啮合。

1939年，美国通用汽车公司首先在其生产的奥兹莫比尔轿车上装用了液力耦合器—行星齿轮组成的液力变速器。在20世纪40年代末50年代初，开始出现根据车速和节气门开度自动控制换挡的液力控制换挡自动变速器，使自动变速器进入迅速发展时期。自动变速器采用电子控制系统始于20世纪60年代中期。法国雷诺汽车公司于1968年率先在自动变速器上使用电子元件。1970年，日本丰田、日产相继采用电子元件控制位于变速器壳体上的电磁阀的电流。自1981年起，美国、日本等一些汽车公司相继开发出各种电子控制单元控制的自动变速系统，如电控液力自动变速器、电子控制多级齿轮变速器等。电子控制自动变速器的真正飞跃发展是在1982年，丰田汽车公司将电子控制单元技术应用于电子控制变速器系统，实现了自动变速器的智能控制。首先应用于豪华型皇冠牌轿车上，有最佳的换挡规律，换挡精确性好，具有良好的燃料经济性、动力性，污染低。随后，德国博世有限责任公司于1983年研制成功发动机和自动变速器共用的电子控制单元，可实现与发动机最佳匹配。

根据工作原理的不同，目前汽车中常见的自动变速器有四种型式，分别是自动变速器（Automatic Transmission，简称AT）、无级变速器（Continuously Variable Transmission，简称CVT）、电控机械自动变速器（Autoclutch Manual Transmission，简称AMT）和双离合器自动变速器（Dual-clutch transmission，简称DCT）。

MT手动变速器

手动变速器（Manual Transmission，简称MT）又称机械式变速器，即必须用手拨动变速杆（俗称“挡把”）才能改变变速器内的齿轮啮合位置，改变传动比，从而达到变速的目的。轿车手动变速器大多为五挡或六挡有级式齿轮传动变速器，并且通常带同步器，换挡方便，噪声小。手动变速在操纵时必须踩下离合，方可拨得动变速杆。由于现在自动挡汽车的普及，很多人觉得开车的时候又要控制离合器还要换挡很麻烦。尤其是对于新手来说，常常在马路上遇到熄火的尴尬。

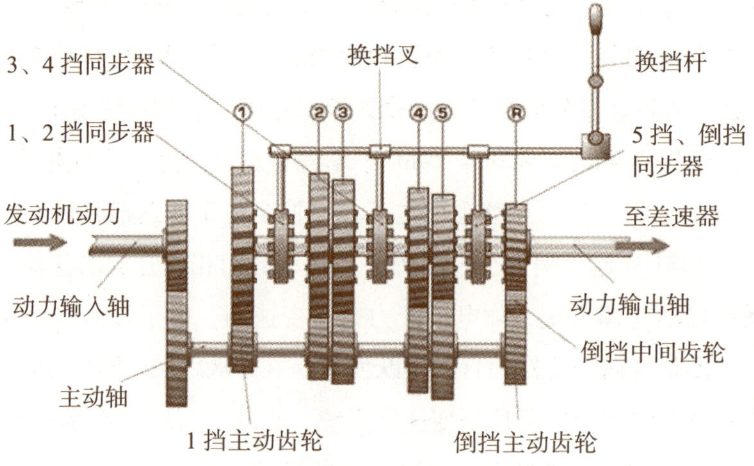

5 挡手动变速器结构示意图

自动变速器

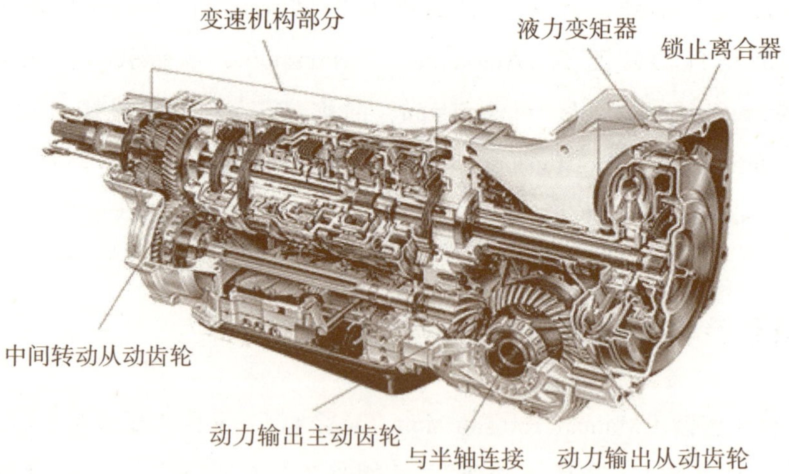

AT 自动变速器

自动变速器（Auto Transmission，简称 AT），汽车上常用的自动变速器有以下几种类型：液力自动变速器、液压传动自动变速器、电力传动自动变速器、有级式机械自动变速器和无级式机械自动变速器等。其中，最常见的是液力自动变速器。液力自动变速器主要是由液压控制的齿轮变速系统构成，主要包含自动离合器和自动变速器两大部分。它能够根据油门的开度和车速的变化，自动地进行换挡。不过它也有很多不足，比如换挡时顿挫感明显，很多驾驶爱好者不太喜欢。尤其在跑山路的时候，引擎制动效果较差。但对于新手而言，操作简单，起步平稳，绝对是不二选择。

自动离合手动变速器

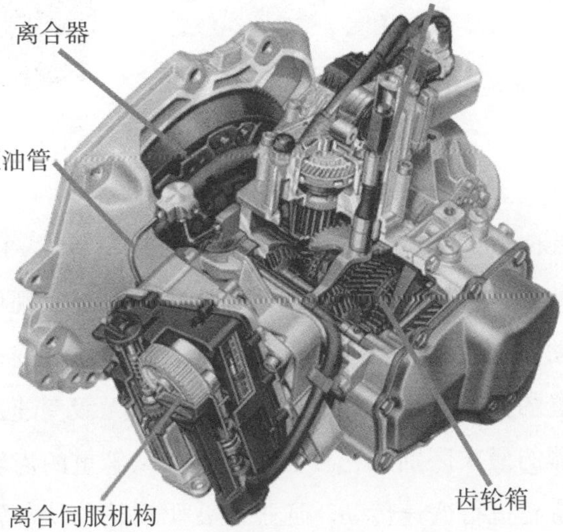

自动离合手动变速器

自动离合手动变速器（Auto-clutch Manual Transmission，简称 AMT），也称序列变速箱，是在传统的手动齿轮式变速器基础上改进而来的，制造成本相当低，结构也并不复杂。AMT 变速箱的基础仍是传统手动变速箱，工作原理其实很简单，车辆在起步和换挡时，离合器由液压泵控制分离和接合，挡位转换也由液压结构操作。驾驶者只需要推拉排挡杆即可完成升、降挡，自动模式下变速箱控制电脑会根据车速、发动机负荷等数据自行切换挡位。

由于AMT的换挡舒适性不佳，也容易产生较为明显的顿挫感，现在市场上在售的AMT车型并不多见。

CVT 无级变速器

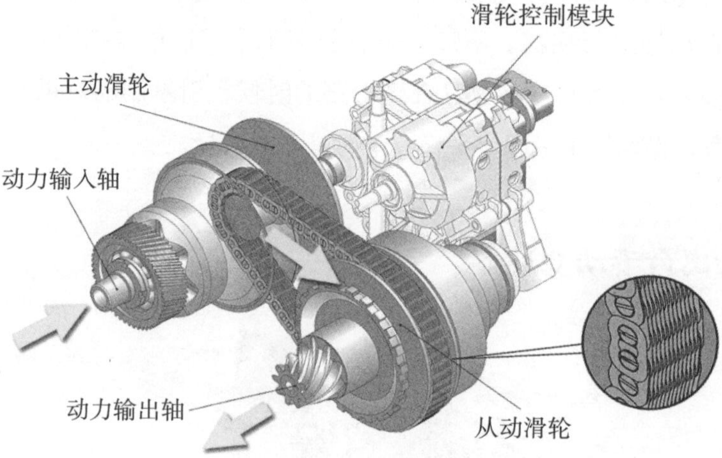

CVT 无级变速器

无级变速器（Continuously Variable Transmission，简称CVT），采用传动带和工作直径可变的主、从动轮相配合来传递动力，可以实现传动比的连续改变，从而得到传动系与发动机工况的最佳匹配。发明这种变速传动机构的是荷兰人，有其装置的变速器也称为无段变速箱或者无级变速器。这种变速器和普通自动变速器的最大区别是它省去了复杂而又笨重的齿轮组合变速传动，而只用了两组带轮进行变速传动。通过改变驱动轮与从动轮传动带的接触半径进行变速，其设计构思十分巧妙。CVT可以实现传动比的连续改变，从而得到传动系与发动机工况的最佳匹配，提高整车的燃油经济性和动力性，改善驾驶员的操纵方便性和乘员的乘坐舒适性，所以它是理想的汽车传动装置。装配无级变速箱的轿车一样有自己的挡位，停车挡P、倒车挡R、空挡N、前进挡D等，只是汽车前进自动换挡时十分平稳，没有突跳的感觉。

DCT 双离合变速器

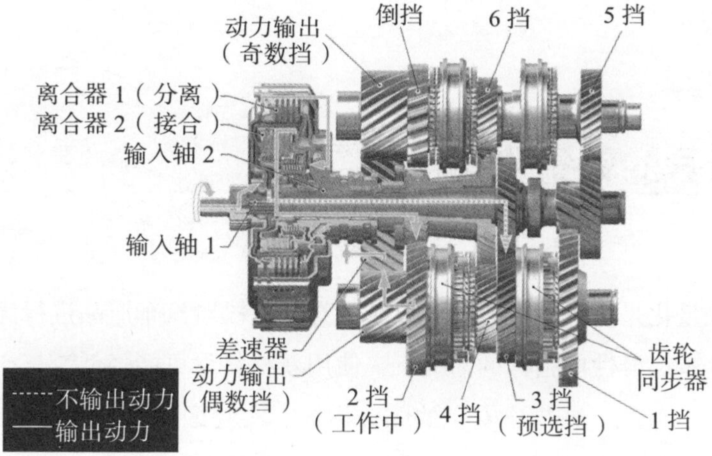

大众 6 速 DSG 变速器工作原理

双离合器自动变速器（Dual Clutch Transmission，简称 DCT）采用两套离合器，通过其相互交替工作来到达无间隙换挡的效果。大众汽车在 2002 年于德国沃尔夫斯堡首次向世界展示了其双离合器变速器（Direct Shift Gearbox，简称 DSG）。DSG 采用了双离合器和 6 个前进挡的传统齿轮变速器作为动力的传送部件，主要与高扭矩的发动机配合使用。DSG 变速箱中含有两台电子控制的离合器，当变速器运作时，一组齿轮被啮合，而接近换挡时，下一组段的齿轮已经被预选，但此时这组离合器仍处于分离状态。上图中，离合器 1 被啮合，输入轴 1 开始工作，而此时离合器 2 分离，输入轴 2 不工作，但此时它已经被预选，整个过程中确保至少有一组齿轮在输出动力，从而不会导致动力传递的间断。DCT 综合了 AT 和 AMT 的优点，传动效率高、结构简单、生产成本较低，不仅保证了汽车的动力性和经济性，而且极大地改善了汽车运行的舒适性。

2025 战略规划：突破双离合器自动变速器（DCT）、无级变速器（CVT）和 6 速以上自动变速器（AT）、机械式自动变速器（AMT）等总成关键技术，并实现产业化，占自主市场份额 40% 以上。

突破离合器总成、高压静音油泵、电液耦合液压阀体、液力变矩器技术，实现产业化发展，关键零部件自主市场份额达到 40% 以上。

日新月异的轻量化材料

汽车轻量化是指采用现代设计方法和有效手段对汽车产品进行优化设计，或在确保汽车综合性能指标的前提下，使用新材料尽可能降低汽车产品自重，以达到减重、节能、减排、安全的综合指标。实验证明，若汽车整车重量降低 10%，燃油效率可提高 6%—8%；汽车重量降低 1%，油耗可降低 0.7%；汽车整备质量每减少 100 kg，百千米油耗可降低 0.3—0.6 L。我们根据这个数据做一个推算，假设一台汽车轻量化以后减重了 100 kg，百千米油耗下降 0.5 L，在它 20 万 km 的使用寿命中，汽油的平均价格如果为 6 元每升。那么，这个 100 kg 的轻量化可以在整个车的使用周期里为车主节省 6 000 元的燃油开支，相当于直接抵扣掉购置税了。中国目前汽车保有量到达了 2.8 亿，假如平均每台车一年行驶的里程数为 1.5 万 km，一年下来全部节省下来的汽油达 1 550 万 t。由于成品油转化率在 65% 左右，折合下来是 1 716 万 t 原油。也就是说，假如能做到每台车 100 kg 的轻量化，那么中国对石油进口的依赖性可以大大地得到缓解。

对于一台汽车，过多的重量会带来很多负面的影响，油耗高、操控差、加速慢、制动弱，一旦运动起来，那真力不从心呐！操控性、加速性和制动性对于汽车的安全来说，都是至关重要的性能，在突发情况下，它们能帮助驾驶者控制住车身姿态，躲避危险物，以及及时地刹停。在汽车里，满载的大货车可以被认为是一种极端典型，运输能力是它们最重要的功能属性。但这一属性也让其无奈地成了道路上最大的安全威胁。在大车参与的交通事故中，并不一定是大车司机没反应过来，而是只要危机发现得稍迟一点，刹不住的车速和笨重的身躯就会让局面变成无力回天。关注超跑的车迷们可能会发现一个有趣的规律，一款超跑的产品后期总是会推出一些轻量化版。这些轻量化版不光价格更高，有时候还会搞个减配，不装音响都算是好的了，甚至有些还会不装空调就卖，难不成多花的钱拿来付拆音响的工时费了？就拿雷克萨斯 LFA 来说，于 2010 年上市发售，起售价为 37.5 万美元，其整备质量为 1 614 kg，动力为一台 4.8 升 560 马力（412 kW）的 V10 发动机。而次年推出的 Lexus LFA Nürburgring Package（纽北版），起售价为 44.5 万美元，其整备质量下降到 1 480 kg，发动机经过进一步设计和调校，提升到 571 马力（420 kW）。动力提升了 2.0%，重量却下降 8.3%，动力和重量上的权衡取舍，一目了然。那些多花的钱，基本都用在了轻量化上了，除了拆掉一些不紧要的配置，更主要的工作还是给车上的每一个零件做瘦身。要把每个零件减重都做到无所不用其极，其工作量和验证成本都是巨大的。

由此可见，轻量化不仅可以提高汽车的燃油经济性，也可以非常有效地提高整车性能。对于量产车，轻量化是有一个前提条件的，那就是要建立在汽车整体品质、性能、造价不变或者更优的基础上。也就是说，虽然减配可以减轻车重提升性能，但真正的轻量化不是减配，而是在原来的性能目标基础上进行优化，通过从材料、工艺、结构上面的重新设计，实现更加轻盈的整车重量。所以，轻量化不等于减配，它更像是汽车的一种自身修为，在各种外界条件的限制下，实现内部矛盾的自我化解。汽车轻量化可从汽车设计、改进制造工艺、提高现有材料强度和采用轻质材料替代现有材料四个方面来实现。采用轻量化材料是汽车轻量化发展的主要方向。高强度钢、铝合金、镁合金、工程塑料、碳纤维等是当前常见和应用较多的轻量化材料。各种材料自身的属性特点和工艺技术水平决定了它们的应用范围和推广难度。每一种材料都有其最适合发挥价值的地方，我们在轻量化过程中需要做的是根据轻量化材料不同的优势让它们“物尽其用，用得其所”。

先进高强度钢

先进高强度钢，也称为高级高强度钢。国际钢铁协会（IISI）在先进高强钢应用指南第三版中将高强钢分为传统高强钢（Conventional High Strength Steel，CHSS）和先进高强钢（Advanced High Strength Steel，AHSS）。现代汽车制造业的核心是安全和环保，对车身要求是"提高强度、减轻重量"。先进高强度钢在这种背景下蓬勃发展，大量应用于汽车白车身的结构件、安全件上。目前汽车用的高强度钢主要包括：

1. 双相钢（DP 钢，Dual Phase Steels）

性能特点：无屈服延伸、无室温时效、低屈强比、高加工硬化指数和高烘烤硬化值。

典型应用：DP 系列高强钢是目前结构类零件的首选钢种，大量应用于结构件、加强件和防撞件，如车底十字构件、轨、防撞杆、防撞杆加强结构件等。

2. 复相钢（CP 钢，Complex Phase Steels）

性能特点：晶粒细小，抗拉强度较高。与同级别抗拉强度的双相钢相比，其屈服强度明显要高很多，具有良好的弯曲性能、高扩孔性能、高能量吸收能力和优良的翻边成形性能。

典型应用：底盘悬挂件、B 柱、保险杠、座椅滑轨等。

3. 相变诱导塑性钢（TRIP 钢，Transformation Induced Plasticity Steels）

性能特点：组织中含有残余奥氏体，有良好的成形性能。在成形过程中残余奥氏体会逐渐转变为硬的马氏体，有利于均匀变形。TRIP 钢还具有高碰撞吸收能、高强度塑性积和高 n 值的特点。

典型应用：结构相对复杂的零件，如 B 柱加强板、前纵梁等。

4. 马氏体钢（MS 钢，Martensitic Steels）

性能特点：屈强比高，抗拉强度高，延伸率相对较低，需要注意延迟开裂的倾向。具有高碰撞吸收能、高强度塑性积和高 n 值的特点。

典型应用：简单零件的冷冲压和截面相对单一的辊压成形零件，如保险杠、门槛加强板和侧门内的防撞杆等。

5. 淬火延性钢（QP 钢，Quenching and Partitioning Steels）

性能特点：以马氏体为基体相，利用残余奥氏体在变形过程中的 TRIP 效应，能实现较高的加工硬化能力，因此比同级别超高强钢拥有更高的塑性和成形性能。

典型应用：适用于形状较为复杂的汽车安全件和结构件，如 A、B 柱加强件等。

6. 孪晶诱发塑性钢（TWIP 钢，Twinning Induced Plasticity Steels）

性能特点：TWIP 钢为高 C、高 Mn、高 Al 成分的全奥氏体钢。通过孪晶诱发的动态细化作用，能实现极高的加工硬化能力。TWIP 钢具有超高强度和超高塑性，强塑积可达 50 GPa% 以上。

典型应用：TWIP 钢具有非常优越的成形性能和超高强度，适用于对材料拉延和胀形性能要求很高的零件，例如复杂形状的汽车安全件和结构件。

7. 硼钢（PH 钢或 B 钢，Press Hardening/Boron Steels）

性能特点：超高强度（抗拉强度达 1 500 MPa 以上），有效提高碰撞性能，车身轻量化；零件形状复杂，成形性好；尺寸精度高。

典型应用：安全结构件，如前、后保险杠，A 柱，B 柱，中通道等。

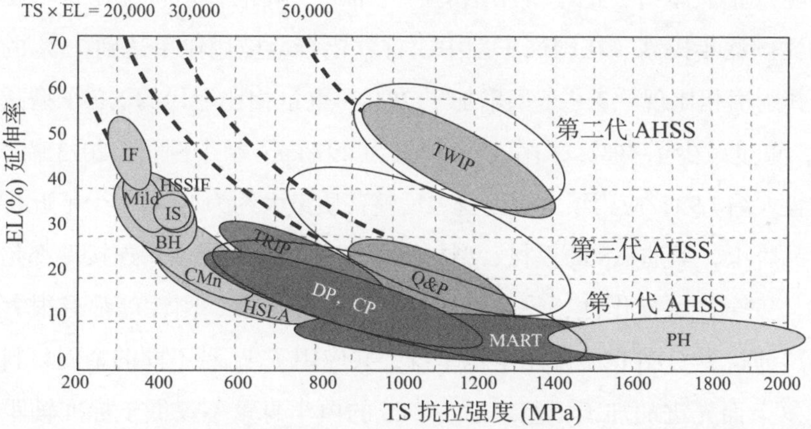

近些年，高强度钢在汽车制造领域的大规模应用是汽车轻量化最为成功的案例。汽车工程师针对车身结构不同部位的受力条件和安全要求，对钢材

进行差异化的选择。该结实的地方用高强度的钢材，如 A 柱、B 柱和纵梁等位置，它们的高强度增强了事故中乘员舱抗溃缩的能力，而其他地方可以选用成本较低的钢材，起到基本的结构功能。现在，一台车的钢材通常会被分作 5—6 个等级，这样才能做到更好的物尽其用。好的钢材固然会更贵，但是反过来也节省了材料，关键是油耗数据也好看了不少。据统计，对不同的钢材进行精细化的使用，可以让车身的重量下降 25% 左右，同时还能让车身的刚度和强度都有不少的提升。

铝合金材料

除了高强度钢之外，铝合金是目前被最广泛应用的轻量化材料。从 20 世纪 80 年代末，欧、美、日等很多汽车生产厂家与铝业公司合作加强了对铝制汽车车身的研究，并取得了令人鼓舞的成就。1990 年 9 月开始销售的日本本田 NSX 车采用了全铝承载式车身，比用冷轧钢板制造的同样车身轻 200 千克，引起全世界的瞩目。NSX 是本田第一款使用全铝车身的车型，铝合金的车架和悬挂采用了革命性的锻造工艺，锻造悬架控制臂、锻造铝合金轮毂和全铝结构的车身为其轻量化起到至关重要的作用 。1995 年德国奥迪公司首先开始批量生产铝质车身，把车身用铝的研究推向了高潮，铝合金在整车使用材料中的比例逐年提高。在国产车型中，首款铝合金应用比率达到 75% 的捷豹 XFL，其刚度相比现款 XF 车型增加了 28%，重量相比上代的 XF 车型减轻了 190 kg，重量减少了 40%，白车身重量仅为 297 kg。举个例子，2013 款 XF 的整备质量大约 1.9 t，应用了全铝车身之后整备质量大约为 1.14 t，少了近 0.8 t！在其他品牌上，奥迪 A8 的板材、型材用了 7 种航空铝合金，连接件都是真空压铸的，安全性、操作性、乘坐舒适性、燃油经济性、刚性等都有很大的提升。而凯迪拉克 CT6 也是采用全铝车身，共应用了 11 种不同的金属材料。经过各种复杂而先进的加工工艺之后，CT6 的白车身重不仅低于标准轴距的宝马 7 系，甚至比长轴 5 系还轻。

全铝车身的代表——本田 NSX

在很多人还在用钢板厚度来评判安全与否的当下，肯定会有人质疑，使用铝材是不是会影响安全性。其实，铝合金的强度远远高于钢的。合金钢的密度是 7.8 克 / 立方厘米，铝合金的密度只有 2.7 克 / 立方厘米，同等体积下，铝合金要更轻。这也就是航天领域广泛使用铝合金材料的原因，另外铝合金还有着抗腐蚀更耐磨的优点。铝合金强度较高，导致加工时会比钢更加困难。因为铝在受热后体积大幅膨胀的金属特性，更使得铝制车用零件的制造难度大大增加，在焊接车身时必须使用特制夹钳，并采用特殊工艺才能将铝制零件固定在特定位置。在焊接时，传统点焊的工艺并不适用。捷豹所使用的是其引以为傲的“自冲铆接”和 PT3 预处理的胶粘技术。简单点说，就是先利用自动涂胶在接合处让两部分软结合，再利用自冲铆钉进行拼装。

随着技术的进步，铝合金用于车身材料的加工成本已经大幅降低。以前都要将厚的铝合金板冲压成薄板再进行加工，目前已经引入了和钢板冲压类似的热冲压成形技术。这对工艺的要求是十分严格的，因为冲压时摩擦因数的增大，不仅会增加压边区材料进入成形区的难度，并且在成形区内，由于摩擦力的作用，截面各处材料流动不均，容易在应力集中地方产生急剧减薄而发生破裂。协调好压边力与冲压力的关系，加上良好的润滑，是实现铝合金热冲压再次降低材料成本的关键。当然，铝合金作为大范围量产的轻量化材料固然理想，但也有自身的缺点，比如工艺复杂且后续维修费用高。

镁合金材料

镁的密度约为铝的 2/3，在实际应用的金属中是最轻的。镁合金的吸振能力强、切削性能好、金属模铸造性能好，很适合制造汽车零件。镁合金大部分以压铸件的形式在汽车上应用，镁压铸件的生产效率比铝高 30%—50%。新开发的无孔压铸法（Pore Free Diecast）可生产出没有气孔且可热处理的镁压铸件。镁铸件在汽车上使用最早的实例是车轮轮辋。在汽车上应用镁合金的实例还有离合器壳体、离合器踏板、制动踏板固定支架、仪表板骨架、座椅、转向柱部件、转向盘轮芯、变速箱壳体、发动机悬置、气缸盖和气缸盖罩盖等。

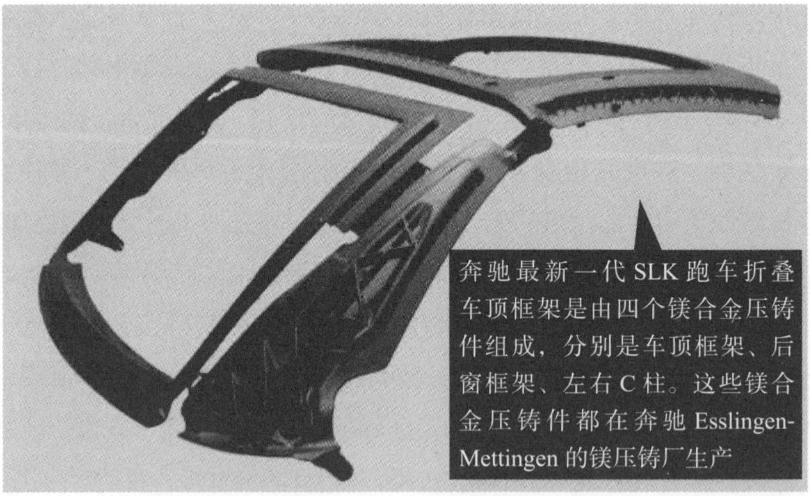

镁合金材料应用示例——奔驰新一代 SLK

奔驰 SL/SLK 跑车折叠车顶框架结构镁合金压铸件获得欧洲镁协 2011 年度汽车镁应用创新一等奖。在 2012 年欧洲镁协第二十届年会上，来自奔驰汽车公司的专家介绍了镁合金在奔驰汽车中的应用，特别是奔驰新一代 SLK 跑车，折叠车顶框架是由四个镁合金压铸件组成，分别是车顶框架（3 825 g）、后窗框架（2 075 g）、左右 C 柱（980 g）。这些镁合金压铸件都在奔驰 Esslingen-Mettingen 的镁压铸厂生产。

镁合金在汽车上的应用虽然很早就开始展开，但是目前镁合金并没有广泛的推广开来。在制造加工方面，制造薄板的镁合金含有 96% 的镁、3% 的铝以及 1% 的锌，并且需要在约 450℃的环境下以一个非常慢的过程进行冲压成型。这使得制造的工艺要求和制造成本非常高，相比于铝制板材件，镁合金车身板件的成本要高出3—4倍。因此，室温下的制造是镁合金的研究方向，可以更好地控制镁合金制件的成本。

碳纤维材料

碳纤维材料强度可媲美钢材，但密度小了 50%，甚至比铝材还低 30%。碳纤维的车身多见于帕加尼、迈凯伦、兰博基尼等超级跑车，昂贵的价格一直让平民车对其敬而远之，宝马 i3 的到来刷新了这一领域的历史价格。宝马 i3 的碳纤维座舱，是宝马与德国 SGL 碳纤维公司合资建立全新工厂内以高度自动化的方式生产的。

碳纤维材料应用示例——宝马 i3

目前碳纤维材料本身并不是特别昂贵，然而要把碳纤维加工成适合车辆使用、达到碰撞要求的车身才是其难点所在。一般来说，一款超级跑车承载结构的车身从胶合、烘干到冷却需要 4 天时间，例如帕格尼风之子。交错织成的纤维布可形成匀称的菱形图案。纤维布已用松脂浸湿，不过在胶合之前必须冷却，以便松脂在炉中进行反应。总之，这是一个颇长的、几乎无法使其自动化的进程，因而也是一个成本高昂的过程。所以，大幅缩短制造时间是降低碳纤维车身成本的一个重要方法。迈凯伦和兰博基尼使用的不是碳纤维布，而是单个的、部分是很短且很薄的剁断碳纤维（Chopped Carbon）。它们被一束束捆起来，在松脂中浸湿，然后使其成形。成形的碳纤维再放进由钢制成的机器中，加压升温（锻造过程），引起结构的化学反应。这个过程必须在 6 min 内完成，这样就恰好适于大批量生产线的进程。虽然碳纤维增强合成材料良好的形状既没有达到用化学制剂进行预处理的完美的菱形，也没有达到完美的坚固性，但是这种方法得到的材料强度仍然可以和钢媲美，关键在于其重量只是钢材的二分之一。碳纤维从跑车过渡到平民用车只是时间的问题，悄无声息的战争已经展开。2011 年，宝马和大众就竞相增持碳纤维供应商西格里（SGL）的股权。12 月 2 日，德国宝马宣布与美国波音航空公司展开合作，共同开发碳纤维材料技术，用于新型汽车和飞行器。这次合作意味着宝马与竞争对手大众再次争夺碳纤维技术领域的伙伴，大众也已通过旗下的兰博基尼品牌与波音达成碳纤维方面的合作。

混合动力汽车

在众多汽车节能减排的解决方案中，综合传统燃油汽车和纯电动汽车优点的混合动力车（HEV），基本不改变现有汽车产业结构，不改变现有能源体系及用户使用习惯，成为最具现实开发意义及产业化前景的节能环保汽车。所谓 HEV，是在一辆汽车上同时配备电力驱动系统（Traction Motor）和辅助动力单元（Auxiliary Power Unit，APU）。目前 HEV 通常是指燃油发动机与电机组成的油电混合动力汽车。

混合动力汽车的发展历程

在很多人看来，丰田是混合动力汽车的创始者，普锐斯（Prius）是最早的混合动力车型。但追溯汽车发展史会发现，事实并非如此。早在 1899 年，德国工程师费迪南德·波尔舍（Ferdinand Porsche）就设计出了一辆名为“Lohner-Porsche Mixte Hybrid”的油电混合动力汽车，并于 1901 年开始生产。而这时距离世界上第一辆汽车诞生也就仅仅过去了 15 年而已。如果您有机会查一查美国专利局那些被尘封的资料，会发现距美国第一个混合动力汽车专利已经过去了整整一个世纪！ 1909 年，身在比利时的德国人 Henri Pieper 取得了一项名为“Mixed Drive for Autovehicles”的专利。因此，混合动力汽车并不算是“新生儿”，而是个名副其实的“老人”，它伴随着汽车工业的发展已经有超过 100 年的历史了。在汽车工业发展之初，使用混合动力仅仅是出于“使用汽油引擎为电动机充电”这样一个简单的想法，然而这个想法在之后的几十年里不断演化，成为汽车工业中浓墨重彩的一笔。

第一辆油电混合动力汽车

讲混合动力汽车的发展就不可避免地要谈到丰田，谈到普锐斯。1994 年，时任丰田社长的丰田英二提出了一个犀利的命题："改变一成不变的汽车模式，必须挑战前所未有的开发，否则丰田就不可能在 21 世纪继续生存。"领命者是内山田竹志，貌不惊人的他带领着"G21 项目组"开启了一条前所未有的开发征程。什么是面向 21 世纪的汽车？最根本需要解决的问题是什么？这是内山田竹志带领的团队必须要回答清楚的问题。随着探讨的深入，问题本质逐渐清晰。内山田竹志敏锐地意识到，除了安全以外，汽车所造成环境污染以及石油资源的不可再生性，都将是制约可持续发展最大的壁垒。因此，必须制造具有优异燃油经济性的环境友好型汽车。事实上，无论是二氧化碳导致的全球气候变暖，还是日益严重的环境污染，在当时的日本乃至全世界并不是一个突出的问题。但当时丰田依然将此列为最迫切需要解决的问题，即使现在看来依然具有相当的前瞻性和指导意义。

最初 G21 项目组的目标是：在以往技术的基础上进行延伸开发，将燃油经济性提高 1.5 倍左右。"但如果仅仅是在现有的能力就能够达到，那太不彻底，谈不上是面向 21 世纪的技术"，内山田回忆道。他最终的决定是："有必要实现根本上的应对，颠覆以往进行创新性开发，将汽车燃油经济性提高 2 倍。"这意味着如果依靠传统发动机改良，目标根本不可能实现，唯一的解决方案就是——混合动力。

自 1994 年项目启动后，内山田竹志和他的团队用近一年的时间确立了 21 世纪汽车的最根本特征——节能环保。随后的开发历程同样不轻松，开发一款前无古人的混合动力汽车，无论技术开发、用户定位还是社会协同，某种程度上难度不亚于“再次发明汽车”。G21 项目组骨干、现在主管丰田产品规划的小木曾聪回忆说，“1994 年 2 月 1 日，当来自不同部门的 10 位成员聚在一起时，内山田递给每个人一张纸，纸上写着‘G21 小组行动规范’。”行动规范首要的一点就是：“参加项目的每个人必须保持高昂的志向致力于汽车研发。”其次，必须“设定高目标，目标高就能推动变革”；其他还包括“停止批评，重要的是企划能力”“进行技术讨论时，不要掺杂年龄、职位等因素，但要重视速度”等等。小木曾聪至今还保留着这份珍贵的行动规范，他认为，正是在内山田竹志的卓越领导下，大家怀揣斗志努力工作，最终才能够在短时间内推动普锐斯成功问世。令小木曾印象特别深刻的一点是，在整个开发过程中，内山田要求大家不要做后备方案。他认为，如果做后备方案，会浪费很多时间和人手，有那个时间不如放在真正必须要做的事情上面，必须拿出背水一战的精神去努力。1997 年，丰田面向 21 世纪开发的汽车——第一代普锐斯（PRIUS）面市。它视环保为首要课题，又兼具普通消费者可以接受的低价位，革命性地降低了车辆燃耗和尾气排放，其划时代之意义与先进性得到了全世界的高度评价。“普锐斯”也由此成为节能环保汽车的代名词。

相比较已经延续百年的传统发动机，采用油电混合、双擎驱动的混合动力是一个后来者，但在问世近 20 年后，混合动力的发展已超过最初预期。2014 年混合动力汽车在日本销量比例超过 40%；即使全球范围内，丰田所销售的混合动力份额也超过了 10%。截至 2015 年 7 月，丰田在全球约 90 个国家和地区共销售 30 款混合动力乘用车、1 款插电式混合动力车。

与同级别汽油发动机汽车相比，丰田混合动力车型在提升动力性能 30% 的同时，能够降低 40% 的油耗，而且因其不需要外部充电、不需要更换电池、不需要额外维修保养等特性，被认为是目前最为成熟的节能新能源技术。此外，混合动力系统包括电动车、燃料电池车等新能源车型必不可少的电动机、电池及逆变器等核心组件及相关匹配、应用技术，在超过 800 万消费者的实际使用过程中不断得到反馈并持续进化发展，能够实现在电动车、氢燃料电池车等新能源车型的共通应用，兼顾当下又着眼于未来。因此，丰田将混合动力技术定位为“21 世纪的核心环境技术”。

混合动力汽车的结构原理

现代的混合动力汽车是 20 世纪 90 年代末才开始逐渐发展起来的。按照其工作方式，大体上可以分为串联、并联和混联三种混合模式。

串联式混合动力系统

串联式混合动力系统利用发动机动力发电，从而带动电动机驱动车轮。其基本结构是由电动机、发动机、发电机、HV 蓄电池、变压器组成。由一个小输出功率的发动机进行准稳恒性运转来带动发电机，直接向电动机供应电力，或一边给 HV 蓄电池充电一边行驶。由于内燃发动机的动力是以串联的方式供应到电动机，称为“串联式混合动力系统”。简单地说，串联式混合动力汽车的工作方式就是用传统发动机直接通过发电机为电池充电，然后完全由电动机提供的动力驱动汽车。其目的在于使发动机长时间保持在最佳工作状态，从而达到减排的效果。这种方式的好处是发动机可以不受行驶状态的影响，一直处于最佳工作状态，对于改善排放大有好处，但转换效率偏低。这种方式局限比较多，目前已不多见。

串联式具有两个突出的优点：一是串联是混合动力中结构最简单的，整体结构相当于纯电动汽车加个汽油发电机，同时取消了变速箱，所以结构布置也更加灵活；二是发动机总是工作在高效转区，因此在中低速行驶时，串联结构的混合动力汽车比普通汽车油耗更低，可以节油 30% 左右。

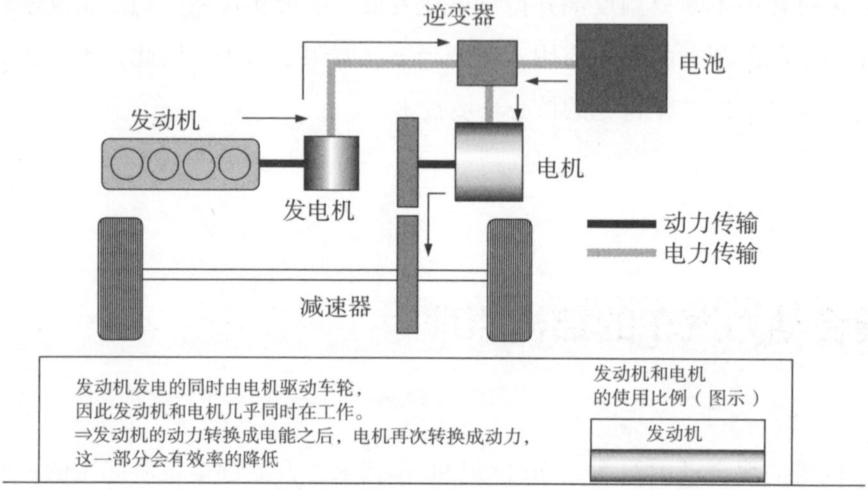

串联式混合动力

但它的缺点也十分明显：串联结构混合动力车型的发动机动能需要经过二次转换才能为电动机供电，会造成较大的能量损失，使得高速行驶时油耗偏高；由于只有电动机驱动车辆，电动机功率要求比较大，同时为保证电动机的续航，发动机的功率和电池容量也有要求。

代表车型：雪弗兰沃蓝达（Volt）、宝马 i3 增程式混合动力车型、广汽传祺 GA5 增程式混合动力车。

并联式混合动力系统

并联式混合动力系统基本结构是由电动机、发动机、HV 蓄电池、变压器和变速器组成。相当于在普通汽车的基础上加装一套电能驱动系统（电动机和动力电池），发动机和电动机都能单独驱动车轮，也可以同时工作，共同驱动车辆行驶。当动力电池电量不足时，发动机还能带动电动机反转为动力电池充电。在并联混合动力系统中，电动机同时也是发电机，其作用是让发动机尽量靠近最佳效率状态，从而达到节油的效果。并联结构的混动车型一般有三种模式可以选择：

◆纯电模式

发动机关闭，电池为电动机供电，驱动车辆行驶，该模式多用于中低速行驶，也有部分车型可以实现高速巡航。

◆纯油模式

发动机启动，驱动车辆行驶，同时能够带动电动机反转为动力电池充电。

◆混合模式

发动机和电动机同时启动，驱动车辆行驶，该模式多用于爬坡、急加速以及其他高负荷工作的情况下。

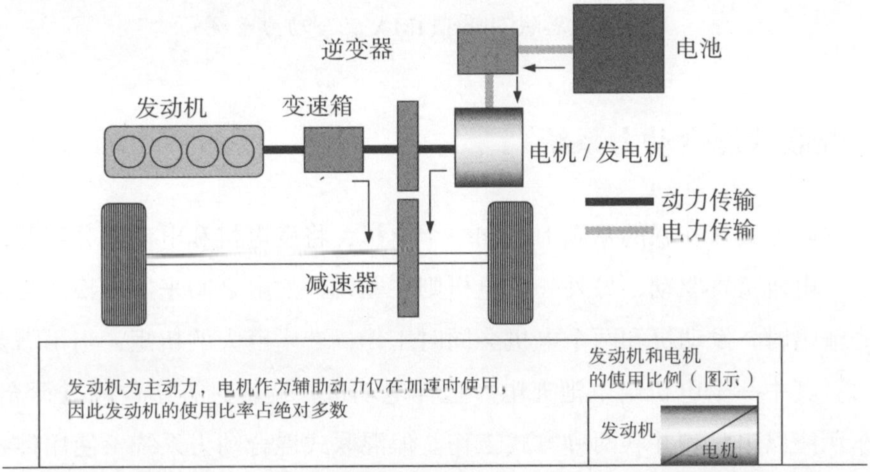

并联式混合动力

并联式也有两个优势：一是成本较低，只需要在车内安装电动机和电池即可；二是与串联结构不同，并联结构中发动机和电动机可以同时驱动汽车，动力性能更加优越。

并联结构的最显著缺点就是：由于只有一台电动机，没有独立的发电机，无法实现混合模式下，发动机为动力电池充电的功能，当电量耗尽时，只能依靠发动机驱动。

代表车型：本田思域混动版、比亚迪秦。

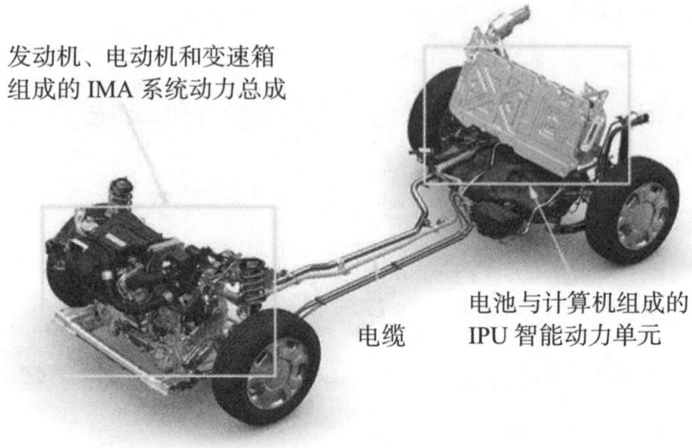

2012 版思域 Hybrid IMA 混合动力系统

混联式混合动力系统

混联方式在并联的基础上再加一个电机，将发电机和电动机分离开，其中一个电机负责驱动，另外一个电机则在驱动、发电之间来回切换。当需要动力输出时，发动机和两个电机会同时工作，产生巨大的扭矩；当不需要动力时，其中一个电机给电池充电。这样电动机在运转过程中也能进行充电，使车辆能以串联和并联两种方式工作。但混联式混合动力系统不使用传统的变速箱，而是用一种叫作“ECVT”的行星齿轮结构的耦合单元来代替。这种技术一直被丰田垄断，虽然也有一些厂家在混联结构中使用普通的变速箱，如双离合变速箱、无级变速箱等，但是效果远不及 ECVT。混联结构在发动机和电动机协同驱动车辆行驶的同时，发动机还能带动发电机为动力电池充电，不再像并联结构中单一电动机需要身兼两职，并且理论上它能够实现发动机带动发电机发电，电动机驱动车辆的模式。因此，混联结构的驱动模式有纯电模式、纯油模式、混合模式、充电模式四种。

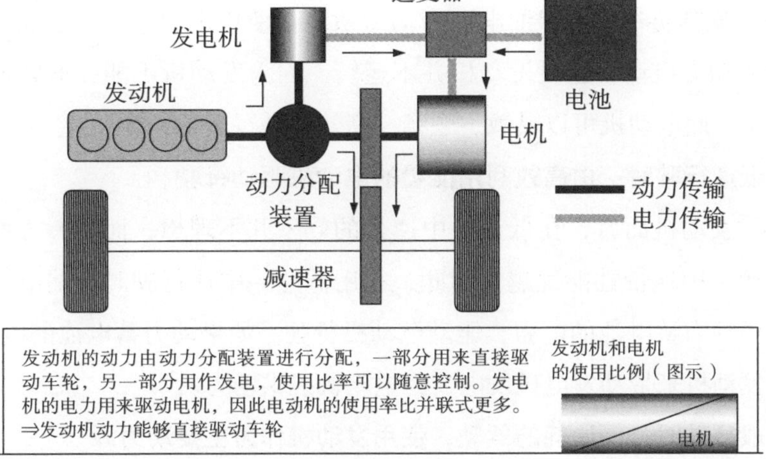

混连式混合动力

混联式有两个突出的优势：一是混联的结构优点和使用优点更加接近于并联结构车型，但混联的驱动模式更加丰富，在并联的混合驱动模式基础上加入了充电功能，这意味着发动机和电动机全力驱动车辆时也不用担心电量消耗的问题。二是得益于“ECVT”的加入，使电动机和发动机的配合更加默契，能够适应的工况更多，节油效果更加出色。

缺点则主要有两方面：由于混联结构更加复杂，相应的制造成本也更高；“ECVT”技术专利被丰田垄断，其他厂家无法使用。

以普锐斯为例，丰田混合动力系统各阶段工作原理如下：

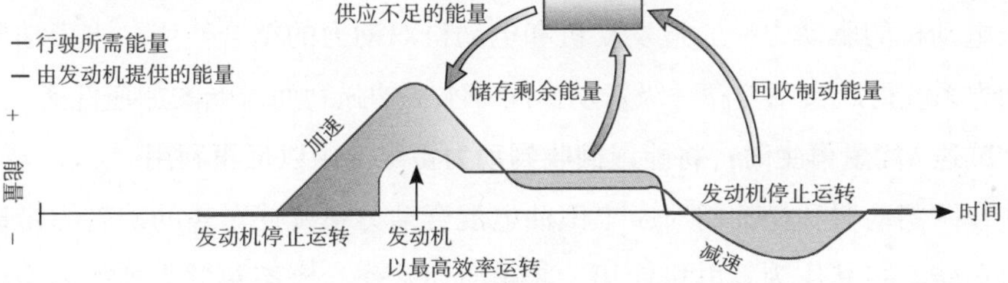

低油耗的工作原理

为了尽可能地降低油耗水平，丰田的油电混合动力系统分别发挥电动机和发动机各自的特长来行驶。

启动时：充分利用电动机启动时的低速扭矩

当汽车启动时，丰田油电混合动力系统仅使用由 HV 蓄电池提供能量的电动机的动力启动，这时发动机并不运转。因为发动机不能在低转速区间输出大扭矩，而电动机可以灵敏、顺畅、高效地进行启动。

中低速行驶时：由高效利用能量的电动机驱动行驶

对于发动机而言，在低速—中速带的效率并不理想，而另一方面，电动机在低速—中速带性能优越。因此，在用低速—中速行驶时，油电混合动力系统使用动力蓄电池的电力，驱动电动机行驶。如果动力蓄电池的电量少时，则利用发动机来带动发电机发电，为电动机提供动力。

一般行驶时：低油耗的驾驶，使用发动机作为主要动力源

丰田油电混合动力系统采用发动机，使它在能产生最高效功率的速度区间驱动。由发动机产生的动力直接驱动车轮，依照驾驶状况部分动力被分配给发电机。由发电机产生的动力用来驱动电动机和辅助发动机。利用发动机和电动机这一双重传动系统，发动机产生的动力以最小消耗被传向地面。

一般行驶时 / 剩余能量充电：将剩余能量用于动力蓄电池充电

因为丰田油电混合动力系统在高速运转时是采用发动机来驱动，而发动机有时会产生多余的能量。这时多余的能量由发电机转换成电力，用于储存在动力蓄电池中。

全速行驶时：利用双动力来获得更高一级的加速

在需要强劲加速力（如爬陡坡及超车）时，动力蓄电池也提供电力，来加大电动机的驱动力。通过发动机和电动机双动力的结合使用，丰田油电混合动力系统得以实现与高一级发动机同等水平的强劲而流畅的加速性能。

减速 / 能量再生时：将能量回收到动力蓄电池中以便再利用

在踩制动器和松油门时，丰田油电混合动力系统使车轮的旋转力带动电动机运转，将其作为发电机使用。减速时通常作为摩擦热散失掉的能量，在此被转换成电能，回收到动力蓄电池中进行再利用。

停车时：动力系统全部停止

在停车时，发动机、电动机、发电机全部自动停止运转。不会因怠速而浪费能量。如果动力蓄电池的充电量较低时，发动机将继续运转，以给动力蓄电池充电。另外，有时因与空调开关联动，发动机也会仍保持运转。

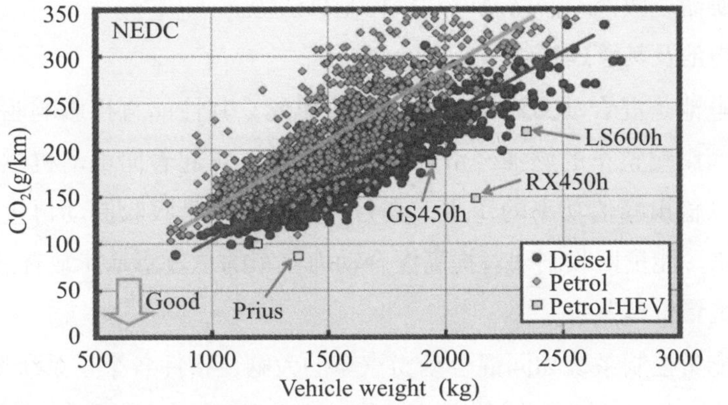

油耗（CO_2 排放量）对比

上面这张图对比了丰田几款混合动力车与汽油和柴油车油耗/二氧化碳排放的情况。图中纵坐标为二氧化碳排放水平，横坐标为车型重量。从图中可以看出，无论是 Prius 这种普通家用车还是 RX450h 大中型 SUV，抑或是 LS600h 大型轿车，混合动力车都明显要比同级别的柴油车和汽油车更加省油。

混合动力汽车的关键技术

混合动力汽车关键技术主要包括驱动电动机及其控制技术、动力电池及其管理系统、整车能量管理控制系统、动力传动系统匹配、再生制动能量回收系统、先进车辆控制技术等，涉及机电工程、电力电子、电化学、控制工程、汽车电子和车辆工程等多个学科。

驱动电动机及其控制技术

电动机是电动汽车的心脏，重要性与发动机等同。要求其能量密度高、体积小、重量轻、效率高。研发主要集中在交流感应电动机和永磁同步电动机上。高速、匀速行驶工况，采用感应电动机驱动，经常起动、停车、低速运行的城市工况，永磁同步电动机驱动效率较高。控制技术包括大功率电子器件、转换器、微处理器以及电动机控制算法等。

动力电池及其管理系统

动力电池是混合动力汽车的基本组成单元，其性能直接影响驱动电动机的性能从而影响整车的燃油经济性和排放性能。它起着向电动机供能以及向动力传动系输出峰值功率的作用，其另外一个作用是吸收制动再生能量并将其存储起来。能量回收制动对提高混合动力汽车的总效率是非常有意义的。

整车能量管理系统

整车能量控制系统如同混合动力汽车的大脑，指挥各个子系统协调工作，以达到效率、排放和动力性的最佳匹配，同时兼顾车辆行驶的平顺性。根据驾驶员的操作，如加速踏板、制动踏板、变速杆的操作等，判断驾驶员的意图，在满足驾驶员需求的前提下，分配电动机、发动机、电池等动力部件的功率输出，实现能量利用率的最优管理，使有限的燃油发挥最大的功效。能量控制还需考虑其他车载电气附件和机械附件的能量消耗，如空调、动力转向、制动助力能耗，以综合考虑整车的能量使用。

动力传动系统匹配

混合动力汽车动力传动系统的参数匹配是混合动力汽车设计的一个重要内容，直接影响混合动力汽车的排放和燃油经济性能。它包括合理的选择和匹配发动机功率、动力电池容量和电动机的功率等，以确定车辆的混合度，来组成性能最优的混合驱动系统。

能量再生制动回收系统

能量再生制动回收是混合动力汽车提高燃油经济性的重要途径，由于制动关系到行车安全性，如何在最大限度回收制动时的车辆动能与保证安全的制动距离和车辆行驶稳定性之间取得平衡，是再生制动回收系统需要解决的难题之一。目前通常将再生制动回收系统与车辆防抱死制动系统结合在一起。

先进车辆控制技术在混合动力汽车上的应用

传统汽车的车辆动力学控制系统与混合动力控制系统以及制动能量回收控制的结合，是混合动力汽车控制技术的研究热点。传统汽车的控制技术与现代电动汽车控制技术的融汇集成，将使未来的混合动力汽车更加节能、舒适和安全。

混合动力汽车的现状趋势

丰田汽车公司宣布，截至 2017 年 1 月底，混合动力车型的全球累计销量已经达到 1 004.9 万辆。1997 年，世界上第一辆量产混合动力乘用车普锐斯诞生。而十年后的 2007 年突破第一个 100 万的销量，从 2016 年 5 月达成 900 万辆到如今突破千万，仅仅用了 9 个月的时间。在中国，卡罗拉双擎和雷凌双擎上市一年以来，累计销量已超过 7 万辆，随着这两款车型的热销，2016 年包括丰田及雷克萨斯品牌在内的 10 款混合动力车在华年销量达到约 10 万辆，是 2015 年的 3 倍。经过 20 年的不懈努力，丰田混动车型的销量已经进入了稳步增长期。

相关数据显示，分布在全球 90 多个国家和地区的 1 000 万辆丰田油电混合动力车累计节省了 290 亿 L 石油，大约相当于目前北京所有机动车近 3 年的汽油消耗量。同时，1 000 万辆丰田混动车减少了约 7 700 万 t 二氧化碳排放，几乎相当于 600 多万公顷森林一年的固碳量。中国汽车工业协会常务副会长董扬认为在电动汽车发展成熟之前，我国应考虑同时推广包括混合动力（HEV）在内的多种新能源技术来实现节能减排的目标。在国务院发布的《节能与新能源汽车产业发展规划（2012—2020）》中指出，纯电驱动将是新能源车发展的主要战略取向，但当前的主要任务则是推进纯电动汽车和插电式混合动力汽车产业化，推广普及非插电式混合动力汽车。

2015 年，电动汽车（包括电动汽车与插电式混动车）在全球的年销量约为 50 万辆。虽然人们相信未来在电池、充电等技术瓶颈突破后一定会迎来电能应用的真正井喷，但是从目前的实际情况来看，混合动力车正在从导入阶段快速走向普及阶段，已经遥遥领先于纯电动和燃料电池等新能源汽车。

替代燃料汽车

为了缓解我国石油资源匮乏和需求之间的矛盾，实现我国长期可持续的经济发展和环境保护，需要发展内燃机替代清洁燃料以部分取代石油基燃料即汽油和柴油。根据目前世界范围内替代燃料的使用情况，总体上可以把它们分为三类：气体燃料（指天然气、液化石油气、氢气、煤层气、沼气等）；醇、醚、酯类等含氧燃料（主要包括甲醇、乙醇、二甲醚以及由植物油制取的生物柴油）；合成油（指由煤、天然气或生物质生产的液体燃油）。

燃气汽车

燃气汽车又称为天然气汽车，主要是指以天然气、液化石油气等气体燃料来取代传统汽油、柴油等液体燃料作为动力源的清洁燃料汽车。尽管从严格意义上来说，燃气汽车称不上是新能源汽车，但是从强化能源综合利用和减少对石油燃料依赖的角度看，可被列入环境友好型的汽车范畴。如果用天然气完全替代汽油，车辆尾气排放中，二氧化碳可减少 24%，一氧化碳可减少 97%，碳氢化合物减少 72%，氮氧化合物减少 35%，苯、铅、粉尘等固体颗粒物减少 100%，综合排放指标降低约 80%。

自 20 世纪 30 年代初意大利开始应用以来，天然气汽车先后经历了三次大发展。首次大发展出现在第二次世界大战后，石油燃料十分匮乏，大都应用于战争中。为了解决燃料应用问题，人们想到了天然气燃料，因此固定式内燃机上开始大量使用天然气燃料，并且一部分车用内燃机也使用天然气。但是由于天然气储存和携带不方便，限制了其发展，在随后的三四十年内发展缓慢。

早期燃气汽车

第二次大发展是在20世纪70年代中期，中东战争和石油危机爆发，使得石油价格暴涨，因此美国、西欧各国及日本等石油进口大国的用油成本急剧增加。另外，世界上主要的石油输出国联合起来控制石油的生产和价格，使得这些国家认识到能源不能过分依赖石油，能源的多元化战略开始付诸实施。天然气此时再次被重视起来，由于其燃烧后基本不排放黑烟，被称为“绿色能源”，人们初步认识到其环保价值，天然气发动机获得了再次发展的机会。

天然气汽车

第三次快速发展是在 20 世纪末和 21 世纪初，全球石油价格持续上涨，加上发展中国家逐步开始工业化进程，因此对能源的需求量急剧增加，从而导致国际上能源的供需矛盾日益突出。1990 年，美国颁布《清洁空气法案修正案》，许多条款与天然气汽车有关，天然气汽车的发展得到了法规和政策的有力支持。1991 年，日本成立天然气汽车论坛。1994 年，欧洲天然气汽车协会（ENGVA）成立。在世界各国政府大幅度增加对发动机代用燃料的开发和扶持力度的情况下，发动机的代用燃料技术取得了显著的进步。世界上众多国家，例如美国、德国、日本、韩国、泰国等都相继制定了天然气动力应用的发展规划。我国也相继实行了“清洁汽车”“十城千辆”等政策，大力推广新能源汽车，使得天然气发动机在城市公交、出租车上得到了广泛的应用。

燃气汽车的分类

燃气汽车使用的气体燃料主要有三种：液化石油气（LPG）、压缩天然气（CNG）和液化天然气（LNG）。LPG 是一种在大气温度下只要稍微加压（1.6 MPa 左右）便成为液态的烃类（丙烷和丁烷为主要成分）混合物。CNG 是指压缩到 20.7—24.8 MPa 的气态天然气（甲烷为主要成分），储存在车载高压气瓶中。LNG 是指 −162℃、常压下的液体天然气（甲烷为主要成分），存储于车载绝热气瓶中。在上述气体燃料中，天然气是一种清洁、高效、经济的能源，因此正日益受到市场的青睐，很多国家都将液化天然气列为首选燃料，天然气在能源供应中的比例迅速增大。LNG 正以每年约 12% 的速度增长，成为全球增长最迅猛的能源行业之一。

根据使用的燃料类型，燃气汽车也可分为三种：液化石油气汽车（LPGV）、压缩天然气汽车（CNGV）和液化天然气汽车（LNGV）。目前市场上主流的天然气汽车是 CNGV 和 LNGV。其中，LNGV 正在逐步发展成为主流方向，而 LPGV 正在逐步退出市场。

燃气汽车的特点

◆清洁环保

燃气汽车的排放污染大大低于以油为燃料的汽车，产生的一氧化碳、臭氧和能生成烟雾的可反应烃等有害物质少。燃气汽车的一氧化碳排放量比汽油车减少 90% 以上，碳氢化合物排放减少 70% 以上，氮氧化合物排放减少 35% 以上，二氧化碳少 20%—30%，噪声降低 40%，尾气中不含硫化物、铅和苯，可以大大减轻对环境的污染。

◆辛烷值高，抗爆震性好

天然气的辛烷值达 103—110，远高于汽油，因此抗爆震性非常好。这有利于增大燃气的压缩比，提高发动机的动力性能。

◆燃烧充分，积碳少

燃料以气态进入气缸，燃烧充分，热效率高，积炭少。这使天然气发动机的大修期可以延长 30%—40%，使润滑油更换周期延长 50%，降低了车辆维护费用和运行成本。

◆燃料经济性好

与汽油相比，天然气资源丰富，价格便宜。以北京市出租车日行驶 350 千米计算，比较 CNG 和汽油作为燃料时的经济效益（基于 2015 年 3 月北京市天然气价格），CNG 出租车的燃料成本仅为汽油车的 45%；每天燃料成本节省 85 元，按年运营时间 350 天计算，每年可以节省燃料成本接近 3 万元。且出租车改装仅仅需要几千元，采用 CNG 燃料的汽车相对于汽油车大幅度降低了车辆的运营成本。

以北京市公交车的统计数据为计算依据，柴油公交车的每百千米耗油量为 38 升，同等规模的 OEM 天然气公交车每百千米耗气量为 38 立方米。日均行驶里程约为 170 km，年均行驶里程为 62 000 km。0# 号柴油价格约为 7.58 元 / 升，CNG 价格为 4.68 元 / 立方米。单燃料的天然气公交车购置费用与同档次的燃油车相比，根据配置不同，购置费用增加 2 万— 3 万元。取上限，假定额外投资费用为 3 万元。经计算，一辆原装天然气公交车一年节省的费用为 2.57 万 元，额外投资费用回收期为 14 个月。因此，相比一台普通的柴油公交车，天然气公交车节省的费用在 14 个月左右就可以抵消额外投资的费用。

我国燃气汽车的现状与问题

20 世纪 80 年代末至 21 世纪初，中国天然气汽车先实现了从无到有的突破，随后经历了从有到多的跨越，在 20 多年时间里稳步增长至 100 万辆，2010 年以后更是进入爆发式增长。2010 年至 2015 年，中国天然气汽车保有量从 110 万辆辆迅猛发展至年约 500 万辆（其中 LNG 汽车约 20 万辆），年均增长率超过 40%。在全世界约 2 000 万辆天然气汽车中，平均每 4 辆中就有 1 辆在中国，中国已成为全世界天然气汽车保有量的第一大国。

从生产的天然气汽车类型上看，既能以汽油又能以天然气提供动力的双燃料车型占了绝大多数，其中以小型乘用车为主。纯天然气汽车则以 LNG 客车和 LNG 卡车等营运类车辆为主。2012 年至 2016 年 3 月，中国累计生产 5 种天然气车型 88.35 万辆。其中，双燃料乘用车占比一半以上，再就是双燃料货车、天然气客车和天然气货车，占比都在 13%—18% 之间，双燃料客车的比例仅 4.2%。

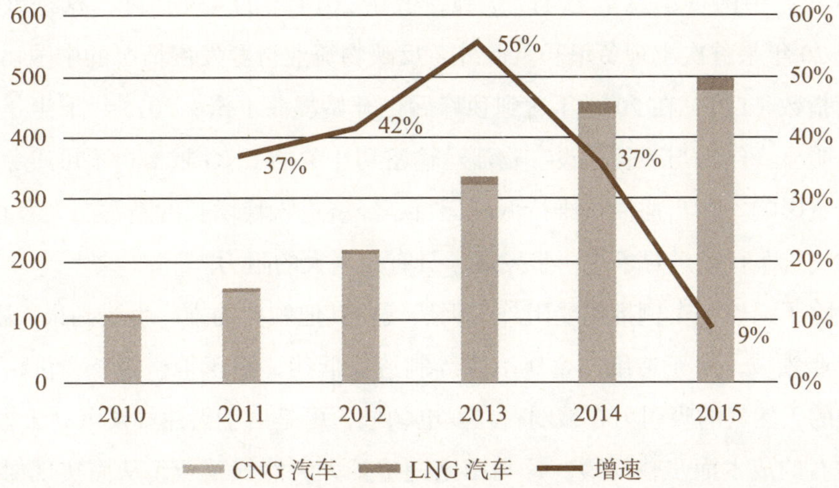

我国燃气汽车发展趋势

2010年至2014年风光无限的天然气汽车行业，在2015年却意外遭遇滑铁卢。包括新车和改装车在内，天然气汽车保有量增速从过去5年的年均43%骤降至9%；年度新车产量甚至出现了负增长，从2014年的27.7万辆降至2015年的19.1万辆。业内专家认为，天然气汽车增速出现大幅下滑的原因，既有国际油价暴跌对天然气经济性的巨大冲击，又有电动汽车的强势追击，还有中国宏观经济放缓、产业结构调整导致的物流运输业整体低迷。此外，加气站等基础设施不完善、行业标准和规范不健全、车辆养护及维修不便等行业长期存在的顽疾也是重要原因之一。

当国际油价处于100美元/桶以上的高位时，天然气汽车经济优势明显，产业发展较快。然而随着油价暴跌，天然气相对汽柴油的经济性明显减弱。在2014年夏季油价开始暴跌以前，单位热值的CNG价格仅为汽油价格的60%左右；而在此之后，这一数据一度高达80%。在LNG资源较少、加气站网络不够健全的西南地区，这一数据甚至高达90%以上。也就是说，这些地区的LNG汽车，相对柴油车根本已无任何经济性可言，而且还要额外承担初次采购时多出的8万元至10万元费用。

LNG重型车辆也受到了当前中国宏观经济放缓的影响。随着中国经济进入新常态，以投资和工业拉动经济发展模式正在转向服务业和消费驱动。2015年，中国货运总量为417亿吨，低于2014年的439亿吨，这是该项指标近20年来首次出现负增长。此外，反映物流业行业发展情况的中国物流业景气指数（LPI）在2012年达到顶峰后也开始震荡下滑，2015年下半年降幅更加明显，作为与工程建设、物流运输密切相关的LNG重卡也不可避免地受到严重影响。在当前油价维持低位运行、经济进入稳增长的新常态大背景下，天然气汽车行业想寻求进一步发展，具有相当大的阻力。

除了天然气车辆推广受阻外，天然气在其他领域的推广也受到很大阻力。在工业领域，由于造纸、金属冶炼等制造业低迷，对于价格敏感，价格逐步上涨的天然气的吸引力在减弱；在发电领域，更是由于天然气发电高于煤炭3倍左右的成本而步伐滞缓。这与国家期望扩大天然气消费，从而实现保护大气环境的初衷相背离。业内人士认为，伴随进口天然气价格的下滑，以及天然气在下游应用中经济性的丧失，我国天然气价格存在下跌预期。如果这一预期能够实现，在一定程度上或能缓解天然气推广面临的问题，但要从根本上解决问题，归根到底还要靠定价机制的市场化改革。

生物质燃料汽车

植物通过光合作用吸收太阳能，动物以植物为食或靠弱肉强食间接吸收太阳能，形成所谓的生物质能。作为唯一能转化为液体燃料的可再生能源，生物质能以产量巨大、可存储、碳循环等优点已引起全球各国的高度重视。在石油能源日益匮乏的今天，人们正在用全新的眼光审视能源农业。生物质燃料对环境造成的污染比矿物能源少，比核能安全，比风能、地热能分布广泛，因此被誉为“绿色能源”。开发生物质燃料，研发生物质燃料汽车，可以有效地延长地球上石油资源的使用时间。

生物质燃料简介

生物质燃料泛指由生物质组成或萃取的固态、液态或气态燃料。它可以替代由石油制取的汽油和柴油，是可再生能源开发利用的重要方向。广义的生物质是指利用大气、水、土地等通过光合作用而产生的各种有机体，即一切有生命的可以生长的有机物质，包括各种能源植物，如速生林、速生草本植物、富糖植物、富油脂植物以及各种废弃物等，都是洁净的可再生能源。生物质燃料可以分为第一代和第二代产品。

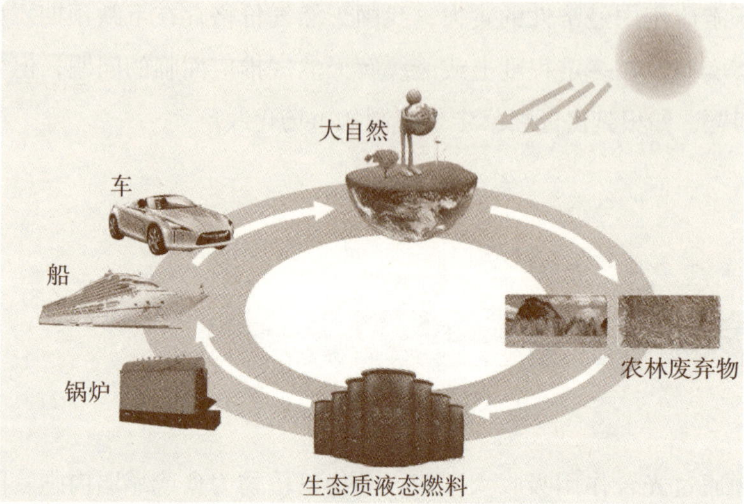

生物质燃料

第一代生物质燃料

第一代生物燃料主要有两大类：一类是用植物油（如油菜籽）合成生物柴油，另一类是用植物（如玉米、蔗糖）产生的生物乙醇。很多植物的果实和种子里都含有大量的油脂，比如油橄榄、大豆、油菜等。植物油通常很黏稠，但是加热或通过化学方法可以将其改造为生物柴油。生物柴油的性能和柴油相当接近。很多植物油和生物柴油的燃烧值都高于柴油，而且排放的有害气体也少于“化石柴油”。另一种方法通过高糖、高淀粉含量的农作物来生产糖或淀粉，再通过酵母的发酵作用来生产乙醇。然后将乙醇以一定的比例掺入汽油，合成乙醇汽油。这种方法生产的生物燃料被称为第一代生物燃料，因为增加了对农作物的需求，导致粮食种植面积的减少，造成粮食价格的上涨。因此，各国开始提倡生产和使用第二代生物质燃料。

第二代生物质燃料

第二代生物质燃料以非粮作物乙醇、纤维素乙醇和生物柴油等为代表，原料主要使用非粮作物，如秸秆、枯草、甘蔗渣、稻壳、木屑以及地沟油等废弃物，以及主要用来生产生物柴油的动物脂肪、藻类等。在环境友好方面，第二代生物质燃料的表现也远较第一代出色。据美国能源部的研究，更注重生态效益的第二代生物质燃料有望减少最高达 96% 的温室气体排放；而第一代以玉米为原料的燃料乙醇，平均仅可以减少约 20% 的温室气体排放。而且，第二代生物质燃料，尤其是纤维素乙醇的取材范围相当广泛，秸秆、枯草等农业废弃物均可使用。对农业废料的循环利用保证了生物质能源的可持续发展，解决了第一代生物燃料生产过程中耗费更多能源和使用更多化学物质的问题，同时也降低了对人类健康的潜在威胁。

生物质燃料汽车的分类

液态生物质燃料在汽车工业发展的早期就开始了应用。德国尼古拉斯·奥托就曾计划用乙醇作为其发明的内燃机的燃料；柴油发动机的发明人鲁道夫·迪塞尔曾用花生油做燃料；1896 年，亨利·福特用大豆提取的乙醇启动了美国第一辆乙醇燃料汽车（Quadricycle）。然后一直到 1908 年，福特公司著名的 T 型车都可使用乙醇、汽油或按任何比例调和的乙醇汽油作为燃料。目前生物质燃料汽车主要分为生物柴油汽车和乙醇燃料汽车。

第二代生物柴油是主要以油料作物、野生油料植物和工程微藻等水生植物油脂，以及动物油脂、餐饮垃圾油等为原料通过酯交换工艺制成的再生性柴油燃料。将地沟油转化为生物柴油的前景被业界看好，炼油厂的转化率普遍在 80% 以上。随着技术的不断进步，地沟油提炼生物柴油的转化率有望提升至 98%。与柴油汽车相比，生物柴油汽车的尾气中有毒有机物排放量仅为 10%，颗粒物仅为 20%，一氧化碳和二氧化碳也仅为 10%，硫化物和铅等有毒物的排放为 0。与常规柴油相比，目前生物柴油成本要高一倍以上。因此，欧盟和美国纷纷提供高额财政补贴支持种植油料作物，对生产生物柴油给予税收优惠，使生物柴油与化石柴油价格相当。在美国，目前净生物柴油燃料和混合物柴油燃料在汽车上的试验里程已经超过了 1 600 万 km，已经有一些客车生产商开发使用生物柴油燃料的客车。近年来，除了欧盟各国和美国之外，加拿大、巴西、日本、韩国等国也都在积极发展生物柴油产业。

乙醇燃料汽车是使用车用乙醇汽油作为主要动力燃料的机动车。车用乙醇汽油是在汽油中加入 10% 的变性乙醇，可使汽油的辛烷值提高 3%，有效提高汽油的标号，使发动机运行更平稳；氧含量提高 3.5%，使燃烧更充分；有效消除火花塞、气门、活塞顶部及排气管、消声器部位积碳的形成，可以延长主要部件的使用寿命。不过，乙醇的燃烧值不如汽油，所以乙醇汽车需要携带更多的乙醇才能满足行驶需要。此外，含水乙醇对发动机燃油部件还具有一定的腐蚀性。因此，目前汽油机使用乙醇燃料时，一般都通过提高发动机的压缩比、调整点火提前角、对燃油部件及供油管道进行保护等措施来适应乙醇燃料。

美国和巴西是世界上主要的燃料乙醇生产国和消费国。美国生产燃料乙醇的原料主要是玉米，主要推广使用 10%—15% 乙醇含量的乙醇汽油（即 E85 汽油）。巴西则以甘蔗为原料生产燃料乙醇，主要推广 25% 乙醇含量的乙醇汽油（即 E75 汽油）。巴西甘蔗乙醇的生产成本比美国的玉米乙醇平均低 58%，比小麦乙醇低 30%，比甜菜乙醇低 28%。原料成本在乙醇生产总成本中占比近 60%，因此甘蔗乙醇成本低的原因主要是巴西甘蔗价格低。据统计，在 2009 年起，巴西燃料乙醇国内消费量占车用液体燃料的 53%，已超过汽油消费量。预计至 2018 年，巴西国内交通工具使用乙醇作为燃料的比例将上升为 12%，2050 年将达到 26%。以木质纤维素为原料的第二代生物质燃料乙醇是决定未来能否大规模替代石油的关键。乙醇统计报告预测，全世界纤维素乙醇的产量到 2020 年有望超过 62.4 亿升，届时美国、巴西和中国的产量将分别占总量的 64%、13% 和 21%。

甲醇 / 二甲醚汽车

甲醇汽车

甲醇俗称“木醇”或“木精”，为无色透明、易燃、易挥发的液体。甲醇生产过程主要由合成气生产、甲醇合成和甲醇精馏三部分组成，关键在于合成气生产。合成气原料可以是天然气、煤炭、石油（包括石脑油、重油、渣油、沥青、炼厂气等）。甲醇生产的原料路线主要取决于合成气的制备方法。世界上 85% 以上的甲醇产品是以天然气为原料生产的。而我国大部分甲醇生产是以煤炭为原料的。

甲醇汽车

甲醇作为汽车用燃料，主要有甲醇汽油和纯甲醇两种方式。甲醇汽油是指将甲醇以不同的比例（如 M10、M15、M30 等）掺入汽油中，作为发动机的燃料。纯甲醇替代汽油是指将高比例甲醇（如 M85、M100）直接用作汽车燃料。纯甲醇作为燃料的话，需要对发动机结构进行改装，技术难度较大。针对汽车应用高比例甲醇汽油的需求，催生了一种新的灵活燃料汽车。灵活燃料汽车通过车用电子控制单元（ECU）调节其灵活燃料控制器，能够适用于任何汽油机汽车。安装后车辆既能够使用普通汽油、甲醇汽油、乙醇汽油，也能够适应 M10、M85 和 M100 不同比例的甲醇汽油。

用甲醇代替石油燃料在国外已经应用多年了，甲醇汽车的控制系统技术都已经很成熟。但是甲醇能否真正成为车用替代燃料，一方面取决于它的燃烧性能，另一方面取决于甲醇价格。从国内煤资源和天然气资源情况，以及甲醇技术的发展状况看，如果甲醇燃料在车用技术上和经济上可行，建设相应的甲醇燃料供应基地是有条件的。

二甲醚汽车

二甲醚（DME）是一种无色、有神经毒性、无致癌性、腐蚀性小的产品，并且燃烧性能好，热效率高，燃烧过程中无残渣、无黑烟，一氧化碳、氮氧化物排放量低。二甲醚还可掺入石油液化气、煤气或天然气中混合燃烧并能提高热值。浓度高于 95% 的二甲醚可直接作为替代液化气的燃料使用。二甲醚是一种很好的柴油替代品，具有精良的紧缩性，自燃点低，动力性能优于柴油，被视为液化气和柴油理想的替代品。

常规发动机代用燃料如液化石油气、天然气、甲醇等的十六烷值都小于 10，只适合于点燃式发动机。二甲醚的十六烷值高于柴油，具有优良的压缩性，非常适合柴油发动机。二甲醚替代柴油可降低氮氧化物排放，实现无烟燃烧，是理性的柴油发动机清洁燃料。研究表明，在保持原柴油机效率、同样的输出功率、扭矩及燃油经济性的前提下，不用任何废气再循环系统和废气处理装置，氮氧化物就能大幅度降低。同时，控制氮氧化物和细颗粒物排放的矛盾不复存在，碳烟排放为零，没有任何加速烟度，尾气无需催化转化处理就能满足超低排放的要求。

国际上二甲醚车辆的示范运行不多。瑞典沃尔沃公司曾将 DH10A 柴油机改造成二甲醚发动机，并将其安装在 B10BLE 大型客车上进行研究。日本也已经研制出二甲醚卡车的样车和城市客车的样车，正在进行运行示范，为此还建立了 3 座二甲醚示范车加气站。2009 年上海投入了 10 辆二甲醚公交车进行示范运营，并建成国内第一个车用二甲醚加注站。但是到目前为止，世界上还没有可供大批量生产应用的商品级二甲醚燃料供给系统，这是二甲醚汽车未能大面积推广应用的重要原因之一。

国内专用二甲醚加注站

太阳能汽车

太阳是一个烈焰翻腾的大火球，不停地给发出大量的光和热，为地球上的人类和其他生物送来了取之不尽、用之不竭的能源。太阳能汽车就是一种靠太阳能来驱动的汽车。20世纪70年代末，英国研制出了第一辆太阳能汽车，最高时速可以达到13 km/h。从某种意义上讲，太阳能汽车也是电动汽车的一种，所不同的是电动汽车的蓄电池靠工业电网充电，而太阳能汽车用的是太阳能电池。太阳能汽车使用太阳能电池把光能转化成电能，电能会在蓄电池中存起来，需要时通过电机驱动汽车行驶。

在太阳能汽车上装有密密麻麻像蜂窝一样的装置，它就是太阳能电池板。太阳能电池依据所用半导体材料不同，通常分为硅电池、硫化镉电池、砷化镓电池等，其中最常用的是硅太阳能电池。许多独立的硅片组合形成太阳能阵列。这些阵列的通常工作电压在50—200 V，并能提供1 000 W的电力。近些年单晶硅成为发展最快、最具前景的太阳能电池材料。高性能单晶硅电池是建立在高质量单晶硅材料和相关的成熟加工处理工艺基础上的。

提高太阳能转换效率、降低太阳能电池成本是太阳能汽车成功与否的关键所在。2004 年以来，多晶硅电池的转化效率从 14.5% 提高到了 18.3%，使太阳能电池系统成本降低了 14% 左右。硅片厚度从 300 μm 大幅度降低至 170 μm，硅材料消耗从 12 kg/kW 降低到 8.5 kg/kW，使硅材料成本降低 30% 左右。最新的实验数据显示，多晶硅太阳能电池的最高转换效率可达 20.3%，单晶硅太阳能电池的最高转换效率可达 24.7%。因此对晶体硅太阳能电池来讲，转换效率的提高和硅片的薄型化是降低成本的主要途径。

太阳能汽车的最新动态

荷兰埃因霍芬理工大学团队开发太阳能家用车——Stella Lux

2015 年 7 月初，来自荷兰埃因霍芬理工大学的一个团队设计出了一辆高效舒适的太阳能家用车——Stella Lux。Stella Lux 拥有一块约 5.8 m^2 的太阳能电池板，电池容量为 15 kW · h。它采用的太阳能导航系统还可以监控天气，智能能源管理系统可以帮助车主知晓还有多少电量、可继续行驶千米数以及提供科学的充电计划。值得一提的是，Stella Lux 使用的碳纤维和铝材料使汽车自重量只有 375 kg，这仅仅是特斯拉 Model S（2 018 kg）的 18.73%，连 1/5 都不到。此外，为了优化空气动力学性能，Stella Lux 汽车不仅有一个贯穿车身中心的隧道，车顶的两侧还被特意延长。Stella Lux 单次完整充电后续航里程可达 1 500 km；在满员载荷四人的情况下，最快行驶速度可达每小时 125 km，实现了技术创新、舒适感和驾驶操控性能的完美结合。第一代 Stella 已在欧洲通过了公路实验，其设计方案适合大规模生产，制造所需材料和零部件都可直接从市场采购，预计在未来五年到十年内投入量产。

Stella Lux

特斯拉收购太阳能面板商 SolarCity

2016 年 8 月 26 日，美国联邦贸易委员会宣布，正式批准特斯拉 26 亿美元收购太阳能面板公司 SolarCity 的交易。SolarCity 是美国头号民用太阳能面板商，于 2008 年 10 月成立，位于加州福斯特城。特斯拉创始人兼董事长埃隆 · 马斯克表示，“收购 SolarCity 将使特斯拉转型成为一家垂直整合的能源公司，向客户提供端到端的清洁能源产品，包括太阳能面板、家用储能设备及电动汽车。”

汉能推出四款全太阳能动力汽车

汉能控股集团是全球最大的薄膜太阳能企业，成立于 1994 年，总部设在北京，员工逾 15 000 人。2016 年 7 月 2 日，汉能在北京正式发布 Solar 系列全太阳能动力汽车。全太阳能动力汽车是以柔性高效的薄膜太阳能电池芯片技术及组件为基础，在一定的光照条件下，通过光电转化和储能系统、智能控制系统等精确控制管理系统，将太阳能作为驱动汽车行驶的主驱动动力源的零污染车辆。汉能全太阳能动力汽车直接利用太阳能发电，颠覆了传统电动汽车“续航里程”的概念，摆脱了传统电动汽车对充电桩的依赖，使汽车中短途“不插电无限行驶”成为可能。这就突破了以往太阳能汽车无法实用化的瓶颈，成为全球第一台可商业化的薄膜发电全太阳能动力汽车。

此次发布的汉能 Solar 系列全太阳能动力汽车分别为 Hanergy Solar O、Hanergy Solar L、Hanergy Solar A 及 Hanergy Solar R。功能方面，四款车分别定位于不同的使用人群。Solar O 定位于智能化、网络化的小型车，为城市中移动穿梭提供短程代步之用。Solar O 采用两侧板状包夹建构车身的量体设计，以争取到最大的太阳能芯片照射面积。内饰方面，大面积触控屏的设计，令驾驶者更加直观地获取各类资讯。

汉能 Solar O

Solar L 拥有将近 6 m 的超长车身，使得整车车顶集成的太阳能芯片面积达到了 6 m^2 左右。极富流线型的整车造型，隐藏式的轮毂设计，纤细的摄像头式后视镜，使整车风阻大幅下降。全车采用铝合金框架并结合碳纤维车身，整车质量仅 700 kg，这一轻量化设计使整车能耗极低。

Solar L

Solar A 造型独特，白色的线条贯彻整个车身，极具特色的扰流设计，犹如大海中快速行驶的游艇，动感十足。值得一提的是，这款车在主仪表台前端挡风玻璃下也布置了太阳能芯片，可单独对仪表及多媒体设备供电，从而使整车对太阳能的利用达到最大化。

Solar A

Solar R 是一款太阳能新能源跑车，前盖、车顶和侧面集成了柔性超薄的太阳能芯片，并和流线型车身完美地结成一体。黑白分割的整体色彩，让跑车更加动感。尾部和车顶一体的扰流设计，让太阳能芯片面积最大化的同时，大幅降低了风阻系数，并增强了高速行驶的稳定性。

Solar R

纯电动汽车

新能源汽车的大规模发展是有效缓解我国能源与环境压力，推动汽车产业技术创新与转型升级的重要战略举措。新能源汽车是指采用新型动力系统，完全或主要依靠新型能源驱动的汽车，主要包括纯电动汽车、插电式混合动力汽车和燃料电池汽车。

纯电动汽车（Battery Electric Vehicle，BEV），它是完全由车载可充电电池（如铅酸电池、镍镉电池、镍氢电池或锂离子电池）为动力源，用电机驱动车轮行驶，符合道路交通、安全法规各项要求的车辆。纯电动汽车无内燃机汽车工作时产生的废气，不产生尾气污染，对环境保护和空气的洁净是十分有益的，几乎是“零污染”。

纯电动汽车的发展简史

电动车辆实际上比我们现在用的燃油汽车出现的要更早。1859 年，法国人普兰特（Plante）发明了蓄电池。1881 年，在法国巴黎街头上就出现了世界上第一辆以可充电电池为动力的电动汽车，它是法国工程师特鲁夫（Trouve）装配的一辆以铅酸电池为动力的电动三轮车。这种车辆现在仍然活跃在我国广大农村地区，作为日常的交通工具。1890 年，美国艾奥瓦州诞生了第一辆电动汽车。1896 年，Hartford Electric light 公司提议建设充电基础设施，让人们可以从通用电气公司购买汽车，Hartford Electric light 则为人们提供更换电池的服务。这项服务从 1910 年一直持续到 1924 年，期间共帮助车主们行驶了近 1 000 万 km 的路程。Hartford Electric light 比现代换电服务模式倡导者——以色列 Better Place 公司提前了将近 100 年的时间。1897 年，全新的电动出租车出现在纽约街头，标志着电动汽车商用化开启。20 世纪 20 年代初，在美国的汽车保有量中，电动汽车占 38%，燃油汽车仅占 22%，蒸汽机汽车占 40%。那时电动汽车是金融巨头的代步工具及财富象征，一辆电动汽车的价格堪比现在的一辆劳斯莱斯。与前辈相比，特斯拉 Modle S 确实是很亲民啊。

俗话说“一个人的敌人也是他的伙伴”，这句话用在电动汽车的发展上也是非常合适的。电动机既是电动汽车的关键部件，同时又在帮助燃油汽车与电动汽车的竞争。1911 年，Kettering 发明了汽车启动机，使得燃油汽车比价格昂贵的电动汽车更有吸引力，开始打破电动汽车的市场主导地位。而福特采用汽车流水线生产方式，彻底结束了当时电动汽车的生命。福特大批量生产的 T 型车价格从 1909 年的 850 美元迅速降到了 1925 年的 260 美元。另外，燃油汽车的续航里程是电动汽车的 2—3 倍，且使用成本更低。因此，到 20 世纪 30 年代，电动汽车在市场上几乎完全消失了。

虽然 20 世纪 70 年代由于石油危机使电动汽车获得一线生机，但直到 20 世纪 90 年代，电动汽车才等到真正卷土重来的机会。因为空气污染和温室效应所产生的影响越来越令人担心，一些国家和地区开始采取更加严格的法规。1990 年，美国加利福尼亚州大气资源委员会（California Air Resource Board）率先通过了“汽车零排放法规”（Zero-Emission Vehicle Mandate）来控制当时极其糟糕的空气质量。法规规定，1998 年在加州销售的汽车中 2% 必须是零排放的车辆，到 2003 年零排放车辆应达到 10%。受加州法规的影响，美国其他州和世界上其他国家也开始制定类似的排放法规。电动汽车被认为是符合零排放标准的唯一可实用的技术，所以电动汽车迅速发展起来。虽然加州 1998 年的目标没有实现，但零排放法规的颁布极大地促进了电动汽车的发展。因此，加州也被誉为现代电动汽车的发源地。

纯电动汽车的结构原理

电动汽车的系统结构完全不同于燃油汽车，就如同电子石英表的结构完全不同于上发条的机械表一样。传统的燃油汽车用液态的汽油或柴油作为燃料，以内燃机驱动。电动汽车用蓄电池、燃料电池、电容器或飞轮作为能源，以电动机驱动。因此，尽管这两种车辆的外观相近，但工作原理完全不同。电动汽车的工程哲学在本质上是把车辆工程与电气工程结合在一起。电动汽车结构组成包括电力驱动及控制系统、驱动力传动等机械系统和完成既定任务的工作装置等。电力驱动及控制系统是电动汽车的核心，也是其区别于内燃机汽车的最大不同点。电力驱动及控制系统由电驱动变速器（电机）、动力电池系统（电池）和电力电子调控装置（电控）组成。纯电动汽车的其他装置基本与燃油汽车相同。

纯电动汽车装置

电机驱动系统

电机驱动系统是能量存储系统与车轮之间的纽带，作用是将能量存储系统输出的能量转换为机械能，推动车辆克服各种滚动阻力、空气阻力、加速阻力和爬坡阻力，制动时将动能转化为电能回馈给能量存储系统。与传统燃油汽车不同，电机驱动系统可以省去复杂的机械齿轮变速机构，能够满足车辆行驶速度范围和负载变化大的转矩转速特性。高效率、高性能的电机驱动控制技术是电动汽车发展的关键技术之一。

总体来说，电动汽车对电机驱动系统的要求如下：

◆成本：要求电动汽车整个系统与内燃机系统具有相当的价格水平。

◆性能：启动转矩大，恒功率范围宽、瞬时功率大，过载能力强，加速性能好。

◆调速范围宽广：包括恒转矩区和恒功率区。

◆最优的能量利用率：在最轻重量条件下，具有电气和机械效率的最优，此外还要充分利用再生制动的能量。

◆安全、可靠性高：能够满足车辆的各种工况，例如高低温恶劣天气和剧烈振动等。

◆重量轻、尺寸小：便于安装于各种车辆上。

随着电机技术和电机控制技术的发展，直流无刷电动机（BLDCM）、开关磁阻电动机（SRM）和交流异步电动机正逐渐发展成为电动汽车用的主流驱动电机。

动力电池系统

电池是电动汽车的动力源，是能量的储存装置，也是目前制约电动汽车发展的关键因素。电动汽车使用的动力电池可以分为化学电池、物理电池和生物电池三大类。其中化学电池又分为原电池、蓄电池、燃料电池和储备电池。从化石燃料向可再生能源转换的能源革命中，蓄电池所起的作用非常大，各国都在大力进行研发。物理电池是利用大自然的能量来吸附储存，有太阳能电池、超级电容器和飞轮电池等。生物电池是利用生物化学反应发电的电池，如微生物电池、酶电池、生物太阳能电池等。

电动汽车对动力电池的要求是：

◆比能量高：主要是为了提高电动汽车的续航里程。

◆比功率大：为了能使电动汽车的加速行驶以及负载能力。

◆充、放电效率高。

◆相对稳定性好。

◆使用成本低。

◆安全性好。

要使电动汽车能与燃油汽车相竞争，关键是开发比能量高、比功率大、使用寿命长、成本低的动力电池。

电动机调速控制装置

电动机调速控制装置是为电动汽车的变速和方向变换等设置的，其作用是控制电节能环保动机的电压或电流，完成电动机的驱动转矩和旋转方向的控制。

早期的电动汽车上，直流电动机的调速采用串接电阻或改变电动机磁场线圈的匝数来实现。因其调速是有级的，且会产生附加的能量消耗或使用电动机的结构复杂，现在已很少采用。

目前电动汽车上应用较广泛的是晶闸管斩波调速，通过均匀地改变电动机的端电压控制电动机的电流，来实现电动机的无级调速。在电子电力技术的不断发展中，它也逐渐被其他电力晶体管斩波调速装置取代。从技术的发展来看，伴随着新型驱动电机的应用，电动汽车的调速控制转变为直流逆变技术的应用，将成为必然的趋势。

纯电动汽车的动力电池

作为纯电动汽车上的能量存储装置，动力蓄电池有很多种类，例如，铅酸电池、镍镉电池（Ni-Cd）、镍氢电池（Ni-MH）、锂离子电池（Li-ion）、锂聚合物电池（Li-polymer）、金属 - 空气电池等。

铅酸电池

铅酸电池是采用金属铅作为负极，二氧化铅作为正极，用硫酸作为电解液。放电时，铅和二氧化铅都与电解液反应生成硫酸铅；充电时反应过程正好相反。现在比较广泛的采用免维护的阀控式铅酸电池。总体上说，铅酸电池具有可靠性好、原材料易得、价格便宜等优点，但有两大缺点：一是比能量低，所占的质量和体积太大，且一次充电行驶里程较短；另一个是使用寿命短，使用成本过高。

镍氢电池

镍氢蓄电池正极活性物质采用氢氧化镍，负极活性物质为贮氢合金，电解液为氢氧化钾溶液。电池充电时，正极的氢进入负极贮氢合金中；放电时过程正好相反。在此过程中，正、负极的活性物质都伴随着结构、成分、体积的变化，电解液也发生变化。相对于其他电池，Ni-MH 电池的优异特性表现在：比能量（衡量电动车一次充电行驶里程）已与锂离子电池水平相当；比功率（赋予电动车良好的启动、加速、爬坡性能）其性能已高于锂离子电池；长寿命特性（赋予电池良好的经济性），平均寿命达 300—600 次；安全性能高，无污染物，被誉为“绿色电源”。但是目前阻碍其应用的一个重要问题是初始成本太高，而且还有记忆效应和充电发热等问题。充电发热会引发安全问题，因此要求发展相应可靠的能量管理系统。

锂离子电池

锂离子电池使用锂碳化合物作为负极，锂化过渡金属氧化物作为正极，液体有机溶液或固体聚合物作为电解液。在充放电过程中，锂离子在电池正极和负极之间往返流动。放电时，锂离子由电池负极通过电解液流向正极并被吸收；充电时，过程正好相反。锂离子电池基本上解决了蓄电池的两个技术难题，即安全性差和充放电寿命短的问题。同时，锂离子电池具有高电池单体电压、高比能量和能量密度，可以说是当前比能量最高的电池。它的性能指标基本可以满足电动车的要求。缺点是自放电率高，初始成本较高。

锂聚合物电池

锂聚合物电池又称高分子锂电池，也是锂离子电池的一种，但是与液锂电池相比具有能量密度高、更小型化、超薄化、轻量化以及高安全性和低成本等多种明显优势。在形状上，锂聚合物电池具有超薄化特征，可以配合各种产品的需要，制作成任何形状与容量的电池。聚合物锂离子电池所用的正负极材料与液态锂离子都是相同的，电池的工作原理也基本一致。它们的主要区别在于电解质的不同，锂离子电池使用的是液体电解质，而聚合物锂离子电池则以固体聚合物电解质来代替，这种聚合物可以是“干态”的，也可以是“胶态”的，目前大部分采用聚合物胶体电解质。聚合物锂离子电池可以采用高分子作为正极材料，其质量比能量将会比目前的液态锂离子电池提高 50% 以上。此外，聚合物锂离子电池在工作电压、充放电循环寿命等方面都比锂离子电池有所提高。基于以上优点，聚合物锂离子电池被认为是下一代锂离子电池。

电动汽车用动力电池的指标要求

能量密度高

能量密度指电池的质量比能量（$W \cdot h \cdot kg^{-1}$）和体积比能量（$W \cdot h \cdot L^{-1}$），亦即单位质量或单位体积的电池所能供给的能量。比能量越高，同一质量或同一体积电池所储存和释放的电能就越多。显然，使用比能量高的电池体系有助于降低动力电池的质量和体积，提高电动汽车的有效载量，乃至它的一次充电续航里程。因此，能量密度是评价动力电池应用性能的一个最重要指标。

比功率大

指单位质量或单位体积电池所能输出的功率，分别称为质量比功率（$W \cdot kg^{-1}$）和体积比功率（$W \cdot L^{-1}$）。比功率越高，则单位时间电池的输出能量越大，电动汽车的加速性能和爬坡性能就愈优越。就混合动力车而言，如电池系统的比功率大，其制动能量回收的效率一般就越高，节油效果也越理想。

循环或使用寿命长

其含意即指一定的充放电制度或工况条件下，电池容量降到某一额定值前所经历的充放电次数。循环寿命越长，则电池在正常使用周期内支撑电动汽车行驶的里程数就越多，有助于降低车辆使用期内的运行成本。

均匀一致性好、可靠性高

对于电动汽车而言，电池组的工作电压大多均应达到数百伏，这就要求至少有几十到上百只电池的串联。为达到设计容量要求，有时甚至需要更多的单体并联。由于电池组的使用性能会受到性能最差的某些单节电池的制约，设计上要求各电池单体在容量、内阻、功率特性和循环特性等方面具有高度的均匀一致性，而运行过程中高的可靠性，则有利于减少汽车的维修次数和维修成本。

高低温性能好、环境适应性强

电动汽车作为一种交通工具，要求电池能在北方冬天极冷的气温下，或在南方夏天炎热的环境中长期稳定地工作。在最恶劣的气候条件下，电池的工作温度可能要从 −40℃ 变到 60℃甚至 80℃。因此，要求电池应当具有良好的高低温特性。

安全性好

电池应能够有效避免因泄漏、短路、撞击、颠簸等引起的起火或爆炸等危险事故发生，确保汽车在正常行驶或非正常行驶过程中的安全。

自放电率低

自放电是电池在开路状态下自动放电致使电池容量降低的现象。其自放电程度，由自放电率表示，即单位时间内容量降低的百分数。

价格低廉

包括材料来源丰富，电池制造成本低，以使降低整车价格，提高电动汽车的市场竞争力。

绿色、环保

要求电池制作的材料与环境友好、无二次污染，并可再生利用。

对于目前任何一种动力电池来说，如要完全满足上述要求，显然存在一定的困难。目前的正负极材料体系，由于受到材料本身的束缚，即使进行技术改进，锂离子电池的性能也只能提高 2 倍，能量密度达到 250 $W \cdot h \cdot kg^{-1}$ 已是极限。为了突破这一瓶颈，日本于 2007 年启动“发展新一代汽车和燃料计划”，预计 2030 年时，将动力电池的质量能量密度提高到目前的 7 倍，成本降低到目前的 1/40；并启动“革新型蓄电池尖端科学基础研究”计划，设置了“性能超越锂离子电池的新型动力蓄电池”项目，对新型电池进行攻关。

纯电动汽车的发展瓶颈

目前纯电动汽车在技术上和经济上都还存在一些问题，使得纯电动汽车产业化进程比较缓慢。

车辆市场售价高

与普通燃油汽车相比，同等动力的纯电动汽车的价格成本往往是前者的两倍以上。这是因为纯电动汽车使用的动力源包括电动机、蓄电池、电子控制系统，成本较高。特别是大型纯电动汽车，要提高车辆性能和续航里程，就要加大电机功率和电池容量，从而加重车身、增加成本导致经济性下降。

续航里程短

目前纯电动汽车用的电池能量密度与汽油和柴油相比低很多，单位重量存储的能量还相当有限。目前市面上销售的纯电动汽车一次充电的行驶里程普遍在 200 km 左右，若仅在城市内使用还勉强够用，一旦目的地稍远则难以顺利往返。特斯拉 Model S 是目前续航里程最长的纯电动汽车，接近 500 km。

充电时间长

与续航里程相关的是能源补充速度。与传统的加油过程相比，纯电动汽车的充电速度过于缓慢。即使目前已经开发出很多大电流专业充电设备，但充电时间也大多在 30 分钟以上。

快速更换电池是纯电动汽车另外一个能量补充的思路，即车辆电池即将耗尽时，换电站为其更换另一块已经充满电的电池。客户仅为使用的电量付费即可，而不必购买车辆的电池包。这种模式具有相当的便利性，但不同品牌电动汽车的电池短期内难以实现标准化。电动汽车“换电模式”倡导者和推广者——以色列 Better Place 公司在运营 6 年后，由于得不到更多厂商的支持，于 2013 年被迫宣布破产。

基础设施不完善

推广和应用纯电动汽车要有完善的基础设施和相关装备，其中最重要的就是充电站和充电服务网络。根据国家能源局的调查，目前我国充电基础设施建设主要存在四大问题：

一是充电设施政策不健全。充电基础设施产业尚处于发展初期，关键技术发展日新月异，增加了充电基础设施建设和管理的难度。截至目前，全国已出台充电基础设施专项规划和运营管理办法的省（区、市）共 19 个，还有 12 个省（区、市）尚未按要求出台。

二是互联互通水平依然较低。充电接口新国标虽已发布，但现有车桩同步升级还需进一步明确。跨运营商之间的支付互联互通和信息互联互通尚处于起步状态。此外，互联互通需加大投入，鼓励更多的技术和机制创新。

三是部分专项基金落实困难。受银行对资产抵押、政府担保等相关规定影响，部分民营企业反映迟迟得不到银行放款，致使专项建设基金落实困难。

四是个别企业存在安全隐患。从安全大检查企业自查自纠情况来看，个别非专业运营企业人财物资源配置不足，缺乏充电服务专业化能力，加之安全管理制度不健全，存在一定安全隐患。

纯电动汽车的发展目标

现代电动汽车的发展根植于全球对温室气体和空气污染物减排的需求，而并非市场自发的选择，因此政府意志对电动汽车发展的影响空前强大。国际能源署（IEA）在《能源技术展望（2008）》中设定了全球能源相关的 CO_2 排放到2050年在2005年的基础上消减50%的总体目标。其中交通运输行业通过到2050年把 CO_2 排放水平消减到比2005年水平低30%来为总体减排目标做出贡献。这一消减目标的实现部分是通过到2050年时完成大约5 000万辆轻型电动汽车的年销量和5 000万辆插电式混合动力汽车的年销量，将占到当年所有轻型汽车销量的一半以上。为此，应八国集团（G8）的要求，2011年6月，IEA发布了更新版的面向2050年的《纯电动汽车和插电式混合动力汽车技术路线图》[简称《技术路线图（2011）》]，提出了电动汽车的发展方向和战略目标，提出了相应的阶段性任务和政策建议。

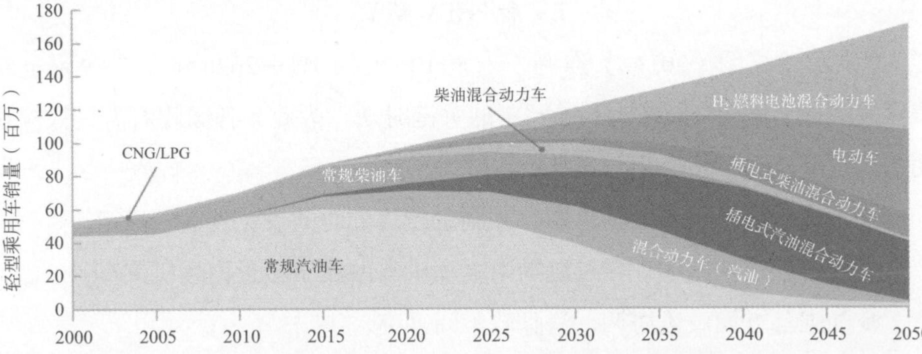

蓝图情景下2000—2050年间轻型汽车年销量

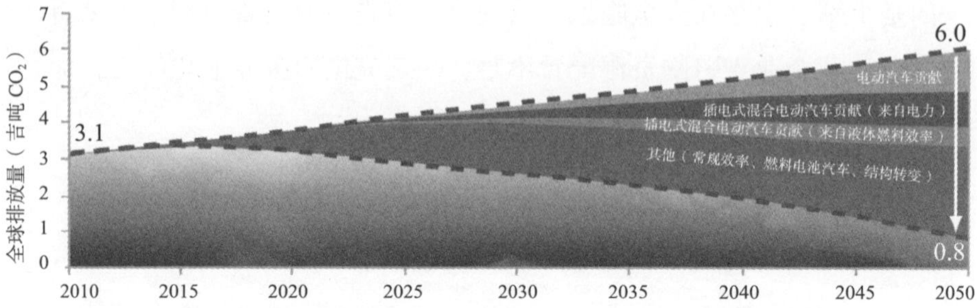

蓝图情景下 2010—2050 年 CO_2 减排情况

《技术路线图（2011）》提出，到 2020 年全球电动汽车的年销量将达到 700 万辆，比《技术路线图（2009）》所设定的 400 万辆大幅提高 75%。造成这一变化的原因是期间各国政府纷纷出台或者调高了电动汽车的发展目标。从区域角度看，经合组织成员国（OECD）和中国都设定了较高的发展目标。这个目标如果实现，则意味着 2020 年电动汽车和插电式混合动力汽车的销售将占全部汽车销量的 6%，同年行驶在公路上的电动汽车将达到 2 000 万辆。

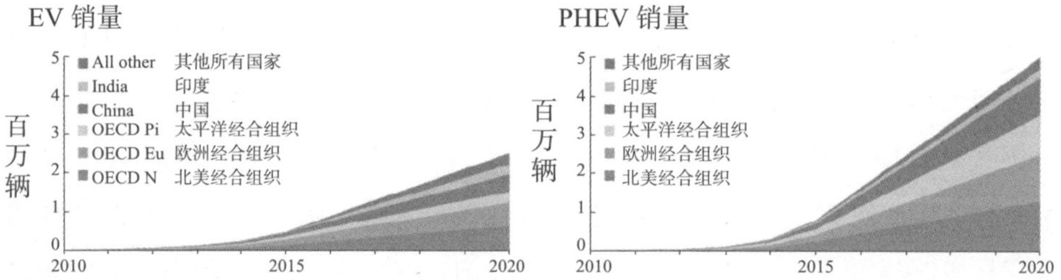

来源：国际能源署预测

EV 和 PHEV 销量

《技术路线图（2011）》强调，未来 10 年（2011—2020 年）是决定电动汽车发展成与败（“make or break”）的关键时期。为此，各国政府需尽快构建明确的国家政策框架。主要包括：

◆形成清晰的市场激励机制，并制定严格的时间表兑现政策承诺；

◆通过政策扶持实现在过渡期内电动汽车的成本接近内燃机汽车；

◆加强各方面政策协调，消除政策间冲突；

◆控制政策成本并给出政策适用的时间范围；

◆与地方政府、产业界共同拟定充电基础设施发展计划；

◆鼓励地方政府与企业购买电动汽车等。

《技术路线图（2011）》所勾画的政策框架紧扣电动汽车的新兴产业特征，在利用市场机制作用的同时突出强调了政府积极作为的重要性，为各国政府的行动提供了明确的指南。

清洁能源部长会议下属的电动汽车倡议（Electric Vehicles Initiative，EVI）发布的《2015 年全球电动汽车及充电基础设施展望》总结了 2010—2014 年全球电动汽车的发展情况。报告称，截至 2014 年年底，共有 66.5 万辆电动汽车上路，EVI 16 个成员对电动汽车的相关投资高达 160 亿美元。从 2012 年以后，全球电动汽车市场急速飙升，到 2014 年增加了约 18 万辆。全球电动汽车增长最快的三个国家是美国（39%）、日本（16%）和中国（12%）。汽车电气化呈现多元化发展,4.6 万辆电动客车和 2.35 亿辆两轮电动车也加入其中。中国就是最突出的多车型联运革命先锋，截至 2014 年，共有 2.3 亿辆电动自行车、8.3 万辆电动汽车和 3.65 万辆电动客车行驶在路上。2014 年，全球插电式汽车的年销量迅速增长，从 2011 年的 4.5 万辆一举突破超过 30 万辆。同时，电动汽车的市场份额正在不断上升，荷兰、挪威、瑞典和美国的电动汽车市场占比都超过了 1%。

从全球范围来看，中、德、美、日四国是新能源汽车产业进行角逐的主要对手，在节能减排大环境之下谁能够在电动汽车领域取得领先，那么谁就可能引领全球汽车产业的发展。

典型代表：特斯拉汽车

20 世纪 90 年代，通用汽车研发出 EV-1，并作为第一款量产电动汽车投放市场，这款车其貌不扬，续航里程 140 km。由于投入与产出比不高，EV-1

在生产了两千多辆之后，于 2002 年宣布停产。此事让通用汽车背上了骂名。克里斯 - 佩恩导演的名为《谁杀死了电动汽车》的纪录片详细记录了 EV-1 从出生到神秘没落的历程，并走访调查了汽车制造商、立法者、工程师、消费者和洛杉矶底特律的汽车爱好者，从动机到证据一一进行分析，最终得出了“电动车的陨落原来是一场谋杀，因为它威胁到了石油巨头”的结论。

参与 EV-1 项目的工程师艾尔 · 科科尼并没有放弃电动汽车梦，他在加州创建了一家电动汽车公司 AC Propulsion，并生产出以铅酸电池作为动力源的小型车 T-Zero。随后，当 AC Propulsion 公司的经营陷入困境时，一名来自硅谷的工程师马丁 · 艾伯哈德（Martin Eberhard）为其投资了 15 万美元。作为交换，他希望科科尼尝试用数千块笔记本电脑的锂电池作为 T-Zero 的动力。换用锂电池后，T-Zero 行驶里程超过了 480 km。硅谷工程师、资深车迷马丁 · 艾伯哈德发现，美国很多停放超级跑车的私家车道上经常还会出现些丰田混合动力汽车普锐斯的身影。他认为，这些人不是为了省油才买普锐斯的，普锐斯只是这群人表达对环境问题关注的方式。于是，他有了将跑车和新能源结合的想法，而客户群就是这群有环保意识的高收入人士和社会名流。

2003 年 7 月 1 日，马丁 · 艾伯哈德与商业伙伴马克 · 塔彭宁（Marc Tarpenning）合伙成立了特斯拉汽车公司（Tesla Motors），并将总部设在美国加州的硅谷地区。成立后，特斯拉开始寻找高效电动跑车所需的投资和材料。在 AC Propulsion 公司 CEO 的引见下，埃隆 · 马斯克（Elon Musk）认识了马丁 · 艾伯哈德的团队。2004 年 2 月，埃隆 · 马斯克向特斯拉汽车公司投资 630 万美元，但条件是出任公司董事长、拥有所有事务的最终决定权，而马丁 · 艾伯哈德作为特斯拉之父担任公司的 CEO。2007 年之后，马丁 · 艾伯哈德因为研发超时、成本高企而承担责任，黯然离开特斯拉。此后，在马斯克的领导下，特斯拉先是在 2009 年获得了美国能源部的 4.65 亿美元低息贷款，随后在 2010 年 6 月登陆纳斯达克，IPO 发行价 17.00 美元，净募集资金 1.84 亿美元，成为目前唯一一家在美国上市的纯电动汽车独立制造商。埃隆 · 马斯克逐渐成为特斯拉汽车的灵魂舵手。

不少传统汽车企业认为，把原来燃油汽车的动力系统换成电池驱动就是电动汽车了，而且把采用电池的低使用成本也当成是电动车的主要宣传卖点。这与特斯拉想要做的事情完全不同。2006年，艾伯哈德在特斯拉官网一篇名为《态度》的博客中写道："传统大型汽车企业制造出来的电动汽车，续航里程有限、性能平平、外形一般。特斯拉汽车是为热爱驾驶的人们打造。我们不是为了最大限度降低使用成本，而是追求更好性能、更漂亮、更有吸引力。"

特斯拉用硅谷的想象力造车，博采众家之长。特斯拉开发的第一款车Roadster，是在莲花汽车公司（Lotus）的Elise跑车基础上开发。电动汽车最主要的三项技术是电池、电机和传动系统。前面提到，特斯拉的传动技术来自AC Propulsion公司；它的电池采购自松下生产的18650电池；它的电机采购自台湾富田电机。这看起来很简单，就像是一个成熟产业里的全球采购故事，但执行起来并不简单。尽管2003年，T-Zero换上锂电池后行驶里程就达到了480 km。但特斯拉还是花了约五年时间的认真打磨，2008年才把第一款产品Roadster推向市场。在这期间，主要时间和金钱花在了研发上。譬如，特斯拉电动车引以为傲的续航能力，来自由七千多颗电池组成的电池包，即使短路也不会着火，个别电池损坏不会影响其他——这套电池控制系统是特斯拉自己研发的，到目前为止还没有出过严重的电池故障。而且，这一模式还能保证它随时可以用到最先进的电池来装备特斯拉电动汽车。

2008年2月，特斯拉开始交付第一批全球首款量产版电动敞篷跑车Roadster，最初的7辆车作为"创始人系列"提供给马斯科和其他出资人，这份名单包括谢尔盖·布林（谷歌创始人）和拉里·佩奇（谷歌联合创始人），杰夫·斯科尔（ebay创始人）等，当然也包括已离开公司的马丁·艾伯哈德。Roadster最早的客户还包括好莱坞明星布拉德·皮特、乔治·克鲁尼、施瓦辛格等，这些明星客户为特斯拉赚足了名声。

2010年，很多传统汽车厂商还在电动车热潮中摇摆的时候，特斯拉已经将精力从Roadster转移到另一款全新电动汽车Model S的研发。如果说Roadster是借莲花汽车公司（Lotus）的Elise跑车开发练手，那么Model S是特斯拉从一张白纸开始正式造车。铝质轻量车身，传统的线条，苗条的车身，几乎没有多余重量；为了降低风阻，车门把手设计成自动感应，行驶中、平时车门把手收进车身，当钥匙接近的时候会感应打开。Model S 把驾驶汽车变成了一件简单的事情——只需要单踏板驾驶——踩住一个踏板就可以开车了。它的传动系统不到一米长，从 0 加速到 100 km/h 只需 4.8 s，就跟电灯开关一样，扭力即时涌现，不需要换挡，一路加速到底，简单却并不影响到驾驶体验。Model S 车内最引人注目的是那一块 17 英寸的中控触屏，这也是这款汽车硅谷气味最浓的一个部件，让汽车控制系统变得简单易用。除了双闪灯和副驾储物箱按钮是独立于中控屏外，所有的控制操作都在中控屏上完成，就像变魔术一样。例如，你可以通过触摸来开关天窗，或者把天窗开到合适的大小。更重要的是，这块触屏背后，是一个活的系统，随时联网自动更新，而且可以免费升级。相比传统模式，特斯拉让汽车升级换代也变得简单，或许你不用换一辆全新的车，也许只要升级电池和系统。

特斯拉电动汽车

2012 年 6 月，特斯拉 Model S 正式上市。9 月，美国《连线》杂志试驾 Model S 之后在文章中提到：在海湾地区，汽车所到之处吸引来一堆人围观，这场景就像是在首发日有人在苹果店门口挥舞着 iPhone5 一样。美国汽车媒体《消费者报告》，把它创刊以来的最高汽车测评分数——99 分——给了 Model

S，满分是 100 分。《消费者报告》称，驾驶这款汽车就像使用苹果的 iPad 一样方便。2013 年 5 月初，在特斯拉发布的第一季度财报中，该公司销售 Model S 车型 4 900 辆，超过原先预定的 4 500 辆的目标。销售营收为 5.55 亿美元，同比增长 27 倍。强劲的市场需求所带来的订单促使公司整体规模效应提升，并首次实现盈利。近一个月内，它的股价涨了约 80%，市值突破 100 亿美元。马斯科在个人博客中写道，“只想对客户和投资人说声谢谢，你们给了特斯拉一个穿越漫漫长夜的机会，没有你们我们走不到今天。”

2015 年，特斯拉汽车荣登福布斯“全球最具创新力企业”排行榜榜首。“大多数汽车公司试图用成熟的产品来捕捉价值，但特斯拉却勇于探索未知领域，敢为天下先”，是福布斯杂志给特斯拉最恰当的评价。

亲民好用才是王道

价格太高和充电不便一直是电动汽车走进寻常百姓家最大的障碍，特斯拉也不例外。尽管与同级别的法拉利、兰博基尼等超级跑车相比，Model S 价格已经算是相当亲民，但 7 万—10 万美元的售价也绝非一般人能够接受的。此外，尽管 480 km 的续航里程已经使 Model S 成为目前这个星球上一次充电跑的最远的纯电动汽车了，但由于充电基础设施不完善，车主仍然只能把它当成短途代步工具，不敢开着它去长途旅行。因此，建造“超级工厂”降低电池成本、开发面向更便宜的大众化车型以及大规模推广完善“超级充电网络”已经成为特斯拉向世人证明电动车同样亲民好用、真正战胜底特律对手的三项必杀技。

电池是电动汽车最昂贵的核心部件。一般情况下，电池元件在多家不同工厂中生产。例如一家工厂负责使用原材料制造电极，另一家负责组装电池颗粒，还有一家负责组装电池模组。特斯拉正在位于美国内华达州里诺市附近的沙漠中，建造一个被称为“超级工厂（Gigafactory）”的世界上最大的电池工厂，上述所有的制造环节将在这里全部完成。为此，特斯拉及其合作伙伴将向该项目投资 40 亿—50 亿美元，其中特斯拉直接投入 20 亿美元，松下、三洋等合作方将提供其余资金。特斯拉预计该工厂将于2017年开始投入生产，到2020年，每年生产的电池将可供50万辆车。届时，这座超级电池工厂里每年生产的锂电池将超过2013年全球锂电池生产总量。通过规模经济、创新性的生产方式、优化生产流程、降低浪费等方式，特斯拉预期每千瓦时锂电池的价格将至少降低30%。而这对该公司制造成本3.5万美元的大众化电动汽车至关重要。

Model 3

按照特斯拉的计划，Roadster是第一步，造出小批量高价车，证明高性能电动车是可行的。Model S是第二步，把消费者范围扩大，造出性价比更高的车，同时实现盈利。第三步，则是推出更便宜的大众化电动汽车Model 3。Model 3将会使用特斯拉Gen3平台打造，相比Model S要小20%。为了控制成本，其电池也将更小，续航里程约320 km。为了进一步控制成本，Model 3将不会采用和Model S一样的铝车身结构，而使用钢质车身结构。Model 3已于2017年正式推出，它并不是一个缩小版的Model S，而且采用全新平台，售价为此前预计的3.5万美元。

为了能够让用户更方便地充电，特斯拉正以超出外界想象的速度全力编织超级充电站网络——为用户提供快速充电服务的公共基础设施。特斯拉超级充电站是世界上充电速度最快的充电装置，采用电网电能和太阳能联合供电，只需 40 分钟就能为 Model S 补充 80% 的电量，它通过特制电缆绕过车载充电设备，直接将直流电输入电池。日前特斯拉汽车公司宣布：2014 年，充电桩的数量增加了五倍，已有 2 000 个特斯拉充电桩分布在全球范围内的 400 多座充电站中，超级充电站网络建设取得了里程碑式进展。世界上最北的超级充电站位于挪威 Setermoen，最靠南的则位于澳大利亚悉尼市。目前共有 200 多个超级充电站位于美国境内，且在不断增加中，不久的将来 98% 的美国人口距离最近的充电站将只有不到 160 km 的路程，美国车主寻找超级充电站将不再感到困难。欧洲当前的超级充电站主要集中在挪威、德国、法国、丹麦等地。特斯拉超级充电站网络已经成为全世界规模最大、发展最快的快速充电网络。

特斯拉充电桩

相较于欧洲、北美，亚洲超级充电站的部署则略慢。当前，在中国开放的超级充电站只有 7 座，其中北京 3 座、上海 2 座，杭州、深圳各 1 座。Tesla 在中国打造的充电网络分为三级：超级充电站、“目的地充电”计划和普通充电桩。用核心城市的超级充电站支撑跨城市旅行，用遍布大型商业地产的“快速目的地”充电车位确保市内通勤，车主家里的普通充电桩则充当最后保障。2014 年 8 月 29 日，Tesla 与联通签署共建充电站战略合作协议，计划在中国 20 个城市建设超级充电站，在 120 个城市的 400 个联通营业厅建设目的地充电桩。联通负责提供场地和运营服务，以及和政府部门的协调工作。充电桩的建设费用由 Tesla 负责。

插电式混合动力汽车

插电式混合动力汽车（Plug-in hybrid electric vehicle，简称 PHEV）是在统计分析人们日常用车情况的基础上提出的新模式。相关数据显示，法国城镇居民 80% 以上日均驾车里程少于 50 km，美国汽车驾驶者也有 60% 以上日均行驶里程少于 50 km，80% 以上日均行驶里程少于 90 km。如果在车辆上安装一套能够接入电网的大电池组，使其电量足以撑过这一里程，就可以使大部分的市内通勤实现零排放，同时需要城市间长途旅行时又无须担心续航里程的问题。

插电式混合动力车的特点

插电式混合动力车是一种在常规情况下可从非车载装置中获取电能的、优先在纯电动模式下行驶的混合动力的电动汽车。插电式混合动力车就驱动原理和驱动单元而言都与传统燃油动力与电驱动结合的混合动力汽车相差无几，然而它有如下突出的特点：

一是插电式混合动力车蓄电池包可以直接从外接电源（包括家用 220 V 电源）充电。从这点上看，它像一辆纯电动汽车通常优先在纯电动模式下独立行驶，一般由外接公共电网电源充电补充电能。因此，可利用夜间低谷电对蓄电池充电，降低汽车对石油燃料的依赖，减少混合动力汽车尾气排放，净化城市空气质量。而传统混合动力汽车一般不能外接电源充电，要依赖车载燃料的消耗来补充蓄电池的电能。

二是插电式混合动力车有一定能量的蓄电池包，在纯电动模式下独立行驶，有一定的纯电动续航里程，通常在 20—80 km。而传统混合动力电动汽车，即使是“强混”车型，蓄电池能量也比较小，只有起步和低速行驶时能做到纯电驱动，加速和高速时发动机和电机共同驱动。发动机仍然是汽车的主要驱动力。

三是插电式混合动力车驱动电机功率和扭矩比较大。在纯电动模式下足以完成汽车启动、加速、爬坡等各种工况行驶。而传统混合动力汽车电机功率和扭矩小，在汽车加速、爬坡等工况行驶时是靠电机 + 发动机共同完成的。

四是插电式混合动力车续航里程长，可达 400—500 km。在长途行驶状况下，优先在纯电动模式下行驶，在蓄电池的荷电状态 SOC 降到一定限值时切换到混合动力模式下行驶，发动机直接驱动汽车行驶或者拖动发电机发电供电机驱动汽车，并补充蓄电池电能。这使得它不依赖充电站停车充电，特别是在目前国内充电站设施很不完备的情况下可连续长途行驶；即使国内充电站设施星罗棋布，电动汽车快速充电也需要几十分钟停车充电等待时间。插电式混合动力克服了纯电动汽车受动力蓄电池能量限制、续航里程短的弊病，是其最突出的优点。

五是插电式混合动力车在短途行驶时，优先在纯电动模式下行驶，因此在日常上下班途中就像一辆纯电动汽车一样。特别是现在城市交通车满为患，堵车、红绿灯等待、缓慢行驶等路况是家常便饭，对传统内燃机汽车来说怠速等待、低速行驶、时走时停，此时燃油燃烧不完全，汽车尾气排放的 HC/NO_x 化合物 $/CO/CO_2/PM_{2.5}$ 等污染物数倍增加，严重地污染城市的生存环境。而对于插电式混合动力车来讲，堵车模式下却是零排放行驶。

插电式混合动力车的类型

插电式混合动力车与混合动力汽车类似也有多种类型，按动力系统结构形式可划分为：

串联插电式混合动力车

通常被称为增程式混合动力汽车，结构特点为：纯电动＋增程器，汽车车轮仅由电机独立驱动。增程器可以是发动机 - 发电机组，发动机 - 发电机组发电直接供给电机驱动汽车，同时发出的多余电量给蓄电池包充电；增程器还可以是燃料电池等。纯电动模式下，增程器不工作；混合动力模式下，增程器启动运行，发动机 - 发电机组可以保持在发电量与燃油经济性平衡的最佳运转状态下运行发电。此时与一般工况相比，发动机排放污染少，取得最佳经济效益，以最省油的方式延长了续航里程。

并联插电式混合动力车

结构特点为：两套动力源通过耦合器驱动汽车车轮，一套是电机、控制器和蓄电池系统，另一套是燃油发动机。两套动力系统可分别单独运行，也可混合驱动。

混联插电式混合动力车

结构特点既有串联也有并联，兼顾了串联与并联的优点，但结构较为复杂。行驶时优先使用纯电动模式；在蓄电池包的荷电状态降到一定限值时，切换到混合动力模式下行驶。在混合动力模式下，启动、低速时使用串联系统的发电机发电。电机驱动汽车车轮行驶，加速、爬坡、高速时使用并联系统主要由发动机驱动汽车车轮行驶。发动机多余能量可带动发电机发电给蓄电池包充电。

插电式混合动力车的现状

插电式混合动力车的历史并不长。1990 年，美国加利福尼亚大学 Andy Frank 教授提出“插电式”混合动力汽车的概念之后，美国加利福尼亚大学于 2000 年研制出一辆并联插电式混合动力汽车。之后插电式混合动力车逐渐被人们认识。目前市场上开始量产的几种典型插电式混合动力车如下：

通用汽车公司推出的雪弗兰沃蓝达是一款串联插电式混合动力车，其主电机最大功率 111 kW，辅助电机 / 发电机最大功率 55 kW，汽油发动机排量 1.4 L，功率为 63 kW，车载锂离子蓄电池能量为 16 kW · h。最高车速 161 km/h，纯电续航里程 40—80 km，综合续航里程 570 kW。

比亚迪 F3DM 是一种并联插电式混合动力车，其动力总功率 125 kW。主电机功率 50 kW，副电机功率 25 kW。发动机排量 1.0 L，蓄电池容量 45 kW · h，纯电续航里程 60 km，综合续航里程 580 km。主电机是纯电模式的主动力，副电机既是辅助动力，可在纯电模式下辅助驱动汽车，又是发电机在蓄电池电能不足时发电补充电能。发动机在蓄电池电能不足时直接驱动汽车行驶，也可在低速行驶时只带动辅助电机发电给蓄电池充电，而由主电机驱动汽车。

丰田推出的普锐斯插电式混合动力车于 2012 年在日本上市，是一种混联插电式混合动力车，其电机最大功率 80 kW，发动机排量 1.8 L，最大功率 73 kW，蓄电池容量 52 kW · h，系统最大功率 100 kW。纯电动最高车速 100 km/h，纯电动续航里程设定为 176 km。普锐斯插电式混合动力汽车将发电机的 MGI 与驱动电机的 MG2 以及搭载的汽油机通过动力分配机构完成纯电工作状态、串联型状态和并联型状态的动力传送。

插电式混合动力车的前景

为什么插电式混合动力车会在短短的十来年里被市场发现并为世界各国所看好呢？

更符合人们的日常驾车习惯

德勤公司的全球调查显示：每天实际驾驶距离 80 km 以下路程的汽车用

户：美国的占 77%，欧洲的占 80%，日本的占 94%，中国的占 79%。只有少数人超过了 80 km。在美国，有 50%的汽车驾驶者日均行驶里程少于 21 英里（约 34 km），65%的人日均行驶里程 31 英里（合 50 km），80%的人日均行驶里程 52 英里（合 84 km）。法国 80%城镇居民日均驾车里程少于 50 km。插电式混合动力车纯电模式行驶 50 km 以上，能满足大多数人在一年的绝大多数工作日出行要求，而在少数的长途出行时汽车在蓄电池电能消耗尽时又能以混合动力模式继续行驶，解除了大众对电动汽车续航里程的担心。插电式混合动力车既克服了纯电动汽车续航里程短的弊病，又克服了传统混合动力车和内燃机汽车的排放污染重且耗油量大的弊病。所以，插电式混合动力车是目前既能满足人们每天上班出行要求，又能做到节能环保的理想选择。

政府政策的支持

插电式混合动力车虽然有许多优点，但目前来看也有其短板，就其成本价格来说与传统混合动力汽车相当，比传统内燃机汽车却高出一大截。这也是制约其普及的瓶颈。

2012 年，科技部《电动汽车科技发展“十二五”专项规划》确立了“纯电驱动”的技术转型战略，并且指出发展电动汽车已成为我国产业升级的需求、技术转型的需求、科技跨越的需求。插电式电动汽车作为一种具有纯电动和混合动力双重特征的电动汽车技术成为我国政策的支持重点。通过一系列政策可以看出国家对插电式混合动力车的支持力度远大于传统混合动力汽车。可以预见，国家后续的针对插电式混合动力车的政策细则利好会接连不断，惠及插电式混合动力车。

科技的发展

随着电动汽车技术的不断进步，针对电动汽车蓄电池、电机、电控关键核心技术的科技攻关正在不断突破之中，插电式混合动力车成本也将不断下降。适合国情的各种插电式混合动力车会不断出现，这种节能环保、长短途皆宜、不完全依赖充电站、使用费用低廉的插电式混合动力车车型，将会逐步被世人接纳并从中获益。国际上汽车业的技术转型趋势已成必然，作为传统汽车向纯电动汽车过渡的插电式混合动力车车型，会率先持续大规模地发展。

典型代表：比亚迪汽车

专注成就电池大王

1995 年，在深圳成立的比亚迪是一家拥有 IT、汽车及新能源三大产业群的高新技术企业。创始人王传福 1966 年出生在安徽芜湖市无为县的一个普通农民家庭。在王传福 13 岁时，父亲因为长期的病痛折磨去世。因为家庭的不幸遭遇，王传福的哥哥王传方在 18 岁就扛起了家庭的重担，中断学业工作赚钱。但无论生活多艰难，他始终要求弟弟要发奋读书。1983 年，王传福以优异成绩考入位于湖南长沙的中南矿冶学院冶金物理化学系（现在的中南工业大学）。进入大学后，王传福的理想是成为一名科学家，因此学习刻苦，成绩名列前茅。在本科时他开始接触电池研究，为他未来的事业打下了一个良好的基础。1987 年，大学毕业之后，王传福进入北京有色金属研究总院攻读硕士学位，研究方向为电池。1990 年，硕士毕业后，王传福留在该院 301 室工作。两年后，年仅 26 岁的王传福被破格提拔为 301 室副主任。1993 年，研究院在深圳成立比格电池有限公司，王传福被任命为公司总经理。在有了一定的企业经营和电池生产的实际经验后，王传福发现，作为自己一直研究的电池领域正面临着巨大的投资机会。当时要花两三万元才能买到一部“大哥大”（移动电话），而购买者趋之若鹜。王传福意识到移动电话的发展对充电电池的需求会与日俱增。而在他看来，技术不是什么问题，只要能够上规模，就能做出大事业。1995 年 2 月，王传福从有色金属研究总院辞职，并和他的表哥吕向阳一起创立了比亚迪公司。中国香港风险投资公司汇亚集团董事兼常务副总裁王干芝评价说："王传福是我见到少有的非常专注的人，他大学学的是电池，研究生学电池，工作做的还是电池。"

与国内很多企业盲目追求现代化，不切实际地花大价钱引进国际领先水平的生产线相比，王传福从头到尾都是自主开发研制产品。不仅如此，王传福在工艺、原料和质量控制、降低成本等方面也投入了大量的精力。此外，王传福直接介入供应商的材料开发环节，利用比亚迪强大的科研能力，共同制定降低成本的方案。如镍镉电池需用大量的负极制造材料钴，如果进口国外性能较好的钴，成本极高。比亚迪与深圳某公司合作，在明确了国内外钴的品质差距之后，制定了提高国产钴品质的详细办法，终于使国产钴达到国际品质要求，同时成本较国外产品低 40%。由于负极材料应用极广，比亚迪仅此一项一年就可以节省数千万元。1995 年下半年，王传福试着将比亚迪的产品送给台湾最大的移动电话制造商大霸公司试用。比亚迪产品优秀的品质和低廉的价格，引起了大霸浓厚的兴趣。当年底，大霸毫不犹豫地将给三洋的订单转给了王传福。1997 年，金融风暴席卷东南亚，全球电池产品价格暴跌 20% 到 40%，日本厂商处于亏损边缘，但比亚迪的低成本优势越发有竞争力。飞利浦、松下、索尼甚至通用也先后向比亚迪发出了大额采购订单。在镍镉电池市场，王传福只用了 3 年时间便抢占了全球近 40% 的市场份额，比亚迪成为镍镉电池领域当之无愧的老大。

在镍镉电池领域站稳脚跟之后，王传福紧接着抓住了第二次机会，开始研发镍氢电池和锂电池。为此，王传福投入了大量资金，购买最先进的设备，搜索最前沿的人才，并建立了中央研究部，随后成立了比亚迪锂离子电池公司。当时锂离子电池是日本人的天下，国内同行不相信比亚迪能搞成。针对中国企业普遍面临的"技术恐惧症"，王传福认为，"这种恐惧正是对手给后来者营造的一种产业恐吓，他们不断地告诉你做不成，投入很大，研发很难，直到你放弃。"投资一条电池生产线，要几千万元，没钱怎么办？王传福的办法看上去很"土"：自己动手制造生产设备，把生产线分解成一个个可以由人工完成的工序。从电池生产线到汽车模具，王传福把人力资源挖掘到了极致，20 名工程师怎么也能顶上一台机械手吧！这种方式不但大幅降低了成本，而且将技术的消化吸收和工艺改进自始至终地融入到了制造业的各个环节。“想和别人竞争，还要走别人走过的路，那就是自寻死路。你和别人一模一样的打法，你凭什么打赢？”王传福这样解释被外界称为“半自动化加人工”的比亚迪制造模式。

在今年7月份发布的全球前十位锂电池厂商中，中、日、韩三国凭借强大的实力几乎囊括了所有名次——榜首前六位均为日本公司，实力最强；韩国的三星、LG公司紧随其后，分列第七和第八位；中国比亚迪近些年在锂电行业发展迅速，跻身第九名。在全球锂离子电池市场份额中，比亚迪的产量目前已占到将近10%。

不作特斯拉的翻版

从镍电池到锂电池，比亚迪的赶超令松下、索尼和三洋等行业大佬感到恐惧。正当人们为王传福在电池行业咄咄逼人的态势惊叹时，他又一头挤进竞争白热化的汽车业。通过把电池和汽车两个产业的对接，比亚迪表示要在2025年成为全球第一大商用车制造企业。2008年9月，美国著名投资者巴菲特的投资旗舰——伯克希尔·哈撒韦公司旗下中美能源控股公司，宣布以每股8港元的价格认购比亚迪2.25亿股股份。巴菲特投资对于加速比亚迪新能源汽车，及其他环保产品在北美和欧洲市场乃至全球的推广都极具战略意义。巴菲特入股比亚迪消息传开后，比亚迪港股股价在短短的十几个月内从最低的6元港币涨到88.4元港币，涨幅为13.73倍。2010年7月，比亚迪股份有限公司与德国汽车巨头戴姆勒按照50∶50的股权比例成立了深圳比亚迪-戴姆勒新技术有限公司。2012年4月，深圳比亚迪-戴姆勒新技术有限公司旗下腾势（DENZA）品牌首款概念车在北京国际车展亮相。2014年4月，腾势首款电动汽车在北京车展全球首发。股神巴菲特的投资以及与戴姆勒的合资使得比亚迪汽车在海内外名声大噪，被称为“中国的特斯拉”。

特斯拉成立之初就将客户锁定在了环保意识比较强的高端人群。他们通常住在自己的别墅或高档社区里，往往拥有不止一辆汽车。电动汽车价格高昂、充电不便、基础设施不全，不能长途旅行等缺点，对于特斯拉的客户来说并不是那么致命的问题。价格高，有钱人不在乎；充电不便，有钱人有独立的车库，无所谓；长途难以充电，有钱人长途旅行开自己的私人飞机或者传统燃油车也就是了。此外，为了能让高端人群接受一个没有历史沉淀的新品牌，特斯拉上来就使用了高强度钢和铝合金做保护，车做得非常结实，以至于在测试中弄坏了机器，成绩好得破了纪录。因为最初设计对底部保护不够导致几次碰撞起火事故，特斯拉干脆用防弹材料加固底盘。在其他方面，特斯拉使用的轮胎、车身、空气悬挂也都是高档货。所以，几乎是在诞生的那一刻，特斯拉就已经成功地树立了高端品牌形象。

2003 年，比亚迪通过收购西安秦川汽车有限责任公司，才正式进入汽车制造与销售领域。比亚迪推出的第一款汽车是跟奥托一个级别的微型小车，价格不超过 5 万元。随后比亚迪推出的最成功的 F3，也是定位于 10 万元以内的经济型家庭轿车。因此，与高富帅的特斯拉相比，比亚迪是地地道道的草根出身。比亚迪推出的第一款电动汽车——F3DM 价格也仅为 15 万元左右，扣除国家和地方的补贴之后，价格低于 10 万元。而且作为一款插电式混合动力汽车，对于充电基础设施的依赖没有纯电动汽车那么强烈，用户可以使用家用 220 伏电源充电。

电池方面，特斯拉一直采用的是松下公司生产的 18650 锂离子电池。依靠独特的电池管理技术，特斯拉敢于使用这种能量密度比较高而安全性比较差的三元材料锂离子电池，并且一次就用了 7 000 多块标准 18650 电池。与其他厂商相比，特斯拉用比较小的重量实现了比较高的储电量，保证了比较长的续航距离，还具有相当强的加速性能。所以，在技术上特斯拉最突出的优势主要在于电池管理系统，电池和电机都采用了外购的策略，本身并无太多积累。比亚迪则完全不同，对于电动车三大关键技术——电池、电机和电控，均是自己研发和制造。在电池方面，作为世界电池行业的十大巨头之一，比亚迪有相当的技术积累。例如，针对磷酸铁锂电池能量密度低的问题，比亚迪最新研发的磷酸铁锰锂电池将能量密度提高了 35%，可以比肩特斯拉用的三元材料锂电池。受益于新电池性能的提升，最新上市的比亚迪新 E6 的续航里程由 300 km 提高到了 400 km ；在电机方面，比亚迪开始没什么优势，但是经过几年的发展已经做到不错，“秦”使用的电机已经有不错的功率质量比，正在研发的 E9 的电机据说已经看齐世界一流水平；在电控方面，比亚迪是最大的电子代工企业之一、富士康的主要竞争对手。各种新奇的电子元件，比亚迪都能代工生产，同时也完成了相当的技术积累。所以，比亚迪的垂直整合能力相当强悍。

在产品布局方面，特斯拉目前推出或即将上市的 Model S、Model X 和 Model 3 基本都是乘用车，尚无听到其有关进军商用车领域的任何消息。比亚迪除了纯电动 E6、腾势和插电式混合动力“秦”“唐”等乘用车之外，在刚刚公布的“7+4”布局中明确表示将针对 7 个主要目标市场（私家车、公交车、出租车、环卫车、城际间客运车、物流轻卡车及建筑工程车）及 4 个特种车市场（仓储、机场、矿山及港口的专用车辆），实现新能源车型对交通运输工具的全面覆盖。在城市公交电动化方面，比亚迪已经有 K9、K8、K7、K6 等纯电动客车，覆盖 7—12 m 车型，续航里程均在 200 km 以上。在物流及货车方面，比亚迪也已形成插电 / 纯电 MPV，T5、T7、T9 纯电动货车以及 J9 纯电动搅拌车等车型。2017 年 4 月 15 日，比亚迪武汉新能源客车、专用车生产基地已经正式开建。项目预计总投资 50 亿元，将实现纯电动客车年产能 3 000 辆，纯电动专用车年产能 5 000 辆。现在比亚迪 K9 系列电动大巴已经在国内 30 多个城市（部分城市试点运营，部分城市批量采购）运营，在全球超过 110 座城市示范运营，包括美国、德国、英国、荷兰、巴西、以色列、日本等发达国家和我国香港特别行政区及台湾省。在电动出租车市场，比亚迪纯电动出租车 E6 累计行驶里程近 3.13 亿 km，单车最高行驶里程超过 70 万 km，保持着当前全球纯电动出租车最长行驶里程纪录。而纯电动公交客车 K9 累计行驶里程超过 7 525 万 km，单车最高行驶里程超过 26 万 km，也保持着当前全球纯电动公交客车最长行驶里程纪录。王传福曾在北美车展上表示：“比亚迪的目标不仅仅是将绿色技术应用于汽车，而是通过向城市推广城市交通电动化解决方案，得以在实现经济复苏的同时解决环境问题。”

比亚迪 K9 纯电动大巴车

工信部发布的数据显示：2017 年 8 月份国内新能源汽车生产 21 303 辆，销售 18 054 辆，同比分别增长 2.9 倍和 3.5 倍。1—8 月，新能源汽车累计生产 12.35 万辆，同比增长 3 倍。其中，纯电动乘用车生产 5.21 万辆，同比增长 2 倍；插电式混合动力乘用车生产 3.28 万辆，同比增长 4 倍；纯电动商用车生产 2.83 万辆，同比增长 8 倍。比亚迪披露的 2015 上半年报显示，报告期内公司实现营业收入 315 亿元，同比增长 18%；实现净利润 4.66 亿元，同比增长 29%。具体至汽车业务，2015 年上半年，比亚迪汽车总销量同比增长 13%，至约 21 万辆。在传统燃油汽车领域，比亚迪的汽车销量同比上升 6%，至 19 万辆。而随着新的电池产能的投放，公司新能源汽车累计销售 1.98 万辆，销量同比大幅增长约 2.6 倍。数据显示，比亚迪上半年在新能源汽车领域的市场份额已经达到 29.8%。随着政府对新能源车市场多项利好政策的出台，新能源汽车配套设施逐步完善，比亚迪还将有更大的发展空间。

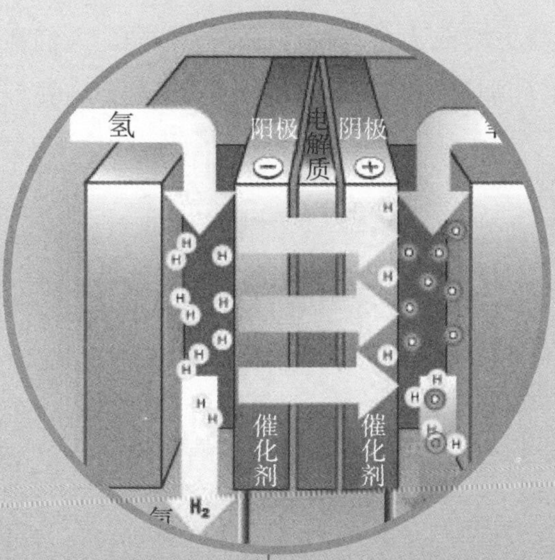

燃料电池汽车

为了解决全球石油短缺、温室效应和大气污染等问题，人们一直在寻找更清洁的汽车用替代能源，尝试了各种方案，例如甲醇、乙醇、天然气、生物柴油和氢等，其中氢燃料电池解决方案成为备受关注的发展方向。人们甚至梦想，在氢这种干净且供应丰富的能源基础上，全球经济与社会将驶入“氢经济”时代。

燃料电池的诞生

燃料电池（fuel cell）是将存在于燃料与氧化剂中的化学能直接转化为电能的发电装置。1840 年，英国作家威廉姆斯在科幻小说《神秘的小岛》中首先提出了氢燃料电池的幻想。燃料和空气分别被送进燃料电池，电就被源源不断地产生出来了。随着科技的发展，燃料电池的梦想早已成真。20 世纪 70 年代，美国“阿波罗”宇宙飞船已经能够使用氢燃料电池为宇航员提供电能和饮用水了。

格罗夫的气体电池设想

1839 年，英国科学家格罗夫（William Grove）在研究电池的时候发现电流通过水时能产生氢气和氧气。他很好奇，这个过程是否是可逆的呢？于是他设计了一个实验以验证这一设想。格罗夫准备了两个铂金电极，将两个电极的一段分别密封在充满氢气和氧气的试管中，又将稀释的硫酸注入一个容器，再把两个电极的另一端浸入该容器中。结果格罗夫发现有微弱的电流在两个电极之间流动。看到这个情景，格罗夫异常兴奋，这正是他所期望的结果。格罗夫将这种装置称为“气体电池”，它是世界上最早的燃料电池。他相信有朝一日，这种气体电池装置可以为人类提供新能源，替代传统的矿物能源。可惜的是，当时人们对格罗夫发明的气体电池并不感兴趣。

培根电池的改进

尽管格罗夫的气体电池没有引起广泛的重视，但并不代表没有任何人对此感兴趣。英国的工程师培根就对“气体电池”很感兴趣，他重新设计了格罗夫的电池方案，以便让它变得更加实用。培根清楚，如果用铂金做电极的话，电池的成本就会非常高，根本无法推广使用。他用金属镍替代铂金，又用氢氧化钾替代硫酸。这样既降低了电池的成本，又可以避免金属电极被硫酸腐蚀，延长了金属电极的寿命。培根做的另一项重要改进是采用了多孔电极。通过在电极上钻许多小孔的方式，可以有效地增加燃料与催化剂接触的面积，引发更多的化学反应，从而可以产生更多的电。

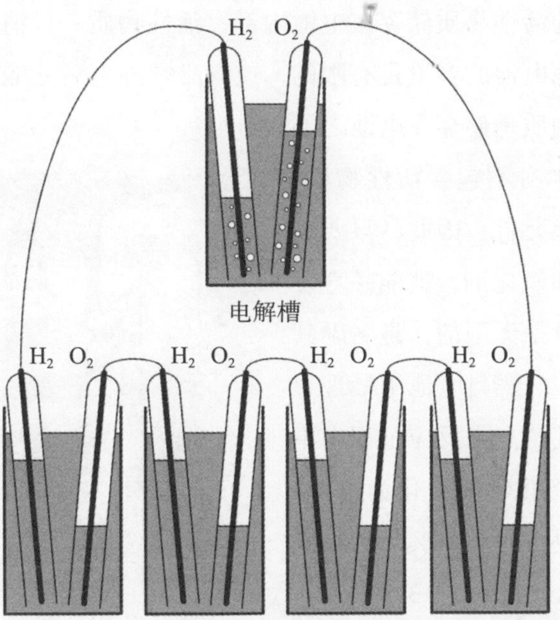

燃料电池原理

经过不断的改进，1932 年，培根的燃料电池终于能够产生稳定的电流，正常工作了。但是当时仍然无法引起人们足够的兴趣，因为培根的燃料电池还是太贵了。另外，它需要使用纯度较高的氢气和氧气，而制造高纯度氢气需要花费更多的能量。尽管如此，培根并没有停止燃料电池的研究和改进。1959 年，实用型的培根燃料电池问世了，可以将空气和燃料直接转变为电流，并能产生 5 kW 电量。此后，燃料电池被运用在美国的卫星上，为卫星上的无线电发射装置提供电力。

燃料电池的原理

燃料电池是一种将持续供给的燃料和氧化剂中的化学能连续不断地转化成电能的电化学装置。燃料电池在原理和结构上与普通意义上的电池完全不同。一般电池的活性物质储存在电池内部，活性物质一旦消耗光，电池寿命即告终止，因此电池的容量是有限的，或者必须充电后才能继续使用。而燃料电池的活性物质是储存在电池之外的，正、负极本身不包含活性物质，只是个催化转换元件。因此，只要不断地供给燃料和氧化剂，就能一直发电，原则上容量是无限的，是名副其实的“发电厂”。燃料电池中最理想的燃料是氢，其特点是反应过程中不经过燃烧即可将化学能转化为电能，能量转化率高达 60%—80%，实际使用效率是普通内燃机的 2—3 倍。

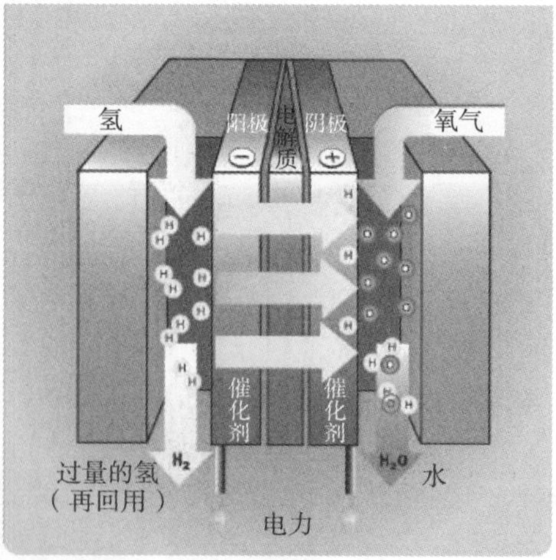

独立燃料电池

氢氧燃料电池工作时，向氢电极

供应氢气，同时向氧电极供应氧气。氢、氧气在电极上的催化剂作用下，通过电解质生成水。这时在氢电极上有多余的电子而带负电，在氧电极上由于缺少电子而带正电。接通电路后，这一类似于燃烧的反应过程就能连续进行。

氢氧燃料电池的化学原理是电解水的逆过程。工作时向负极供给燃料（氢气），向正极供给氧化剂（氧气）。氢在负极上的催化剂的作用下分解成正离子 H^+ 和电子 e。氢离子进入电解液中，而电子则沿外部电路移向正极。用电的负载就接在外部电路中。在正极上，氧气同电解液中的氢离子吸收抵达正极上的电子形成水。

负极：$H_2 + 2OH^- = 2H_2O + 2e$

正极：$O_2 + 2H_2O + 4e = 4OH^-$

电池反应：$2H_2 + O_2 = 2H_2O$

为维持电池的正常运转，应持续供应氢和氧，及时排除反应产物（水）和废热。“阿波罗”宇宙飞船上用的氢燃料电池组由以下部分组成：①氢氧供给分系统。航天器携带的氢和氧采用超临界液态储存，可缩小储罐体积，解决失重条件下气、液态的分离问题，但要求储罐绝热性能好、耐低温、耐高压（氧罐为 6 MPa、氢罐为 3—3.5 MPa）。②排水分系统。主要有动态排水和静态排水两种方式。前者把带有水蒸气的氢气循环输送到冷却装置，使水蒸气冷凝成水进行分离；后者依靠多孔纤维编织材料（如灯芯）将冷凝后的水吸附出来，又称灯芯排水。电池组排出的水经净化后可供宇航员饮用或作冷却剂。③排热分系统。电池组通过冷却剂（如乙二醇水溶液）循环，将废热带到辐射器向外排放，以维持电池组正常工作的温度范围。④自动控制分系统。包括电池组工作压力、温度、排水与排气、电压、安全和冷却液循环等的控制与调节。

燃料电池的类型

燃料电池的种类相当多而且分类的方式也各有不同，常用的分类方式是按电解质性质不同加以区分，分为质子交换膜燃料电池（PEMFC）、碱性燃料电池（AFC）、磷酸燃料电池（PAFC）、熔融碳酸盐燃料电池（MCFC）、固态氧化物燃料电池（SOFC）。直接甲醇燃料电池（DMFC）是质子交换膜燃料电池的一种，由于其发展迅速且具有很大的商业潜力，现已经成为独立的种类，与前面五种燃料电池并列。若依照其工作温度范围不同，一般将碱性、质子交换膜、直接甲醇燃料电池归类为低温型燃料电池，磷酸燃料电池则为中温型燃料电池，而熔融碳酸盐与固态氧化物燃料电池则属于高温型燃料电池。基本上，燃料电池的工作温度影响了燃料电池电化学反应所使用催化剂的种类，同时也影响了所使用燃料的种类。

质子交换膜燃料电池

质子交换膜燃料电池（PEMFC，Proton Exchange Membrane Fuel Cell）采用固态聚合物膜为电解质。该聚合物膜为全氟磺酸膜，也称为 Nafion，是酸性的，因此迁移的离子为氢离子（H^+）或质子。质子交换膜燃料电池由纯氢和作为氧化剂的氧或空气一起供给燃料。

PEMFC 电池的关键部件由双极板、膜电极组件（MEA）、催化剂等构成。膜电极组件包括质子交换膜、阴 / 阳极催化层、阴 / 阳极平整层、阴 / 阳极气体扩散层的构成。燃料气体和氧气通过双极板上的气体通道分别到达电池的阳极和阴极，通过膜电极组件上的气体扩散层到达催化层。在膜的阳极侧，氢气在阳极催化剂表面上解离为水合质子和电子，水合质子通过质子交换膜上的磺酸基传递到达阴极，而电子则通过外电路流过负载到达阴极。在阴极的催化剂表面，氧分子结合从阳极传递过来的水合质子和电子，生成水分子，水从阴极排出。

质子交换膜的发展可以追溯到20世纪60年代。1960年，美国首度将质子交换膜燃料电池应用于双子星太空计划中。由于当时采用的聚苯乙烯磺酸膜在电池工作过程中发生劣化，不但导致电池寿命的缩短，而且还污染了电池的生成水，因此计划并不算成功。其后，通用电气公司采用了杜邦公司所开发的聚全氟磺酸膜，不仅延长了电池寿命，而且有效地解决了电池生成水被污染的问题，并成功地搭载在卫星上进行太空实验。然而后来的Orbiter航天飞机在电力竞标中不敌碱性燃料电池，未获美国政府的青睐，使得PEMFC的研究一度陷入低潮。一直到了1983年，巴拉德动力系统公司在加拿大国防部资助下进行PEMFC的研究，全世界再度掀起了一股PEMFC的研发热潮。

近年来，在质子交换膜材料性能改进、电池堆功率密度提高及催化剂使用量与价格降低等因素的带动下，PEMFC已逐渐具有商业竞争能力。以运输动力为例，目前世界各大汽车厂，如福特、本田、通用汽车、丰田、克斯勒等，相继投入大量资金进行PEMFC电动汽车的开发工作，各车厂的原型车也陆续在进行路测，预计在不久的将来可量产上市而成为主要的运输动力之一。此外，发电容量从数百瓦到数百千瓦的便携式电源、备用电源，以及住宅办公大楼用的发电机也是许多厂商正在积极研发的产品，PEMFC发电机的外形小到如家用除湿机般大小，大到如小型货柜一般，可以置放于家中的阳台上或是大楼的锅炉间或配电机房，配合重整改质器后直接接上现有的天然气管道便可发电使用。迷你或微型PEMFC则多用作便携式电子产品的电源，如手机、笔记本电脑等电子设备的电源。

碱性燃料电池（AFC）

碱性燃料电池（AFC,Alkaline Fuel Cell）采用KOH等碱性溶液为电解质，用H_2或NH_3、N_2H_2裂解的H_2为燃料，空气或O_2为氧化剂，使用贵金属（如

Pt、Ag 等）和过渡金属（如 Ni 等）或者由它们组成的合金等作为催化剂。因为电解液为碱性，故离子传导机理不同于质子交换膜燃料电池。被碱性电解液迁移的离子是氢氧离子（OH^-），这对燃料电池的其他方面产生影响。

AFC 的优点主要表现在：与其他燃料电池相比，AFC 系统具有较高的电效率（60%—70%），可以在室温下快速启动，并迅速达到额定负荷，而且电池的本体材料选择广泛，电池造价较低。因此，AFC 作为高效且价格低廉的成熟技术，若应用于便携式电源和交通工具用动力电源，具有一定的发展和应用前景。

AFC 的缺陷在于：在实际使用中，往往采用空气作为氧化剂，空气中的 CO_2 会毒害碱性电解质生成碳酸根离子，对电池的效率和使用寿命造成影响，使得 AFC 系统需要复杂的 CO_2 脱除装置，而且只能用纯 H_2 为燃料；此外，AFC 的催化剂一般采用贵金属 Pt 才能获取电池的高性能，且需要一个控制体系保持电解质浓度的恒定。这些造成 AFC 系统的复杂化，成本增高，导致其不适于民用、与其他燃料电池相比竞争力降低。

碱性燃料电池是最早开发并获得成功的燃料电池，早在 20 世纪 60 年代就被用于宇宙飞船和登月飞行。AFC 具有稳定、耐久等优点，具有较高的电效率（60%—70%），迄今为止仍是最适合于太空使用的燃料电池。

磷酸燃料电池（PAFC）

为了克服碱性电解质易受 CO_2 的影响，20 世纪七八十年代开始，世界各国致力于以酸为导电介质的燃料电池的研究开发，出现了以磷酸为电解质的磷酸型燃料电池（Phosphoric Acid Fuel Cell，PAFC）。磷酸型燃料电池是在 200℃左右工作的低温型燃料电池，操作简单，运行可靠。单电池由阴极、阳极与阴阳两极之间饱含磷酸电解质的多孔隔膜基质组成。在燃料极，也就是电池的阳极，氢分子通过电极表面铂的催化作用释放出电子变成氢离子，氢离子通过电解质向另一侧的空气极移动，产生的电子则通过外电路向电池的阴极移动。在电池的阴极，氧气与氢离子以及电子发生反应生成水。由于阴阳两极的电化学反应产生电子流动从而产生了电能。与质子交换膜燃料电池相似，阴、阳两极均以铂或铂合金作为催化剂，电化学反应在由碳黑支撑的催化剂颗粒表面发生。质量分数为 100%的磷酸作为电解质传递质子。

磷酸燃料电池是最早成为商品的燃料电池。目前，该技术已获得了高度的发展，全世界有 350 多台 PAFC 发电装置在运行。其中运行最多的是国际燃料电池公司 1990 年生产的 PC-25 型 PAFC，设备平均利用率达 95%，发电效率大于 40%，PC-25C 型 PAFC 电站的价格相对更低，尺寸更小，是真正的商业化机型。许多医院、宾馆和军事基地用磷酸燃料电池覆盖了部分或总体所需的电力和热供应。

熔融碳酸盐燃料电池（MCFC）

熔融碳酸盐燃料电池为高温燃料电池（500℃—800℃），电解质是熔融碳酸盐（通常为锂 - 钾碳酸盐或锂 - 钠碳酸盐），氧化剂为氧气或空气与二氧化碳的混合气，燃料气为氢气、天然气、煤气和柴油等碳氢化合物。

熔融碳酸盐燃料电池的反应原理是：由煤气化产生的氢气和一氧化碳混合燃料（经净化除去杂质）在阳极上与熔融 CO_3^{2} 离子反应产生二氧化碳和水汽，并给外电路提供电子。

MCFC 的研究始于 1950 年，在材料、性能和制造工艺方面有了很大的进展。美国在对 MCFC 的电池材料选用、组装结构的提案、系统结构及解析、技术评价等方面起了先导作用。美国在 MCFC 方面主要由 Fuel Cell Energy 公司（以前的 ERC 公司）进行开发，已经实现商业化，从 2001 年开始进入分布式发电电源市场。日本对 MCFC 的研究从 1981 年的月光计划开始，后来的新阳光计划也将 MCFC 列为研发重点。1989 年，欧洲制订了焦耳计划，其中任务分配进行 MCFC 研究的国家有荷兰、意大利、德国、丹麦和西班牙等。由德国 MTU Friedrichshafen 主导的欧洲最大的 MCFC 技术商业化计划“欧洲的 MCFC 发展联盟”从 1990 年开始分三阶段执行 MCFC 技术商业化计划。目前 MCFC 技术已经属于成熟技术，示范电站的运转也已积累了丰富的经验，并提供了商业化运转的基本数据。然而，必须使 MCFC 的寿命进一步延长，才能够与现行的发电技术竞争。

固态氧化物燃料电池（SOFC）

固体氧化物燃料电池（SOFC，Solid Oxide Fuel Cell）使用固体氧化物（如陶瓷）电解质把燃料和空气隔开，使其不能直接燃烧。但是空气中的氧可以在阴极上变成氧离子（O^{2-}），氧离子通过电解质传输到阳极，在阳极上与燃料反应的同时放出电子，从而产生电流。

SOFC 的部件主要包括陶瓷为材料的电解质、阴极、阳极和连接体，全固态结构，除具有一般燃料电池系统的特点外，它的燃料不用是纯氢，可以采用其他可燃气体；同时，SOFC 不必使用贵金属催化剂。陶瓷电解质要求高温运行，加快了反应进行，还可以实现多种碳氢燃料气体的内部还原，简化设备；同时系统产生的高温、清洁高质量热气，适于热电联产，能量利用率高达 80% 左右，是一种清洁高效的能源系统。一套完整的 SOFC 发电系统除电堆（阳极、电解质、阳极、连接体、电路）Pb，还包含燃料供应系统（燃料重整器、喷射循环器、集电管路）、供气系统（泵、加热器、压缩机、鼓风机、循环管路）、控制系统（电压调节转换器、逆变器、电动机）。目前 SOFC 组的结构主要分为管状、平板型和整体型，其中平板型因功率密度高和制作成本低而成为 SOFC 的发展趋势。此外，按照工作温度可分为高温型（800℃—1 000℃）、中温型（600℃—800℃）和低温型（300℃—600℃）。

作为发展方向之一的低温 SOFC 已经突破传统的大管式和平板式结构，出现金属支撑的平板式 SOFC 以及单气室 SOFC。低温 SOFC 可以直接操作天然气、煤气、生物质气、甲醇、乙醇燃料。美国哈佛大学工程和应用科学学院（SEAS）Shriram Ramanathan 团队在 2001 年 11 月份的 *Journal of Power Sources* 上报道了其在固体氧化物燃料电池（SOFC）领域取得的新进展：一是电池中不再使用铂材料；二是将电池的运行温度降至低于 500℃。鉴于更低的操作温度、更丰富的燃料来源以及更便宜的材料，SOFC 可能很快成为一项主流技术，未来将能给手提电脑或手机供电。

直接甲醇燃料电池（DMFC）

作为氢的替代者，将甲醇直接作为燃料电池的燃料，就是所谓的直接甲醇燃料电池（DMFC），它其实是质子交换膜燃料电池的一种。DMFC 核心部分是膜电极，是由质子交换膜、阳极（包括阳极催化层和阳极扩散层）和阴极（包括阴极催化层和阴极扩散层）三合一热压而成。其中阳极和阴极集流板上刻有流道，流道用来供应反应物并排出生成物。扩散层由多孔材料制备而成，可以把反应物更均匀地输送到催化层进行电化学反应，并起到传递电子的作用。催化层是电化学反应发生的场所，由涂覆催化剂的多孔材料制备而成，并具有传递电子和质子的作用。质子交换膜位于电池中部，主要起到传递质子、阻止电子的作用，兼有阻隔阳极和阴极反应物相互扩散的作用。

理论上 DMFC 是最适合于车辆的燃料电池。首先，甲醇是一种液态燃料。在车辆的应用中，它易于储存、分配和销售。因此，目前燃料供应的基础设施不需过多再投资即可应用。其次，甲醇是最单一的有机燃料，它能最为经济和有效地从相对丰富的矿物燃料（煤和大然气）中大规模生产。第三，甲醇还可以从农产品中制造，例如蔗糖。但是与前面几种燃料电池相比，直接甲醇燃料电池是相对未成熟的技术，以目前该燃料电池的技术状态而论，其一般运行在 50℃—100℃的温度范围内。相比于直接供氢的燃料电池，直接甲醇燃料电池功率密度低、功率响应慢，且效率低。

三类燃料电池对比

温度	低温燃料电池（60℃—200℃）		中温燃料电池（160℃—220℃）	高温燃料电池（600℃—1 000℃）	
电解质	碱性燃料电池	质子交换膜（包括直接甲醇）燃料电池	磷酸燃料电池	熔融碳酸盐燃料电池	固态氧化物燃料电池

（续表）

温度	低温燃料电池（60℃—200℃）		中温燃料电池（160℃—220℃）	高温燃料电池（600℃—1 000℃）	
优点	启动快、电效率高	功率密度高、启动快、空气可作为氧化剂	对 CO_2 不敏感	能源效率高内重整能力、燃料广	能源效率高、内重整能力、燃料广
缺点	燃料氧化剂限制严、寿命短、成本高	对 CO 很敏感、反应需加湿	发电效率相对较低	启动时间长、电解液腐蚀性	启动时间长、工作温度过高
燃料	纯氢	氢气、甲醇、	氢气	氢气、天然气、煤气、沼气	氢气、天然气、煤气、沼气
氧化剂	纯氧	空气、氧气	空气、氧气	空气、氧气	空气、氧气
应用	宇宙飞船、潜艇 AIP 系统	交通工具电源、便携式电源、分布式电站、宇航、潜艇、	热电联供电厂、分布式电站、	热电联供电厂、分布式电站	电联供电厂、分布式电站、交通工具电源、移动电源

燃料电池的应用

作为一种清洁、高效而且性能稳定的发电技术，燃料电池已经在航空航天领域以及军事领域得到了成功的应用，现在世界各国正在加速其在民用领域的商业开发。与传统技术相比，燃料电池在电源、电力驱动、电站等领域内都有明显的优点，具有广泛的应用前景。在未来的若干年里，燃料电池的需求将会突飞猛进。

军事上的应用

军事应用应该是燃料电池最主要、也是最适合的市场。燃料电池高效、多面性、使用时间长以及安静的工作状况，极适合于军事工作对电力的需要。

燃料电池可以以多种形态为多数军事设施装置，从装置在战场上的移动手提装备上到为海陆运输提供动力。微型燃料电池要比普通的固体电池具有更大的优越性，其增长的使用时间就意味着在战场上不用太麻烦的备品供应。同样，燃料电池的运输工具能极大地减少燃料用量，在进行下一次加油之前，车辆可以行驶得更远。这样，战地所需的支持车辆、人员和装备的数量便可以显著减少。自 20 世纪 80 年代以来，美国海军就使用燃料电池为其深海探索的船只和无人潜艇提供动力。德国于 2003 年 4 月制造的世界第一艘质子交换膜燃料电池潜艇 U31 正式下水。

移动电源上的应用

随着各项科技的进步，种类繁多的便携式电子设备让人目不暇接。传统电池容量的提高与电子设备节电设计已无法满足人们对于功能强大的电子设备的耗电需求。而质子交换膜和直接甲醇微型燃料电池因其具有使用寿命长、重量轻和能量密度高等优点，比常规电池具有得天独厚的优势，在移动电话、个人数字设备（PDA）、便携式摄像机、笔记本电脑、电动玩具等的供电上得到广泛应用。从燃料电池短期发展来看，可能最先会在移动电源领域取得商业化的成功。其中，直接甲醇燃料电池更具有优越性。其充电仅仅涉及重新添加液体燃料，不需要长时间地将电源插头插在外部的供电电源上。当前，这种燃料电池的缺点是需要使用铂金催化剂，成本高昂。如果这个问题能够解决，应该说没有什么能阻挡其广泛应用了。

用作静置型发电站

由于燃料电池发电效率并不受发电容量大小的影响，不仅可以发展成为效率高的小容量家用发电机，也可以建造成大容量的分散型发电站，甚至于集中型发电厂。目前全世界进行静置型燃料电池发电站开发的厂商相当多。燃料电池种类选择上，除了 AFC 之外，几乎所有种类的燃料电池都适合作为不同发电容量的静置型发电站。静置型家用发电机发电容量大致在数千瓦到数十千瓦之间，以 PEMFC 与 SOFC 为主，可以单独提供一个家庭所需的电力，也可以以热电联供方式发电并同时提供家庭所需的热；较大容量的燃料电池系统（0.1—10 MW）则较适合作为分散型发电站，燃料电池种类则以

PAFC、SOFC 及 MCFC 三款为主；一旦其商业化而且价格合理化后，将可以进一步发展为发电容量达 1 000 MW 的燃料电池与燃气轮机联合的复合集中型发电厂。

作为车辆动力

20 世纪 80 年代在全世界掀起了一股非常强烈的发展洁净且高效率车辆动力的热潮，在世界各地，国家和地方机构都在立法强迫汽车制造商生产能极大限度地降低排放的车辆，燃料电池可为这种要求带来实质的机遇。目前北美与欧洲地区的许多国家及日本与中国等主要车厂均积极地投入了燃料电池电动车的开发，燃料电池驱动的小客车、旅行车、小货车、公共汽车、摩托车等的原型车也正在进行示范运行与测试，这些车辆所使用的燃料包括氢气、甲醇、天然气、汽油等。以氢气作为燃料不会有任何污染排放，当使用的是氢气以外的其他碳氢化合物作为燃料时，则燃料电池系统将配合使用适当的燃料重整器将燃料转变成富氢气体，如此也可以有效地减少车辆硫化物的排放，并且提高效率。再者，燃料电池本身结构简单且没有移动与转动构件，因此燃料电池车辆维修需求低。

空间领域的应用

在 20 世纪 50 年代后期和 60 年代初期，美国政府为了寻找安全可靠的能源，对燃料电池的研究给予了极大的关心和资助，使燃料电池取得了长足的进步。通用电气公司生产的 Grubb-Niedrach 燃料电池是美国国家航空航天局（NASA）用来为其 Gemini 航天项目提供动力的第一个燃料电池，也是第一次商业化使用燃料电池。从 20 世纪 60 年代起，飞机制造商 Pratt & Whitney 赢得了为阿波罗项目提供燃料电池的合同。在 18 次飞行中，这种电池共工作 10 000 h，未发生一次飞行故障。在 20 世纪 80 年代航天飞机开始飞行时，国际燃料电池公司继续为 NASA 提供航天飞机使用的碱性燃料电池，提供约等于阿波罗飞船上同体积的燃料电池十倍的电力。这种电池的效率为 70% 左右，在截至现在的 100 多次飞行中，这种电池共工作超过 80 000 h。

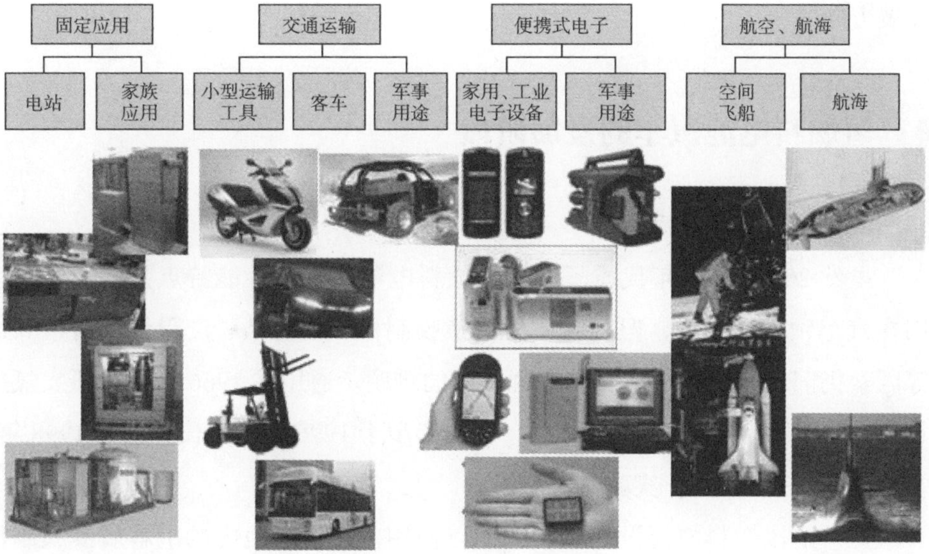

燃料电池的应用领域

燃料电池汽车的发展

燃料电池汽车（FCV）是一种用车载燃料电池装置产生的电力作为动力的汽车。车载燃料电池装置所使用的燃料通常为高纯度氢气或含氢燃料经重整所得到的高含氢重整气。与传统的燃油汽车和一般的电动汽车相比，氢燃料电池汽车的优势非常明显：①氢是世界上最多的元素，氢气来源极其广泛并且是可再生资源，所以用氢气作为“燃料”似乎最合适不过。②由于燃料电池是化学能直接转换为电能，相比内燃机的燃烧作用不会产生大量废气与废热，转化效率更可超过 50%（内燃机转化效率为 10%），排放物也只有水，不会对环境温度造成影响。③使用寿命长于电化学电池并且电池维护工作量很小。④相比于纯电动车的充电时间来说，燃料电池加注氢气的时间很短，几乎与内燃机汽车添加燃油时间相当。因此，氢燃料电池汽车作为一种真正意义上的“零排放，无污染”载运工具，是未来新能源清洁动力汽车的主要发展方向之一。

氢燃料电池汽车的发展阶段

2000 年之前，萌芽阶段

虽然 20 世纪 90 年代质子交换膜燃料电池的种种性能特点都证明了它运用在汽车领域的可能，但当时质子交换膜制作工艺复杂、产量低、价格高昂等因素仍旧就是燃料电池汽车实现量产的难题。通用在 1966 年开始研发氢燃料电池汽车，本田开始于 1992 年，丰田起步于 1996 年，现代开始于 1998 年。

2002—2008 年，实验研究阶段

这一阶段燃料电池没有正式的运营使用。燃料电池内的电解质薄膜制作工艺复杂，产量很难提高，催化剂铂金属的价格很高。丰田在 2008 年提出了燃料电池汽车的量产计划，在 6 年的时间内，将燃料电池汽车的各方面性能提升，例如达到 650 km 的续航里程、3 min 的加氢时间、10 s 的 0—100 km/h 加速时间，已到达完全可以媲美传统内燃机汽车的目标。

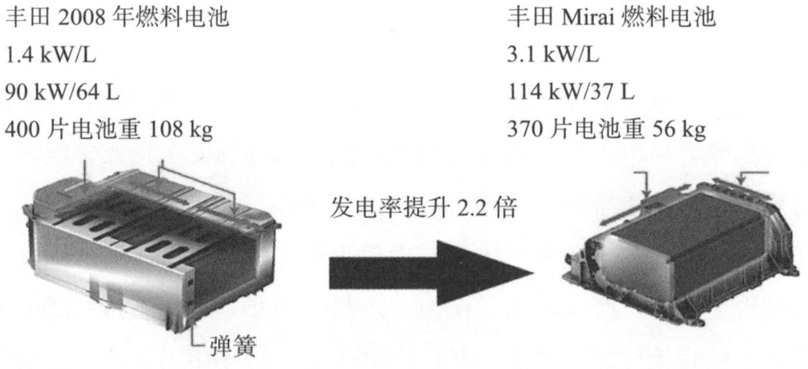

氢燃料电池的性能提升

2008—2015 年，产品导入阶段

开始投入使用。在 2008 年，本田生产 FCX Clarity 首款氢燃料电池汽车用于租赁业务，韩国在 2013 年批量生产现代 Tucson FCEV 燃料电池车，2014 年丰田 Mirai 成为世界上第一个正式上市销售的燃料电池车。

Mirai 燃料电池

2015—2020 年，普及推广阶段

2015 年被誉为氢燃料电池汽车的元年。根据计划，2016 年本田正式销售新一代的 Clarity 氢燃料电池汽车，戴姆勒于 2017 年也将正式销售旗下的氢能源汽车。

2020—2025 年，普及扩大阶段

这一段阶，氢燃料电池汽车快速发展，预计到 2025 年开始商业化普及。

虽然最新的燃料电池汽车成本被降低到了一个非常可观的程度，但燃料电池汽车的普及仍然需要时间。其中的问题包括氢气的来源并不一定环保、目前加氢站的数量非常短缺，人们对于燃料电池汽车的安全性能可能还存在质疑。

氢燃料汽车存在的问题

加氢站短缺

加氢站的建设成本是加油站的 5 倍，造价高昂使得加氢站数量很少。因此，即便氢燃料电池车的续航里程可以达到 700 km，但是 700 km 内车主未必能找到一个加氢站。燃料电池汽车市场最为成熟的日本目前也仅有 70 多座加氢站，美国大约有 50 座加氢站，中国大陆可以正常使用的仅有 2 座。

氢气来源需耗能

虽然氢是宇宙中最普通的元素，资源极为丰富，但氢和石油不同，地球上并直接不存储有大量氢气。氢主要是作为氢原子与其他原子结合在一起，必须付出能量才能将其与其他元素分开。从能量守恒的原理出发，考虑到消耗，取出的能量总是小于得到的能量。也就是说，我们并不能无偿地、无限制地制取氢气。现代燃料电池的鼻祖——杰弗里·巴拉德（Geoffrey Ballard）曾形象地指出："氢只是一种流通货币，而不是原始能源"。也就是说氢只是一种能量的载体，而不是能源。从某种能源取得能量，再用到需要的地方去，燃料电池就是把这种"流通货币"转换成电能的途径之一。因此，虽然氢燃料电池汽车本身不产生二氧化碳等温室气体。但是从目前原始资源（如天然气）中制备氢气，却要产生大量二氧化碳。通过电解水而取得丰富的氢当然是很好的方法，但所需消耗的电能却来自通过燃烧煤等矿物燃料的发电厂。电能生产过程仍然产生污染，且有可能比燃油汽车更严重。

使用安全性尚存在较大问题

众所周知，氢气是一种极易燃烧的气体，别说是明火，即便是静电也能够引起燃烧甚至是爆炸。氢的存储是氢能规模化应用的基础，但是氢很轻，不便于存储和运输。目前氢的存储方法主要有两种，一种是高压储氢，另一种是氢化物储氢。高压储氢方法的问题是，需要很高的压力才能满足汽车高里程的需要。一般设计压力是 30 MPa，高压的设计压力是 70 MPa。这么大的压力需要很精密的密封才行，这个密封需要扩散到整个的燃料电池管路。万一有地方泄漏，遇到明火或交通事故，那情况可能就极为糟糕了。氢化物储氢最大的问题是放氢很困难，充进去了，放出来的时候还要加热，很不方便。

氢燃料电池汽车的发展方向

目前，我国在氢燃料电池汽车的发展方面与国外还存在着明显的差距。

为了缩短这种差距，《中国制造 2025》提出了氢燃料电池汽车技术的发展目标和方向。

燃料电池催化剂、质子交换膜、碳纸、膜电极组件、双极板等关键材料批量生产能力建设和质量控制技术研究

开展高功率密度电堆用的低 Pt 催化剂、复合膜、扩散层（碳纸、碳布）、高性能及耐受性质子交换膜材料、高可靠性及低铂担量的膜电极（MEA）、高性能及高可靠性的金属双极板的开发和质量控制技术的研究，形成批量生产能力。

燃料电池堆系统可靠性提升和工程化水平的研究

提高催化剂及其载体的抗氧化能力，质子膜的机械和化学稳定性；改进燃料电池材料制备工艺和质量控制，提高电堆设计水平；验证电堆运行寿命，解决车辆运行条件下的电堆均一性问题；结合车辆动态运行特征，对系统级运行与操作条件做匹配优化；实现系统级寿命验证与参数表征，提高产品级寿命；提高系统零部件的可靠性，开展系统可靠性分析与设计改进。

汽车、备用电源、深海潜器等燃料电池通用化技术研究

开展燃料电池通用化技术研究，2020 年，实现关键技术攻关，研发出新一代的金属双极板电堆，2025 年，完成商业化产品全产业链的建设。

燃料电池汽车整车可靠性提升和成本控制技术

开展燃料电池发动机系统集成与优化，实现燃料电池整车可靠性提高；推动燃料电池关键材料（膜、炭纸、催化剂、MEA、双极板等）及系统关键部件（空压机、膜增湿器、电磁阀、车载 70 MPa 氢瓶等）国产化，开发超低铂、非铂催化剂，降低材料成本，促进燃料电池系统产品化和工程化，实现燃料电池系统设计模块化，并改进生产制造工艺。

车联网

智能网联汽车是指搭载先进的车载传感器、控制器、执行器等装置，并融合现代通信与网络技术，实现车内网、车外网、车际网的无缝链接，具备信息共享、复杂环境感知、智能化决策、自动化协同等控制功能，与智能公路和辅助设施组成的智能出行系统，可实现“高效、安全、舒适、节能”行驶的新一代汽车。

根据车联网产业技术创新战略联盟的定义，车联网是以车内网、车际网和车载移动互联网为基础，按照约定的通信协议和数据交互标准，在车与X（X：车、路、行人及互联网等）之间进行无线通信和信息交换的大系统网络，是能够实现智能化交通管理、智能动态信息服务和车辆智能化控制的一体化网络，是物联网技术在交通系统领域的典型应用。

车联网让汽车驶上信息高速公路

很长时间以来，汽车的信息化是大幅度落后于这个时代的。我们在家里或工作场所可以使用电脑、平板电脑或手机等各种终端，通过Wi-Fi、3G/4G网络轻松接入互联网享受各种应用服务，但我们进入汽车里，就只能听听收音机或CD了。虽然部分配置了车载导航的车型可以帮我们引导路线，但如果我们想要了解更多的信息或服务时，例如哪些路段不太拥堵、目的地还有多少停车位、快速定位朋友的位置等，这些在智能手机上可以轻松完成的事情，现在的车载系统就束手无策了。尼尔森与SBD咨询公司的一份调查显示，车载信息系统是如今汽车产品上最糟糕的部分，消费者投诉最多的地方就集中于此。简单说，车联网就是为解决在汽车上如何接入互联网以及如何满足人们在使用车辆时的特殊信息需求等问题而诞生的。

互联网将电脑终端、客户端和服务端通过信息技术手段联系在一起。移动互联网把节点从 PC 终端换成了智能手机、平板电脑等终端设备，把以太网换成了移动通信网络。而对于车联网来说，则是将节点换成了车载电脑 ECU（Electronic Control Unit）和 OBD（On-Board Diagnostics）。这些车载电子设备，同样需要通过移动通信网络来实现。因此，从广义上讲，车联网是移动互联网的一部分，而移动互联网是互联网的一部分。通过车联网，汽车就可以驶上信息高速公路。

车联网对消费者或管理者的意义就在于，通过各种车载电子设备和移动通信网络，实现数据采集、数据处理和数据传递，从而满足用户的各种信息需求，实现价值。例如，没有车联网之前，用户车辆出现故障隐患时只能开到 4S 店，连上电脑检测才能知道，等发现时问题往往已经不小了。而在车联网时代，通过远程分析车载设备采集的数据，厂商就可以监测到故障隐患，并提示车主和 4S 店进行及时处理。这样大大降低了维修的成本，提高了行车的安全系数。所以，车联网的本质是利用电子信息技术，创新商业模式，给用户创造价值。

车联网体系结构及关键技术

车联网系统，是指是利用先进传感技术、网络技术、计算技术、控制技术、智能技术，对道路和交通进行全面感知，实现多个系统间大范围、大容量数据的交互，对每一辆汽车进行交通全程控制，对每一条道路进行交通全时空控制，以提供交通效率和交通安全为主的网络与应用。

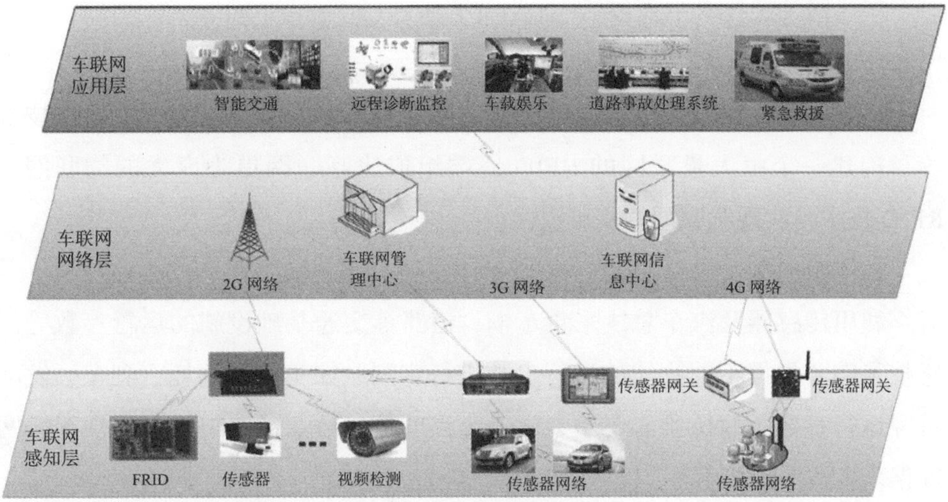

车联网体系结构

车联网感知层，包括 RFID、传感器网络等，该层组合成端系统，是汽车的智能传感网，在整个体系的作用是负责收集获取车辆的信息，感知行车状态与驾驶环境，通过汽车总线完成与车辆之间的信息交互，通过无线通信实现与远程 TSP 平台的信息交互；端系统是实现车内通信、车间通信、车网通信的泛在通信终端；同时还让汽车具备寻址和网络可信标识等能力的设备。

车联网网络层，通过制定专用的能够协同异构网络通信需要的网络架构和协议模型，整合感知层的数据；通过向应用层屏蔽通信网络的类型，为应用程序提供透明的信息传输服务；通过对云计算、虚拟化等技术的综合应用，充分利用现有网络资源，为上层应用提供强大的应用支撑。车联网网络层是实现车与车（V2V）、车与路（V2R）、车与网（V2I）、车与人（V2H）等的互联互通，实现车辆自组网及多种异构网络之间的通信与漫游的关键。

车联网应用层，也是整个车联网的核心部分。车联网是一个云架构的车辆运行信息平台，它的生态链包含了 ITS、物流、客货运、危特车辆、汽修汽配、汽车租赁、企事业车辆管理、汽车制造商、4S 店、车管、保险、紧急救援、移动互联网等，是多源海量信息的汇聚，因此需要虚拟化、安全认证、实时交互、海量存储等云计算功能，其应用系统也是围绕车辆的数据汇聚、计算、调度、监控、管理与应用的复合体系。

车联网关键技术主要包括：

1. 射频识别技术（RFID）

车联网使用 RFID 技术结合已有的网络技术、数据库技术、中间件技术等，构建一个由大量联网的 RFID 终端组成比互联网更为庞大的物联网。RFID 技术是实现车联网的基础技术。

2. 传感技术

利用传感器及汽车总线采集车辆、道路等交通基础设施的运行参数等传感技术需要根据不同物体的运行参数进行定制，如车需要油耗、刹车、发动机等运行参数，而桥梁需要压力、老化程度等参数。传感技术是实现车联网数据采集的关键技术。

3. 无线传输技术

无线传输技术将传感器采集得到的数据发送至服务器或其他终端，或者接收控制指令完成物体远程控制。只有通过无线传输技术，才能实现信息的交换和共享。

4. 云计算技术

对采集获取的物体数据进行综合加工分析，并提供各类综合服务。车联网系统通过网络以按需、易扩展的方式获得云计算所提供的服务。

5. 车联网标准体系

标准是一个产业兴起的重要标志。车联网只有建立一套易用、统一的标准体系，才能实现不同物体之间的相互通信，不同车联网系统的融合，才能带动汽车、交通产业的快速发展。

6. 车联网安全体系

包括车联网物体信息化之后的安全度、传输器安全度、传输技术安全以及服务端安全。安全是保障车联网系统能够快速推广的前提。

7. 定位技术

通过 GSP、无线定位技术等提高当前车联网中物体的位置精度。通过定位精度的提高，将准确获取车辆行驶位置，提高实时路况精准度、交通事件定位精确度。

车联网服务及产业发展趋势

车联网服务的英文是“Telematics”，它是远距离通信的电信（Telecommunications）与信息科学（Informatics）的合成词。1997 年通用推出 Onstar 服务，象征着 Telematics 的诞生，经过十几年的培育期，Telematics 进入了高速发展的年代，车厂推出了各种类型的 Telematics 服务，主要包含车辆远程安防、后台导航及位置信息服务、实时交通、在线娱乐资讯、生活服务等方面。北美和欧洲车联网的发展非常快，通用 OnStar 在北美商用十几年来成功发展了超过600万用户，福特Sync 自从2007年发布来已快速被车主接受，五年内发展了近 300 万用户。欧盟理事会已经审议通过了决议，自 2018 年 3 月 31 日开始欧盟范围内所有新车强制安装 eCall 紧急呼救系统。作为一项基于卫星定位系统和移动通信网络的车载技术系统，eCall 紧急呼救系统能够在车辆发生事故后自动拨叫欧洲统一的紧急救援电话 112 或其他第三方救援中心，将车辆的卫星定位坐标、事故时间、事故车辆车牌号甚至车辆中系了安全带的乘客数量等与救援相关的数据及时传送给救援中心，并帮助乘客与救援中心建立语音联系。中国和巴西的 Telematics 产业起步较晚，但市场需求强烈，所以海外车厂 Telematics 战略布局已从美国和欧洲逐渐转移到中国和巴西，服务主要分为三类：安全、便捷与导航、信息服务。

美国 Telematics 市场当前功能的分布情况，重要的功能、安全类、汽车服务与监控、导航等均以内嵌式 Telematics 产品实现为主，部分车厂开始用手机来完成信息娱乐服务和导航。可以看到，宝马、通用、本田、雷克萨斯、奔驰、丰田等主要车厂的 Telematics 均把战略重点放在了汽车安防上，导航也是重要战略之一，而信息服务则放在了次要位置，甚至可通过 MirrorLink 或 RealVNCV 等技术将手机的娱乐功能映射到车机上。

不同于美国市场，车辆安防功能并不是英国 Telematics 市场的重心，仅宝马、标致雪铁龙和沃尔沃等公司在汽车安全上做了布局。英国的 Telematics 服务重心向导航倾斜，以方便驾驶员出行作为主要功能，包含有智能手机导航、运营商服务、实时交通、停车场信息、道路天气、位置信息服务、目的地远程发送等，实现方式不一，内嵌式、手机式、混合式都占有一席之地。

中国是 Telematics 的新生市场，也是潜力巨大的市场，特别是中国政府持续推出的关于汽车安全类的无线通信终端及平台服务的法律法规，更多推动了车联网在中国发展的步伐。中国的 Telematics 功能主要以汽车安全、导航和信息服务为主，实现方式基本是嵌入式无线终端。

2015 年，普华永道和德国汽车研究中心共同发布了《2015 年车联网研究报告》，报告将人们对车辆网的需求归纳为七大类，即移动性管理、车辆管理、娱乐功能、健康与人身安全、辅助驾驶、主动安全和家庭一体化。

1. 移动性管理

根据特别针对车辆收集的数据而制定的操作规范，以实现更快、更安全、更经济、更节能的驾驶体验，如显示实时交通信息、显示维修和服务相关信息和传送使用数据等。

2. 车辆管理

最大限度地降低运营成本，提高舒适度的功能，如远程控制汽车功能、显示服务项目和汽车状态、传输交通数据。

3. 娱乐功能

为乘客和司机提供音乐和视频等娱乐项目的功能，如智能手机接口、无线或局域网热点、社交网络访问接口或“移动办公”等。

4. 身心健康

优化司机身体健康和驾驶状态的功能，如检测或减轻司机疲劳的电子警报功能，以及其他形式的个人协助功能。

5. 自主驾驶

车辆自动行驶，不用人员操作。但尚未普及，只适用于部分领域，如自助泊车汽车、高速公路服务站，以及在精心划定的运输路线上运输货物的联网货车。

6. 主动安全

对道路安全问题进行警告和自动感知并排除潜在碰撞的功能，如危险预警信号和紧急呼叫功能。

7. 家庭一体化

将车辆连接到住宅、办公室或其他建筑物的功能，如连接家庭报警系统或能源监测系统。

报告显示，2015 年车联网的市场规模约 318 亿欧元，其中市场份额最大的是主动安全相关的服务（约 121 亿欧元），其次是辅助驾驶相关的服务（约 75 亿欧元），娱乐服务的份额排名第三（约 49 亿欧元）。报告预测，到 2020 年，车联网市场需求总量将翻两番，达到 1152 亿欧元，主动安全和辅助驾驶相关的服务仍将是主要的需求推动力。报告分析认为，提高汽车的主动安全性是车联网最重要的卖点之一，受中国市场需求增长和欧洲全面普及 eCall 规定的刺激，主动安全服务的销售额年复合增长率为 27%，到 2020 年，年销售额将达 473 亿欧元；自主驾驶（辅助驾驶）是智能网联汽车数字化功能中发展速度最快的一个领域，其年复合销售额增长率为 33%，到 2020 年，年销售额将达 356 亿欧元，消费者尤其是亚洲消费者认为，互联娱乐是汽车的基本功能，他们希望智能手机和可穿戴设备等个人设备可以和汽车完美融合。因此，车联网的娱乐资讯服务的销售额年复合增长率为 18%，到 2020 年，年销售额将达 131 亿欧元。

车联网成为兵家必争的第四屏

一项非官方的调查显示，中国人每天花在看电视上的时间是 120 min，用电脑的时间是 200 min，查看手机的累计时间大约是 120 min。这样一算，每天人们花在这三块屏幕上的时间，超过了 400 min——如果以一个人每天睡 8 h 来统计的话，400 min 几乎占据了我们一天中清醒时段的 50%。这说明，屏幕已经成为普通人与外界接触、交流的最主要渠道和媒介。与此同时，人们对现在这三块屏幕的关注需求，也已经接近饱和。不过，即便如此，仍然有人渴望能在屏幕中找到属于自己的那一段，汽车制造商就是其中之一。在移动互联网连接无处不在的今天，汽车制造商、网络公司巨头、车主忽然发现，汽车中控台上的那块平淡无奇的屏幕，突然有了不一样的价值。而它的身份，也从原本的车载设备，摇身一变成了“第四屏”。数据显示，到 2020 年中国汽车年销量将突破 3 500 万台，接近美国的两倍。有国外调查公司的数据显示，目前在俄罗斯、中国、西欧和北美等国家及地区，70% 以上的新出厂车辆都已经配备了互联网接口。根据 ABI Research 公司的研究，随着车内连接消费需求的持续增长，在过去 10 年中，中国车载电子设备的普及率几乎增加了一倍。截至 2017 年年底，中国车联网用户数已达 2 600 万户，预计到 2020 年将突破 5 000 万左右，车联网产值超过 2 700 亿元，中国全面进入车联网时代。

将手机和汽车系统进行整合

车载终端屏幕比较大，操作起来比较方便，但也存在不少缺点，随着互联网技术的发展，越来越不能满足消费者的需要。首先，车载终端的服务内容是嵌入式的，在提供给车厂的时候已经定制好，自带的 APP 应用功能的丰富性往往无法满足众口难调的用户。同时，定制化的东西通常也很难去满足广大用户个性化、深层次的需求。车载终端存在的这些缺点应如何弥补？一个做法是把智能手机引入到车载终端来，因为智能手机本身联网功能丰富，又可随身携带，随时随地都可以使用，手机导航需求越来越明显。但手机的缺点是屏幕过小，在行车途中拿在手中操作容易造成安全事故，尤其新的交规规定开车打电话要扣分罚款，因此开车时使用手机显然是不合适的。

为了把手机的优点和车机的优点结合起来，满足消费者的需求，越来越多汽车厂商把汽车与移动APP整合在一起，形成新一代基于驾车者移动设备的信息娱乐系统。这种映射技术随着市场需求发展成长得非常快，目前已有几个车厂开始在做。例如，宝马在3系车使用其最新的iDrive系统，通过一个按钮和8个热键配合，可以轻松实现和iPhone的无缝连接。福特2008年推出SYNC系统，支持iPhone、iPad和Android智能手机，可以让车主在上车前将手机查到的路线信息输入到车上的SYNC装置，汽车一发动就开始导航，不需要再设置，支持多个汽车品牌和型号。

宝马 iDrive 系统

这些映射技术的用户量和终端体验表明，车载终端未来一个趋势就是把移动终端和车机结合起来。采用移动终端硬件成本可以降低，至少在车机里面可省去导航、音频以及视频等模块。另外也不存在技术壁垒，目前市场上主流的Mirror Link标准实现了车机和手机之间的有效连接，手机厂商也已经开始行动，应用底层对所有车机开放，服务资费肯定可以降低；而在用户端，体验更好、交互更加便捷、应用更丰富。

映射技术最大特点是消费者习惯的延伸，把消费者随时随地应用手机功能的习惯延伸到了车机上。这样虽然很好，但还是存在安全隐患，就是在行驶过程中怎么操作的问题，是在车机的屏上操作，还是在手机上或者别的设备？交规明确规定开车打电话要罚款，也就是说开车时是不能拿手机的，那么如何操作就成了一大问题。

语音控制发挥的强大功效

既然开车的时候不能拿手机，那引入语音识别系统，通过语音控制来实现对车机的控制，就成为一个非常高效、便捷的解决方案。目前车载语音识别技术有两种，嵌入式和云计算。嵌入式语音识别技术有很明显的缺点，它受终端存储容量的限制，无法实现对不同口音、不同人的语音识别，是一种本地的、个人的、狭义的语音识别。而云端识别如果没有经过处理是无法适应车载环境，应用在车上的语音识别技术需经过噪声环境下的训练。在实验室、办公室或在其他场合下训练的模型不适用于车载环境，因为在开车的过程中最明显的就是噪声。针对噪声环境下的语音识别，专属车载环境的语音识别技术，后台使用大量不同人的口音训练模型和车载噪声模型，适用于车载环境，具有广谱性，适应各种口音，还能支持方言。其实，结合这么多个方面来说，由于车载系统与移动平台相比在语音识别上较高的标准，需要更多技术的投入。相信在不久的将来，我们将能更加轻松地使用到满意的语音 APP。

五大系统的生态竞争

早在遥远的传统互联网时代，就有“得入口者得天下”的说法。入口是指用户寻找信息、解决问题、处理业务的方式，成为入口意味着获得巨量的用户。虽然掌握用户并不直接等同于商业变现，但如果失去这个阵地，也就同时失去了成为行业巨头的机会。谷歌的 Android 系统、微软的 Windows Embedded Auto 系统、黑莓的 QNX，以及 Linux 和 MirrorLink 彼此都是竞争者，但这个市场并没有绝对的统治者。

目前 QNX 占据了车载系统 60% 以上的市场份额。因为大部分汽车厂商都是在 QNX 操作系统之上构建自己的用户界面，甚至连苹果的 CarPlay 也是如此。谷歌的 Android 系统和苹果的 iOS 系统在智能手机上的争斗也延续到了车载系统领域。苹果在 2014 年日内瓦国际车展前夕发布了基于车载的 CarPlay 功能，以 Siri 语音控制为核心，通过 iPhone 与汽车内置显示屏连接，方便用户行车途中进行接听电话、发送信息、收听电台音乐、执行导航等操作。同样在 2014 年的 CES 上，谷歌正式对外发布 Android Auto，并与奥迪、通用、本田、现代以及 NVIDIA 共同组建“开放汽车联盟”（Open Automotive Alliance，简称 OAA）。MirrorLink 则是三星、LG、HTC 等手机厂商，以及宝马、丰田、本田、大众等众多汽车制造商联合发起成立的“车联网”标准。手机通过 USB、蓝牙或 Wi-Fi 即可与车载系统建立连接，在车载屏幕上形成简单、明了的菜单界面，并通过车载上的物理按键或语音命令进行相关的操作。MirrorLink 和 CarPlay 都是中间件技术，但前者只能做到屏幕点到点的投影，CarPlay 采用逻辑投影，这样造成了两者截然不同的用户体验。

这是一个全新的时代：在一个生态系统下打通手机、平板电脑、汽车之间的界限，集成更多的资源与应用，最终打造终端客户所需的服务链。黑莓与微软在手机、平板电脑上惨败于苹果和谷歌，但是 iOS 还没有完全应用到汽车里，Android 的使用者目前也是凤毛麟角，Linux 尚不成体系，所以在车联网这个平台上，各家仍是八仙过海，各显神通。

车辆网未来发展的挑战与瓶颈

车联网作为一个新兴的产业，为传统行业带来了巨大的新兴市场和新的机遇，如传统汽车业、通信业等。然而在巨大机遇面前，仍然存在不少瓶颈等待突破。

车联网信息的统一标识问题

为实现物体的互联互通，首先要解决的问题是统一编码问题。车联网的发展需要有一个统一的物品编码体系，尤其是国家物品编码标准体系。这个统一的物品编码体系是车联网系统实现信息互联互通的关键。但目前由于车联网概念刚刚兴起，相关的统一编码规范还未出台，各个示范原型系统根据各自需求，建立起独立的编码识别体系。这为后续行业内不同系统乃至不同行业之间的互联互通带来了障碍。

网络接入时的 IP 地址问题

车联网中的每个物品都需要在网络中被寻址。由于 IPv4 资源即将耗尽，而过渡到 IPv6 又是一个漫长的过程，包括设备、软件、网络、运营商等都存在兼容问题。

采集设备的信息化程度低

目前道路、桥梁等交通基础设施并没有实现电子化管理，其智能程度较低。传统的设备通过传感器、采集设备等信息化处理才能具备联网能力。这些交通基础设施的信息化改造覆盖面广、投资额大、建设周期长，都是目前车联网实现终端信息化改造所面临的问题。

车联网信息安全问题

车联网的安全问题主要来源于三个方面：传统互联网的安全问题、物联网带来的安全问题以及车联网本身的安全问题。车联网中的数据传输和消息交换还未有特定的标准，因此缺乏统一的安全保护体系。车联网中节点数量庞大，且以集群方式存在，因此会导致在数据传播时，由于大量机器的数据发送使网络拥塞。车联网中的感知节点部署在行驶车辆等设施中，如果遭到攻击者破坏，很容易造成生命危险、道路设施破坏等。因此，车联网中的信息安全是至关重要的，影响着车联网的未来发展和实施力度。

车联网相关软件和服务产业链的成熟度

目前车联网概念刚刚兴起，还未出现较为成熟的软件平台和服务应用。而交通行业往往需要较高的安全要求，如保证行车安全等。如果相关软硬件平台未经过大规模应用测试，势必对车联网的应用前途大打折扣。

相关技术兼容度

车联网是一个相关技术的集成体，包括传感器技术、识别技术、计算技术、软件技术、纳米技术、嵌入式智能技术等。任何一个技术的不兼容或者基础薄弱，都会造成整个车联网系统的推广难度。

通过以上不难看出，未来的汽车制造将会迎来一场变革。在更出色的使用体验面前，开放化的车载信息平台将受到更多汽车厂商的欢迎。但针对市场和消费者，如何做出更优化的体验和差异化的产品，将会是汽车厂商们需要面临的难题。同时，在统一标准的过程中需要经历的各种战斗与选择，则又是消费者和厂家需要共同面对的。

典型代表：黑莓、微软、Linux、苹果和谷歌

黑莓：QNX Car

黑莓 QNX 操作系统可以通行于手机、平板电脑、汽车等多个终端，更易于实现设备间的连接、程序的移植、生态链的共享。QNX Car 是专用于车载系统的平台，拥有强大的实时性能和多媒体性能，在需要娱乐系统的汽车行业，有着广泛的影响力。作为一家拥有近 40 年历史的嵌入式操作系统开发商，QNX 在车载信息娱乐系统或车联网系统占据超过 60% 的市场份额，通用 Onstar、宝马 ConnectedDrive、奥迪 MMI、丰田 / 雷克萨斯 Entune 都使用了 QNX 技术。软件系统构架是 QNX 的内生优势。QNX 属于微内核系统，相较于宏内核系统（Windows/Android），微内核的可靠性更高。微内核跑在自己的空间，而中间件、应用和驱动都在内核空间外运行，如果那一部分程序出错，对内核不会造成任何影响，这就是为什么很多性命攸关的领域，比如外科手术、核电站控制室都使用 QNX 系统。作为车机底层操作系统提供商，QNX 拥有一套较完善的生态体系：

平台层：全 HTML5、Qt 框架，允许开发人员灵活选择工具设计适用于

车载环境的人机交互界面。

应用层：支持 Android 应用程序，在最新推出的 2.1 平台上，QNX Car 集成了百度和高德地图等本土化应用。

QNX Car 平台给予整车厂高度的定制权。得益于应用程序的标准化，汽车公司在设计人机界面时，可以杂糅各自的设计语言和产品特色。比如同一款流媒体音乐电台 Pandora，在奥迪 MMI 和宝马 Connected Drive 系统有着截然不同的用户界面和交互方式。由于 QNX 集成了 HTML5、Qt 框架，兼容 OpenGL ES 等人机界面技术，整车厂能借此衍生出更多的应用程序，缩短车载设备开发周期，降低研发成本。最终的人机界面设计和互动方式全由整车厂掌控，比如宝马 iDrive 系统由一个带手写输入功能的控制旋钮来操控；别克 Interlink 车载系统采用的是一块 8 英寸的多点触摸屏。“触摸屏还是物理按钮，这完全取决于整车厂，QNX 仅仅为他们提供技术支持。”

微软：从 Windows CE 到 Windows 8 CC

微软涉足车载系统已近 20 年，全球 98% 的导航设备都是基于 Windows CE 的。类似于 QNX Car，微软也推出了基于 Windows CE 的车载系统平台 Windows Embedded Automotive（WEA）。2014 年，WEA 推出了新版本并更名为 Windows Connect Car，简称 Windows 8 CC。

WEA 广泛应用于各个汽车厂商，包括福特、丰田、起亚和菲亚特等。目前，除了单独提供 Windows CE、合作或定制化提供 WEA 之外，微软在将丰田 G-book 服务搬到微软的 Windows Azure 云平台项目上花了很大的精力。与其他厂商不同，微软在车联网生态上能够发挥自身在操作系统（PC 机、嵌入式设备、智能手机、商用服务器）、应用软件、云端服务甚至是专利等多个领域的优势，而不仅限于少量业务或服务的简单移植。

在车载系统移植到云平台上，微软走在了其他厂商的前面，而且结合强大的 Windows Azure，随着基于 Windows 8 的资源、应用的增多，微软很有可能成功建立起车主所需要的服务层生态链。微软各业务的多元化发展，使之在汽车领域能提供包括数字营销、后端服务平台等系统化的解决方案，这是其他汽车生态系统短时间难以抗衡的竞争力。

SYNC 系统界面

2008 年，福特公司成为美国第一家与微软公司合作的汽车企业，二者共同研发了车载娱乐系统 SYNC，综合集成了蓝牙、USB、语音识别、触摸交互和导航等技术。SYNC 系统首先被安装到了 2008 款福特 Focus 汽车里。此后，二者又对该系统进行了一系列的升级，以应对不断出现的竞争对手。但是福特公司对 SYNC 系统的改进并不能满足客户的需求，顾客的满意度持续下降。例如对于 MyFord Touch 的触摸屏界面，消费者一直抱怨其复杂难用，车载系统对指令反应慢、蓝屏死机或系统崩溃。福特将责任推给了微软公司，因此决定终止与微软的技术合作，转而使用黑莓的 QNX 系统。当然，即便福特终止了与微软的合作，微软的客户仍有十多家汽车制造厂商，仍然是汽车行业仅次于黑莓的第二大车载软件系统供应商。当然，话说回来，无论是黑莓 QNX 还是微软 Windows 8 CC，都无一例外地深受 Linux 和 Android 所带来的冲击。无论是Linux系统还是Android系统，都是免费或低成本的软件系统，这也正是它们的优势所在。Linux 总能成为汽车厂商的一个可用的选择。对于消费者而言，能将谷歌的导航软件安装到自己的智能手机里，自然也能接受给自己的汽车装上谷歌的其他应用软件。

Linux 汽车工作组：Tizen OS

2012 年，Linux 基金会宣布为汽车业成立一个专属的 Linux 工作组——AGL（Automotive Grade Linux）工作组，希望打破长期以来车厂封闭的信息通信系统开发环境，让开放社群能够帮助这个产业更快速地引进可靠而先进的技术。Tizan 项目被 Linux 的汽车工作组选定为开发用的参考平台，将在此平台上提供广泛的车载应用，从仪表组件（Instrumentation Cluster）到车载资通娱乐系统（In-vehicle Infotainment，IVI）等。媒体普遍认为 2014 年是 Linux 大举进军汽车业的元年，吸引到的支持者包括 Jaguar Land Rover、日产、丰田等重要车厂，以及 Intel、NEC、NVIDIA、Renesas、三星、Symbio、TI 等软硬件厂商。随后，AGL 发布了车载资讯娱乐系统原型、车辆远程交互操作系统和应用程序开发包。捷豹是第一个对此做出反应的高档豪华汽车品牌，其车载信息系统技术专家马特琼斯（Matt Jones）表示："虽然 Linux 用于汽车已经挺长时间了，但是之前没有人把它们打包成一个整体。"捷豹路虎为车载信息系统配备了语音识别、蓝牙连接等功能，并使其保持灵活性，能够满足未来升级的需求。

捷豹车载信息系统面板

相对于其他操作系统，Linux 的特点主要包括：

1. Linux 是开放的操作系统，内核源代码公开

开发者可以根据自己的实力进行有需求的针对性开发。因为开源，所以可以避免很多知识产权问题。

2. Linux 系统的稳定、可靠性突出

这点已经在各方面得到了证实，而这恰恰是一个好的车载系统所必备的条件。

3. 使用 Linux 内核开发出的车载信息平台是可升级的

这意味着当你现在拥有的车辆换代推出新款车型时，可以拥有和新款车型相同的车载信息平台，在硬件支持的情况下，用户可以享受到最新的用户体验，就像自己的智能手机一样。

苹果：CarPlay

苹果与汽车的第一次合作可以追溯到 2010 年，当时有 35 家汽车公司为 iOS4.0 系统集成了 iPod 输出端口；2012 年苹果在开发者大会上发布了 Siri Eyes Free 免视系统，允许用户通过方向盘启动 Siri 语音，进而操作和控制手机。丰田、本田、克莱斯勒等 8 家公司同意整合该功能到旗下的车型中。不过影响最大的还是 2013 年 6 月，苹果发布了全新的“iOS in the car”计划，目的是要将 iOS 操作系统深度整合到汽车的中控台，这一计划得到了通用、丰田等 12 家企业的积极响应。但是到 2014 年日内瓦车展，雄心勃勃的“iOS in the car”计划缩水成了 CarPlay。

从原理上说，CarPlay 相当于在现有的系统里增加一个中间件，把手机上的内容显示到车载屏幕上，再将用户在车载屏幕的触摸操作反馈给苹果手机，让手机 APP 程序进行响应。CarPlay 和“iOS in the car”最大的区别在于，苹果与车载系统的关系由接管变成了接入，主次立显。作为当今最成功的大众消费电子品公司，人工交互体验是苹果的强项。而且 CarPlay 可以直接把苹果现有的 App Store 生态系统嫁接到汽车上，让车主体验到更丰富的应用内

容，这点是目前任何一家车企都做不到的，也是车厂愿意跟苹果开展合作的原因所在。不可忽视的是，苹果的模式是软硬件一体化，他所做的一切都是希望把中控台的话语权牢牢地掌握在自己的手里，这从他的设计思路就可窥见。跟 MirrorLink 简单的投影不同，CarPlay 直接把中控屏幕的 UI 设计、界面、图标都进行了重新定义。另外，CarPlay 的技术架构决定了汽车要实现此功能需要在现有的车载系统里增加一个模块，这就对车载设备本身的性能提出了更高的要求。而大部分车载终端的 CPU 性能和手机相差两三倍。要流畅运行 CarPlay，需要对处理器进行大幅升级。

德国豪华汽车品牌奔驰是苹果 CarPlay 的坚定支持者，不但公开展示了旗下新 C-Class 车型整合 CarPlay 的图片，还宣布正在考虑发布 CarPlay 安装包，让旧款车型也能支持苹果的新系统。但 CarPlay 合作伙伴丰田公司却发表了官方声明，对早前宣布的将在 2015 年推出支持 CarPlay 车型的决定予以否认。无独有偶，凯迪拉克也表态拒绝使用 CarPlay，仍将继续沿用自己的 CUE 系统，给出的理由是 CarPlay 车载用户界面不易于使用。

奔驰采用的 CarPlay 车载系统

毋庸置疑，原来的车机系统的发展受到了局限，较长的周期和各自封闭的特性已经落后于时代，把智能手机引进来能够让车机保持生命力。但车企一方面在给自己产品增加卖点的同时，另一方面还要守住自己品牌的核心价值。固然有些车企最初表示要加入 CarPlay 阵营，但当意识到苹果在前装介入对他们的威胁，害怕失去对未来竞争重点的中控台的控制力的时候，不免会打退堂鼓。汽车作为生活的第四空间，无论是车企还是科技和互联网巨头苹果和谷歌，都希望在车载系统的竞争中赢得先机。

谷歌：Android Auto

与 iOS 一样，Android 并没有一个与 QNX Car 及 WEA 类似的专用的车载信息系统的操作系统、集成平台，Android 是目前除了 iOS 之外的另一个具备强大资源及应用的生态体系。而且，基于 Android 系统的智能手机的市场份额已经超过了 iPhone。因此，2014 年 Google 推出了专为汽车所设计的 Android Auto，取代汽车制造商之原生车载系统来执行 Android 应用与服务并访问与存取 Android 手机内容。

最早发布的 Android Auto 能够与 Android 设备整合的功能包括：

◆ Google Now：个人智慧助理。

◆ Google 地图：卫星定位与语音导航。

◆音乐控制：透过 Google Play 音乐或 Pandora、Spotify 等音乐应用程式存取音乐。

◆语音控制。

2016 年的谷歌开发者大会上，Android Auto 更新的版本中增加了 Waze 地图应用、OK Google 语音助手，为 OEM 主机厂开发的 App 和 Wi-Fi 连接功能。而最值得一提的是，Android Auto 未来能够像普通应用一样在手机上运行了。而且功能没有缺失，不会影响到信息、音乐、导航、通话这些基本操作。特别是重新设计的交互界面，在操控的便利性上提升不少。随着 Android Auto 重大更新的发布，芯片供应商高通也宣布未来将联手谷歌开发搭载有安卓操作系统的内嵌式车载娱乐信息系统平台。该平台将主要使用高通专为车机系统打造的骁龙 820A 和 602A 高性能处理器，能够为车企提供互联、智能等多样化的解决方案。

Android 车载系统示例

在汽车业，无论是具备革命性突破的特斯拉，还是老牌豪华品牌玛莎拉蒂、大众化品牌雷诺，抑或是国内的自主品牌上汽，都采用了 Android 作为自己的车载系统的操作系统和集成平台。虽然要使得 Android 用于汽车，需要很多定制化的开发，但是要建立一个适合车厂自己的车联网系统，开源、开放以及应用丰富的 Android，是非常值得一试的。

百度：CarLife

CarLife 是百度在 2015 年推出的车联网解决方案，可以很好地支持 Android 和 iOS 两大操作系统，覆盖 95% 以上的智能手机用户。在车机端，无论是 Linux、QNX 还是 Android，百度 CarLife 都可很好地适配。与其他车联网产品相比，百度 CarLife 的用户不用在意自己的智能手机是什么操作系统，只需要通过数据线或者 Wi-Fi 将手机连接到车载系统上，就可以安全、快捷地在驾驶过程中使用丰富的应用。

苹果 CarPlay 系统的封闭、谷歌与中国政府糟糕的关系，给百度 CarLife 留下了巨大的市场空间。与 CarPlay 和 Android Auto 仅支持自家的操作系统不同，百度的 CarLife 同时支持 iOS 和 Android 两大操作系统，除了自家的地图导航之外，也广泛支持第三方 App 应用。因此，CarPlay 是一款真正的跨平台产品，也是百度构建车联网生态系统的基础。

百度 CarLife 界面

在车联网的核心——地图与导航方面，百度占到了国内市场的 70%，每月的活跃用户在 3 亿左右，为 60 万个 APP 提供支持，涉及 23 个行业。LBS（基于位置的服务）的定位精度已经达到 1 m，POI（兴趣点）超过 3 500 万个，路网 500 万 km，生活服务数据涉及 100 多个行业。易观智库最新发布的数据显示，百度地图在 2014 年第四季度手机行业活跃用户覆盖率上超过了其他所有地图服务商的总和。以百度地图为核心，CarLife 能够为用户提供准确的路线规划、地点查询、路程估算，帮助用户查找目的地避开拥堵，还能随时随地更新地图数据。此外，实时停车位查询、停车定位记录、电子狗、实时路况、室内外无缝导航等深受用户喜爱的功能，都能够借助 CarLife 继续为用户提供服务。百度副总裁刘骏表示，CarLife 可以实现秒级的数据更新，这对瞬息万变的交通路况而言具有重要的意义。

在车载系统中，驾驶者的另一个特殊需求就是语音操作。为了保障驾驶安全，驾驶者的注意力应该集中在驾驶中，手不离方向盘、眼睛不离路，这样就无法像平时一样操作智能设备。语音控制就成为了驾驶者与智能系统交互的首要途径。智能语音识别，是百度深度学习实验室重要的研究内容，也是百度的核心能力。百度语音为 CarLife 提供了 handfree 激活和唤醒技术、麦克风阵列技术、个性定制化识别和基于用户个人信息的限定识别技术等。它可以为用户提供抗噪、语义解析方面的优化，让 CarLife 更加智能地“听”懂用户的指令。

此外，音乐是驾驶者在保障安全前提下最希望享有的娱乐内容之一。在 CarLife 中，除了百度音乐服务之外，还可以提供当下热门音乐和电台的精品 App，无论是手机本地音乐还是在线音乐广播，都可连接到车内直接播放，为车主提供服务。

除了地图导航、语音操作和音乐播放，其实驾驶者的需求还有很多，比如希望了解附近的加油站信息、酒店信息、餐馆信息、旅游景点信息等等，这也说明车载系统蕴含着巨大的商业价值。毫无疑问，在汽车这样相对封闭的环境中，受驾驶这样的特殊需求影响，车载系统将成为汽车上的互联网平台和入口。百度先人一步，抢占这一入口，为的就是将自己更多的产品和能力，借助这一入口传递给用户。百度副总裁刘骏表示：“中国目前有 1.5 亿辆汽车，汽车跟智能手机是同一个数量级。当汽车接入互联网之后，就不再仅仅是一个交通工具，它将催生一个巨大的、生机勃勃的车联网产业。”因此，被誉为“第四屏”的车联网系统也成为 BAT（百度、阿里和腾讯）互联网入口与 O2O 争夺战的又一个阵地。华为最近也正式宣布进军车联网领域，并推出全新车载模块 ME909T。2017 年 3 月，美的在其智慧家居成果发布会上宣布与上海通用安吉星达成国内首个智慧家居与车联网应用战略合作应用，实现人—车—生活的智能互联。

搭载 CarLife 的凯迪拉克 XTS 内部

在这场车联网大战中，与阿里 YunOS 和腾讯 WeDrive 相比，百度 CarLife 更受汽车厂商的青睐。奥迪是首个加入百度 CarLife 的豪华车制造商，奥迪与百度达成战略合作，将共同开发专为亚洲市场服务的车载信息娱乐系统。奥迪公司 Audi connect 全球负责人 Marcus Keith 表示：“奥迪和百度会进一步促进车载信息娱乐系统的移动和互联内容整合。”目前已有包括凯迪拉克、奥迪、奔驰和宝马等豪华品牌在内的 9 家国际车企与百度展开车载系统方面的合作，其中上海通用搭载 CarLife 的车型凯迪拉克 XTS 已于 2015 年上市。

无人驾驶汽车

无人驾驶汽车是利用车载传感器或摄像头来感知车辆周围环境，并根据感知所获得的道路、车辆位置和障碍物信息，智能自主地控制车辆的转向和速度，从而使车辆能够安全、可靠地在道路上行驶，并到达预定目的地的汽车。无人驾驶技术已经被充分证实，它在操作时效性、精确性和安全性等方面相比人类驾驶具有无比的优越性，而且永远不会出现人为操作失误的情况。所以，人们完全有信心认为：无人驾驶汽车每年能大幅减少全球交通事故人员伤亡和节省巨额的相关费用。

无人驾驶汽车让道路更安全

据美国汽车行业权威杂志 Wardsauto 的统计，自 1970 年以来，全球汽车数量几乎每隔 15 年翻一番，截至 2011 年，全球处于使用状态的各种汽车，包括轿车、卡车以及公共汽车等的总保有量已突破 10 亿辆。世界卫生组织（WHO）发布的《道路安全全球现状报告》指出，“道路交通伤害已取代自杀成为‘伤害死亡’的首要原因，全球每年有至少 127 万人死于交通事故，其中 46%的为摩托车驾驶人、非机动车驾驶人和行人。”其最新发布的《全球青少年健康问题报告》显示，“道路交通事故是全球 10 至 19 岁青少年死亡的头号原因，是致病和致残的第二大主因。”就中国而言，根据公安部 2013 年公布的道路交通安全事故统计数据可知，我国汽车保有量虽然仅占世界汽车总量的 2%，但交通事故占比却高达到 20%，每年因道路交通安全事故伤亡人数超过 20 万人，连续十年位居世界第一。

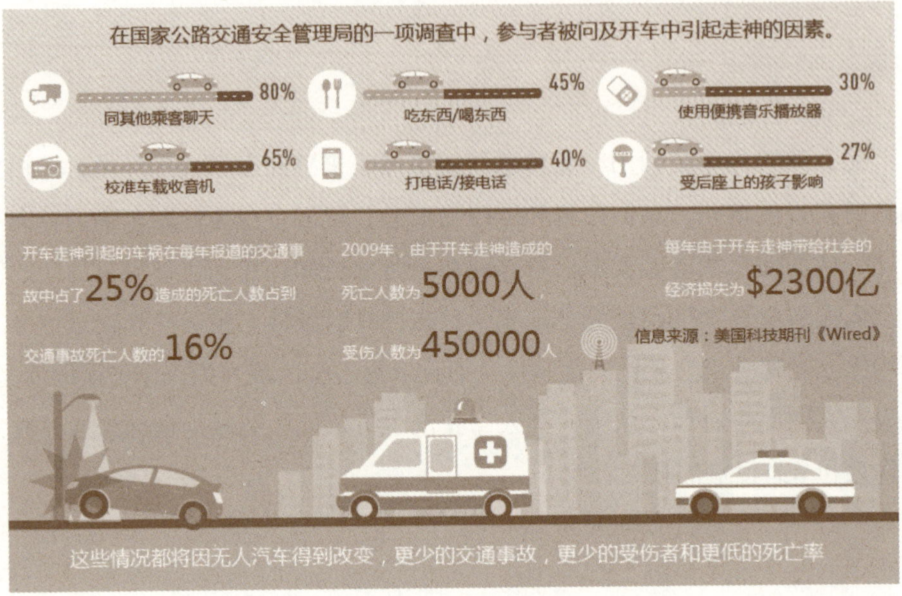

无人驾驶汽车终结开车走神

欧洲的一项研究显示：汽车驾驶员只要在碰撞危险的 0.5 s 前得到“预警”，就可以避免至少 60% 的追尾撞车事故、30% 的迎面撞车事故以及 50% 的路面相关事故；若有 1 s 的“预警”时间，将可避免 90% 的事故发生。美国高速公路安全保险协会（IIHS）研究显示，通过碰撞前提示系统（FCW）美国每年可以避免 230 万起撞车事故和 7 200 起交通悲剧；通过车道偏离预警系统（LDW），每年可以减少 50 万起撞车事故；此外，六成的交通事故可以通过为汽车配备包括盲点提示等基础智能辅助系统加以避免。如果将无人驾驶汽车与车联网相结合，形成一个庞大的移动车联网络，再加上智能交通系统提供的丰富的道路交通信息，无人驾驶汽车便可更加安全地行驶在城市道路环境中，使交通事故降为零成为可能。因此，无人驾驶汽车的价值和意义在于：大量减少公路交通堵塞和拥挤，大幅度提高公路的通行能力，大幅度降低交通事故率，从而使城市交通更安全通畅。无人驾驶汽车之所以成为各大互联网公司和汽车巨头关注的焦点，被国内外大学科研机构作为研究重点投入大量人力和财力进行研究，不仅仅因为它代表了更高的技术水平，更因为它能实现人们让道路交通更美好的梦想。

无人驾驶汽车的起源和发展

最早的无人驾驶汽车概念图

自从达·芬奇猜想机器人汽车的存在时，人们便一直梦想着拥有无人驾驶汽车。无人驾驶汽车的概念是在1939年世界博览会上，通用汽车公司参展的“未来世界展览”中提出的未来汽车的设想：“日照充足，空气清新，平坦的绿色大路上，汽车将自动驾驶”。通用公司幻想着美国高速公路都会配有类似火车轨一样设计，汽车将会配有自动驾驶系统，走到高速上就会自动生效，按照铁轨的轨迹和一定的速度高速行进，直到在高速公路的出口才会恢复成人类驾驶。在后来的1956年，通用公司正式对外展出了Firebird II概念车，这是世界上第一辆配备了汽车安全及自动导航系统的概念车。它使用了钛金属技术、电源盘式制动器、磁点火钥匙、独立控制的燃气涡轮动力等新概念，看上去像是一辆“火箭车”。1958年，第三代Firebird问世，并且BBC现场直播了通用公司在高速公路上对自己无人驾驶概念车的测试。通用公司使用了预埋式的线缆向安装了接收器的汽车上发送电子脉冲信号。

事实上，与无人机、无人艇、无人潜水器一样，地面无人驾驶车辆也是起源于军事应用。从20世纪70年代开始，西方发达国家就开展了地面无人驾驶车辆的研究，并且取得了一系列研究成果。20世纪80年代前，受限于硬件技术和计算机、图形处理、数据融合等关键技术，地面无人驾驶车辆的发展侧重于遥控。20 世纪 80 年代以后，随着自主车辆技术及其他相关技术突破性的进展，地面无人驾驶车辆得以进一步发展，出现了各种自主和半自主移动平台。但受定位导航设备、障碍识别传感器、计算控制处理器等关键部件性能的限制，这一时期的无人驾驶车辆行驶速度低，环境适应能力弱。这些车辆主要用于执行扫雷、排爆、侦察等任务。20 世纪 90 年代之后，由于计算机、人工智能、机器人控制等技术方面的突破，半自主型地面无人驾驶车辆得到了进一步的发展。部分地面无人驾驶车辆参与了实战，检验了地面无人驾驶车辆的作战能力，使各国看到了地面无人驾驶车辆的前景，大大激发了各国研发地面无人驾驶车辆的热情。在此方面，以美国卡内基 - 梅隆大学研制的 NavLab 系列车辆和意大利帕尔玛大学研发的 ARGO 试验车最具代表性，德国的 VaMoRs-P 系统也涉及了很多无人驾驶车辆技术。1995 年，卡内基 - 梅隆大学专家驾驶 NavLab-5，从匹兹堡到洛杉矶完成“不动手”穿越全美的旅行。研究小组称车辆的附加装备包括“便携式计算机，安装在挡风玻璃上的摄像头，GPS 接收器，以及其他一些辅助设备”。汽车的 98.2%行程是“百分百的无人驾驶”，只是在避障的时候人为进行了一点点帮助，最长无人干预路程约为 70 km。

2004 年，美国国防部高级研究项目局（DARPA）率先对无人驾驶汽车进行了有史以来最重要的挑战。当年，该团队成功的让无人驾驶汽车穿越了 Mojave 沙漠。随后的 2005 年，斯坦福大学一辆改装的大众途锐更完美地进行了挑战。这辆车不仅携带了摄像头，同时还配备了激光测距仪、雷达远程视距、GPS 传感器以及英特尔奔腾 M 处理器。三年后，DARPA 将实验场地从沙漠换成了城市，并且在斯坦福拉力赛中取得了第二名、Tartan Racing 中获得了第一名的好成绩。随后，通过 NavLab 项目在该领域声名鹊起的卡内基？梅隆大学也取得了不错的成绩，并且获得了通用、Continental 和卡特彼勒等公司的支持。从那时开始，无人驾驶汽车的功能就开始变得越来越复杂，需要处理其他车辆、信号、障碍以及学会如何与人类驾驶员和睦相处。2009 年，谷歌在 DARPA 的支持下，开始了自己的无人驾驶汽车项目研发。当年，谷歌通过一辆改装的丰田普锐斯在太平洋沿岸行驶了 1.4 万英里（合 2.25 万 km），历时一年多。2005—2007 年期间许多在 DARPA 研究的工程师都加入到谷歌的团队，并且使用了视频系统、雷达和激光自动导航技术。

无人驾驶汽车的关键技术

无人驾驶汽车是通过车载传感系统感知道路环境，自动规划行车路线并控制车辆到达预定目标的智能汽车。作为一个复杂的智能系统，无人驾驶汽车涉及的内容主要包括以下方面。

体系结构

体系结构是一个系统的“骨架”，确定了系统的基本组成框架和相互关系；对无人驾驶汽车系统来讲，体系结构还包括了系统信息的交流和控制调度，因此又起到了“神经系统”的作用。体系结构在无人驾驶汽车系统中占据十分重要的地位。它确定系统的各组成模块及其输入输出；确定系统的信息流和控制流，并组织面向目标的体系构成；提供总体的协调机制，并按工作模型进行总体协调指挥。一个合理的体系结构可以实现系统模块之间的恰当协调，并在系统的软硬件上具有开放性和可扩展性。比较经典的体系机构有分层递阶式体系结构、反应式体系结构和二者结合的混合式体系结构。

环境感知

无人驾驶汽车的环境感知就像人类的视听感觉一样，利用各种传感器对环境进行数据采集，获取行驶环境信息，并对信息中的数据进行处理。环境感知系统为无人驾驶汽车提供了本车和周围障碍物的位置信息，以及本车与周围车辆等障碍物的相对距离、相对速度等信息，进而为各种控制决策提供信息依据。它是无人驾驶汽车实现避障、自定位和路径规划等高级智能行为的前提条件和基础。

在无人驾驶技术中，传感器负责采集无人驾驶汽车所需要的信息，包括感知汽车自身、汽车行驶的周围环境等，为无人驾驶汽车的安全行驶提供及时、准确、可靠的决策依据。目前常用的环境感知传感器包括超声波传感器、红外线传感器、激光雷达、毫米波雷达、微波雷达、立体视觉摄像机等。根据各种传感器的特点，不同环境下一般选择不同的传感器。例如，在高速公路环境下，由于车辆速度较大，通常选用检测距离较大的微波雷达；在城市环境中，由于环境复杂，通常选用检测角度较大的激光雷达。激光雷达、毫米波雷达等主动传感系统在驾驶环境障碍物检测中显示了一些好的性能，但也有明显的缺点和不足，例如激光雷达对恶劣天气很敏感，无法检测到很细小的障碍物（例如 50 m 外的电线杆）；毫米波雷达视场较小，侧向精度相对较低。

驾驶员在驾驶汽车时，80% 的环境信息来自于人的视觉感知。与雷达相比，视觉系统视场宽，侧向精度高，成本低，而且它是被动传感器，相对来说不受其他传感器影响，可以提供亮度和深度信息。因此，基于视觉的高效、低成本的环境感知将成为无人驾驶汽车未来产业化的重要方向。以视觉传感器为主的无人驾驶汽车环境感知，包括结构化道路（具有清晰车道标志线和道路边界线的标准化道路）、非结构化道路（乡村公路、土路等）检测，行驶环境中行人和车辆的检测，交通信号灯和交通标志的检测等。

定位导航

无人驾驶汽车通过定位导航系统获得汽车的位置、姿态等信息。定位导航系统是无人驾驶汽车行驶的基础。常用的定位导航技术有航迹推算技术、惯性导航技术、卫星导航技术、路标定位技术、地图匹配技术和视觉定位技术等。由于任何一种单独定位技术都有无法克服的弱点，于是组合导航成了研究的热点。组合导航系统中，综合两种或两种以上不同类型的导航传感器信息，使它们优势互补，以获得更好的导航性能。例如角速率陀螺能感受载体的转向运动，不受外界环境的干扰，但存在漂移，且漂移速率不恒定；电子罗盘感受地磁场的变化，易受外界环境的干扰。这两种传感器具有很好的互补性，而且因信息源不同，测量噪声相对独立，有利于数据的融合处理。因此电子罗盘和固态角速率陀螺融合估计航向的方案，能实现低成本、高精度、高可靠的航向估计。类似的还有，GPS 卫星导航具有全球、全天候、高精度、实时定位等优点，但是其动态性能和抗干扰能力较差；航迹推算（DR）不受外界环境的干扰影响，但定位误差随时间的积累会发散，从而导致定位精度下降。GPS 和 DR 不仅各有所长，而且具有互补性。将二者结合，可以提高系统精度，增强系统的抗干扰能力和跟踪能力。GPS/ 罗盘 / 里程计融合导航定位系统就成为一种相对较低成本的能够实现高精度导航定位的系统。

路径规划

路径规划是指在一定环境模型基础上，给定无人驾驶汽车的起始点与目标点后，按照某一性能指标规划出一条无碰撞、能安全到达目标点的有效路径。路径规划一般包含两个步骤：一是建立包含障碍区域与自由区域的环境地图；二是调用搜索算法在环境地图中搜索可行的路径。环境地图表示法主要分为度量地图表示法、拓扑地图表示法和混合地图表示法。路径规划算法主要分为基于采样的路径规划算法以及基于地图的路径搜索算法两大类。经过几十年的发展，路径规划技术已经取得了显著的进步，产生了一些经典的算法，例如启发式路径搜索算法——A* 算法及由其扩展改进的系列算法，以及应用 AD* 算法的实时增量式的路径搜索方法。

运动控制

无人驾驶汽车的运动控制分为纵向控制和横向控制。纵向控制是指通过对油门和制动的协调，实现对期望车速的精准跟随；横向运动控制实现无人驾驶汽车的路径跟踪。目的是在保证车辆操纵稳定性的前提下，不仅使车辆精确跟踪期望道路，同时使车辆具有很好的动力性和乘坐舒适性。

航向跟踪是无人驾驶汽车路径跟踪的基础，而位置偏差和航向偏差最后都转化为航向偏差，因此精确的航向跟踪是实现路径跟踪的前提条件。无人驾驶汽车是一个高度非线性化、具有较大延迟的复杂系统，对这样的系统建立精确的数学模型非常困难。在进行航向跟踪控制时，参数的变化对系统模型影响较大，其中纵向速度变化的影响最为明显。无人驾驶汽车航向跟踪一般控制方法是把期望航向与实测航向之差作为控制器输入偏差，把控制器输出控制量作为无人驾驶汽车的期望前轮偏角。无人驾驶汽车的航向与其纵向速度、横向速度、前轮偏角，绕重心的转动惯量，重心位置，前、后轮侧偏系数以及实际道路情况等诸多因素有关，在制定控制策略时，不能仅考虑期望航向与实际航向的偏差，而应综合考虑多种因素。

一体化设计

目前无人驾驶汽车技术研究中，大多通过对传统汽车添加外部机构进行改造的方法实现无人驾驶。例如 2004 年、2005 年和 2007 年的美国 DARPA 挑战赛中，参赛车辆大多采用在原型车基础上加装执行机构改装实现无人驾驶的。这种方法可使研究人员把更多的精力投入到上层算法方面的研究中，在无人驾驶汽车研究的早期阶段起到了积极的作用，但这种方法在整车的动力性、可靠性及上层控制系统与下层执行系统的融合方面存在着诸多问题。而且随着现代汽车电控化水平的不断提高，出现外加控制机构与汽车电控化设备无法融合、性能无法协调等问题。因此，相对于传统的添加外部机构的改造方法，无人驾驶汽车的一体化设计是未来无人驾驶汽车设计的方向。它综合考虑无人驾驶汽车对局部环境的感知和决策，以及车辆的动力学特性等性能之间的相互联系和影响，在构建的无人驾驶汽车上集成设计各个模块及其相关过程。一体化设计注重设计的整体性，以获得无人驾驶汽车设计整体最优化为目标，在控制、结构、性能、布局、强度、可靠性、可维护性和寿命周期费用等多方面进行综合分析和协调权衡。2013 年 11 月，第五届“中国智能车未来挑战赛”的冠军获得者——北京理工大学研制的 Ray 无人驾驶汽车，就采用了一体化体系结构，在比亚迪速锐汽车的基础上，实现了车辆底盘 CAN 总线控制，对汽车电动助力转向系统（EPS）、发动机电控、自动变速器、电动驻车制动、组合仪表和灯光的协调控制。当实现无人驾驶功能时，感知系统和规划决策系统能够实现对车辆的纵向和横向控制，而不需要外加辅助机构。

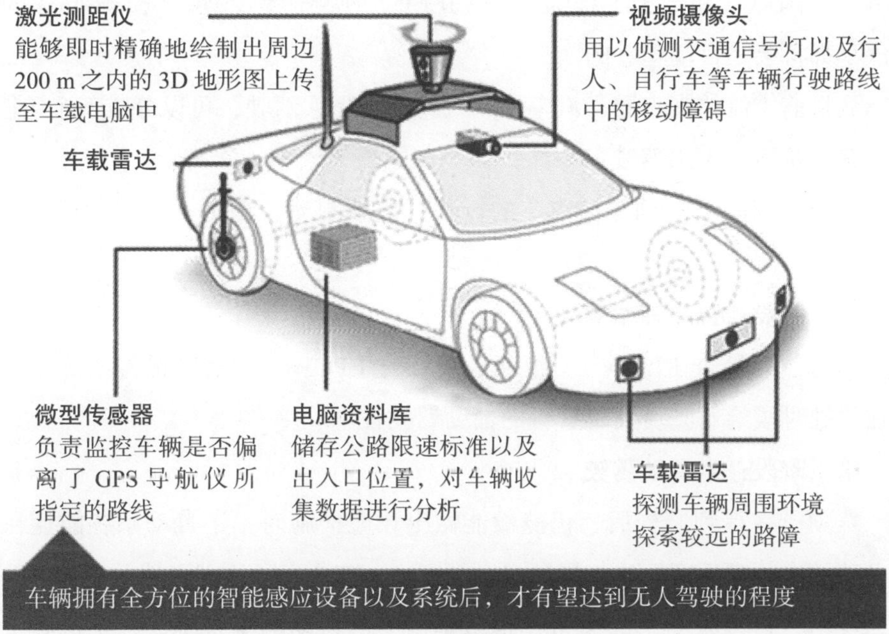

无人驾驶系统中的智能感应设备

无人驾驶汽车的现状和趋势

无人驾驶是实现“智能汽车”与“智能交通”的关键技术，也是未来汽车发展的必然趋势。从技术本身来看，无人驾驶意味着“驾驶本质”的革命，可以减少驾驶压力、提高安全性、避免拥堵并降低污染。从产业发展来看，无人驾驶将是物联网、云计算和大数据技术融合发展的必然结果，也是未来诸多产业发展的重要引擎，无人驾驶的广泛应用可以有效带动智能制造、新材料和新一代信息技术的快速发展。2012 年 5 月，美国内华达州机动车辆管理部门（DMV）为谷歌无人驾驶车颁发了首例驾驶许可证。同年 9 月，加利福尼亚州出台法案宣布从 2015 年起允许无人驾驶汽车上路行驶。无人驾驶汽车产业化应用的脚步越来越近，这将会对汽车产业与现代交通产生革命性的影响。美国电气和电子工程师协会（IEEE）预测，到 2040 年全球 75%的新款汽车都将会是自动驾驶的。

从目前主流的观点看，汽车从有人驾驶到无人驾驶，可以分成五个阶段。

第一阶段：人工驾驶

完全由驾驶员时刻操控汽车的行驶，包括制动、转向、油门以及动力传动。

第二阶段：智能辅助驾驶

车道偏离警告（LDW），正面碰撞警告（FCW）和盲区报警系统等这些能在关键时候给驾驶员及时警告的辅助驾驶技术。

第三阶段：半自动驾驶

驾驶员在得到警告后，仍然没能做出相应措施时，半自动系统能让在汽车自动做出相应反应，比如紧急自动刹车（AEB）、紧急车道辅助（ELA）之类的技术。包括眼下已经装备在很多车型上的自动泊车系统，其实也属于半自动驾驶的一种，因为系统可以接管方向盘，但油门和刹车依然需要驾驶员来操作。

第四阶段：高度自动驾驶

该系统能在驾驶员监控的情况下，让汽车提供长时间或短时间的自动控制行驶，这个阶段目前还比较初级。

第五阶段：完全自动驾驶

在不用驾驶员监控的情况下，汽车可以完全实现自动驾驶，意味着驾驶员可以在车上从事其他活动，如上网办公、娱乐或者休息。

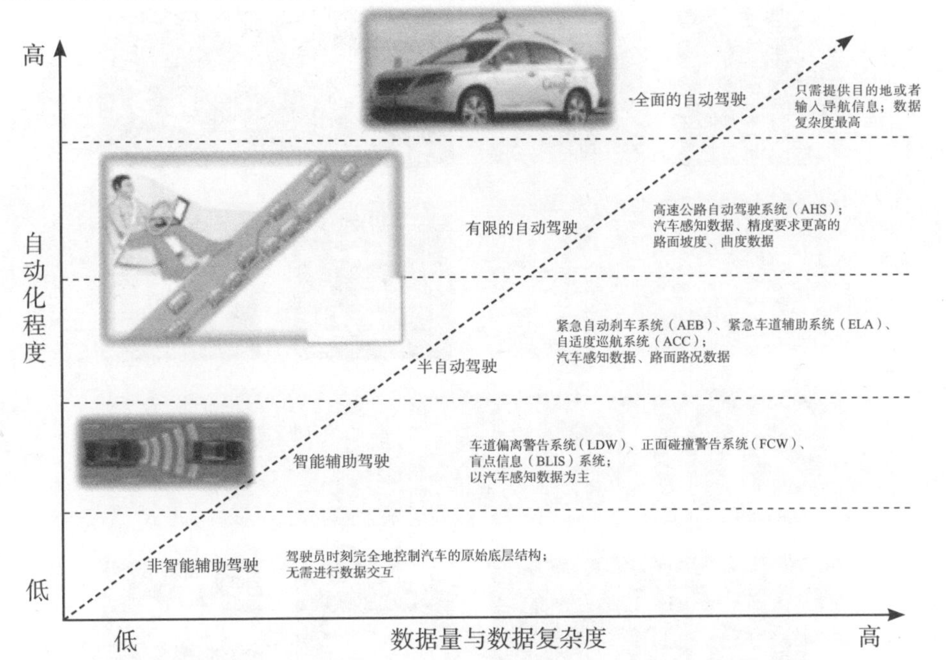

无人驾驶汽车的技术演进路径

目前无人驾驶汽车的技术发展方向日趋明朗，技术体系基本形成，定位导航、环境感知和规划控制等系统技术日臻完善。辅助驾驶技术已经成为无人驾驶商业化的切入口，例如车道偏离报警、驾驶员疲劳检测、夜视系统、倒车辅助、紧急避撞和智能泊车等已开始广泛使用并得到认可，正在向更加自动、安全的智能化方向发展。据德国博世公司（BOSCH）预计，2013—2017 年智能化辅助驾驶市场规模将以每年 33%的速度增长。

2015 年 1 月在美国拉斯维加斯举办的第十四届国际消费电子展（CES）和 5 月在上海举办的首届亚洲消费电子展（CES ASIA）上，无人驾驶技术可谓出尽了风头。亚洲消费电子展共有 200 多家参展商展出了包括物联网、3D 打印、机器人、智能家居、可穿戴设备、汽车电子等 14 个类别的产品和技术，随着奥迪、奔驰、林肯、福特、凯迪拉克、大众为代表的汽车品牌集中参展，携最顶尖、最前沿的智能行车技术的车企唱起了主角。这不仅是对 CES 及传统汽车展会前所未有的颠覆，也是各大车企围绕汽车智能化科技展开的一次斗法。

2015 年 CES 消费电子展汽车科技盘点

奥迪推出了 R8 e-tron piloted driving 自动驾驶电动汽车，奔驰推出了 F 015 Luxury in Motion 自动驾驶概念车，林肯带来了搭载最新智能互联等科技的 Continental 概念车，大众发布了高尔夫 R Touch 概念车，凯迪拉克将是国内第一个提供车载 4G LTE 服务的汽车品牌，福特展示了“福特智能移动计划”及车载多媒体通信娱乐系统——SYNC 3……自动驾驶技术、智能充电系统、记忆式无人泊车、车辆共享租赁服务、车载智能互联技术等陆续展出，这不仅体现出 IT 与汽车的跨界融合，也意味着汽车将是未来最强大的移动互联终端。

在市场前景预期向好的背景下，自 2010 年谷歌正式开始自动驾驶汽车测试后，各大车企纷纷加紧自动驾驶技术研发，自动驾驶成了车联网之后又一必争领域。谷歌自 2010 年开始布局自动驾驶技术研发，目前在多个领域已形成了核心技术优势；日产开设日产硅谷研究中心，开展汽车自动驾驶与通信技术方面的研究；德国奔驰、大众、博世等汽车公司均投入巨资研发复杂环境下的自动驾驶技术；沃尔沃一直致力于自动驾驶研发，计划未来旗下全系车型搭载其“自动驾驶系统”。在激光雷达技术方面有西门子、海拉和谷歌等；在电子地图技术方面有谷歌、TomTom、微软、诺基亚和苹果等。

未来，大数据技术将使得汽车与环境之间的实时信息交互成为可能，车载系统实时识别行驶环境并迅速处理，为自动驾驶开辟更广阔的市场空间。而处理器与操作系统将成为未来竞争的关键。在处理器方面，自动驾驶汽车需要复杂的机器视觉引擎、强大的图像处理器（GPU）与中央处理器（CPU）。英伟达公司（NVIDIA）发布了最新的适用于智能手机、平板电脑和自动驾驶汽车的移动处理器 Tegra K1，并提供编程工具，帮助汽车厂商开发多种应用。目前全球有 400 多万辆汽车内置 Tegra 系列芯片。在操作系统方面，由于其是系统集成与接口标准化的关键，也是用户主要入口，因此成为各大企业竞争的焦点。苹果开始研发车载 iOS 系统。谷歌正在打造安卓（Android）车载系统，并与汽车厂商（如奥迪、通用、本田和现代）以及英伟达公司共同组建“开放汽车联盟”以打造公路“通用平台”。

典型代表：谷歌、百度、沃尔沃

谷歌

谷歌无人驾驶汽车（Google driverless Car）是 Google X 实验室的研发项

目，由斯坦福大学人工智能实验室的主任、谷歌街景地图服务的创造者之一塞巴斯蒂安·特龙（Sebastian Thrun）领导。他曾领导斯坦福大学的一个团队设计了斯坦利（Stanley）无人驾驶汽车，并在2005年举办的第二届“DARPA无人驾驶汽车挑战赛”中夺冠。谷歌的工程人员使用7辆试验车，其中6辆是基于丰田普锐斯改造的，一辆是奥迪TT。这些车辆使用照相机、雷达感应器和激光测距机来“看”其他的交通状况，并且使用详细地图来为前方的道路导航。谷歌认为，这些车辆比有人驾驶的车更安全，因为它们能更迅速、更有效地做出反应。然而，在目前所有的测试中，都有人坐在驾驶座上，必要时可以随时控制车辆。

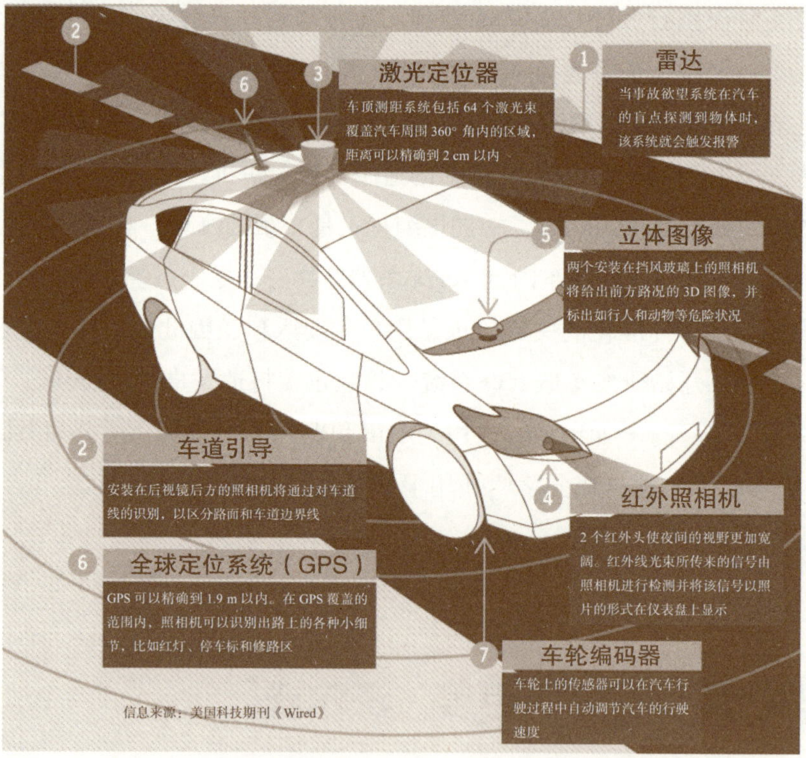

谷歌无人驾驶汽车工作原理

车顶上的扫描器发射64束激光射线，然后激光碰到车辆周围的物体，又反射回来，这样就计算出了物体的距离。另一套在底部的系统测量出车辆在三个方向上的加速度、角速度等数据，然后结合GPS数据计算出车辆的位置，所有这些数据与车载摄像机捕获的图像一起输入计算机，软件以极高的速度处理这些数据。这样，系统就可以非常迅速地做出判断。据称，谷歌无人驾驶汽车最新的软件系统，可以同时对“数百个目标”保持监测，其中包括行人、公共汽车，一个做出左转手势的自行车骑行者，以及一个保护学生过马路的人举起的停车指示牌。2014 年，谷歌对外发布了完全自主设计的无人驾驶汽车。2015 年，第一辆原型汽车正式亮相，并且已经可以正式上路测试。在这辆可爱的小车中，谷歌完全放弃了方向盘的设计，乘客只要坐在车中就可以享受到无人驾驶的方便和乐趣。Google 的无人驾驶汽车还处于原型阶段，不过即便如此，它依旧展示出了与众不同的创新特性。

谷歌无人驾驶原型车

百度

与谷歌 X 实验室（X-Lab）类似，2013 年成立的深度学习实验室（Institute of Deep Learning，IDL）是百度面向未来利用技术解决人类目前面临的重大现实问题的试验场。目前 IDL 在北京、深圳和硅谷都有研发团队，致力于人工智能相关技术的研究与应用，涉及深度学习 & 机器学习、机器人、人机交互、3D 视觉和图像识别等方向。无人 / 自动驾驶汽车则是 X-Lab 和 IDL 共同关注的焦点。

随着组建深度学习实验室，发起“百度大脑”研究计划，吸引 Google Brain 之父、人工智能领域权威学者吴恩达（Andrew Ng）等多位世界顶级技术人才加盟，百度近年来在人工智能领域不断加大投资，在自动驾驶方面已经掌握了领先的车道线检测、交通标志检测、交通灯检测、障碍物识别、行人识别等经典技术，并正在加速研发三维高精度地图、SLAM（即时定位与地图构建）等更加细致和深入的相关技术。在众多业内人士看来，百度在大数据分析和人工智能等方面具有显著优势，其参与无人驾驶技术研发或将促进整个产业的快速发展。

2015 年 6 月，在中国云计算大会上，百度高级副总裁、技术战略委员会主席王劲表示，百度将在下半年推出无人驾驶汽车。但百度自己不会造车，而是采取与第三方汽车厂商合作的方式。6 月 10 日，英国《卫报》爆料称，百度无人驾驶汽车的合作伙伴是德国宝马汽车公司，发布时间初步锁定在 2017 年下半年。据报道，百度已经与宝马正式签署合作协议，共同致力于在中国推进高度自动化驾驶技术的研究。据悉，百度与宝马的此次合作，将涉及车辆使用、驾驶策略、地图、配套基础设施、相关法律和产业标准等多个方面。合作项目团队表示，百度用于高度自动化驾驶的地图以及相关的数据服务将被融合到 BMW 车辆导航系统中。目前，实验车辆搭载的宝马高度自动化驾驶系统已经可以在交叉路口实现刹车、加速、超车以及变道。而正在研发中的自动驾驶主动接管技术，可以在驾驶者不需要亲自驾驶车辆时感知驾驶者的意图并主动接管车辆，按设定的路线继续行驶。即使遭遇紧急情况，系统也能应对，比如立即开启危险警示灯，在充分考虑交通状况的前提下，以安全、稳定的方式自动将车辆停泊到路边停车带；同时，紧急呼叫系统会向 BMW 呼叫中心自动发出信息，请求援助并通知交通管理部门。双方认为在未来 3 年的合作项目结束后，可研发出可在中国复杂道路环境下行驶的，真正智能的高度自动化驾驶车型。

2015 年 12 月 16 日，第二届世界互联网大会在智慧水乡乌镇开幕。百度特别将新推出的无人驾驶汽车带到了世界互联网大会的“互联网之光”博览会现场，李彦宏还特别向国家主席习近平进行了汇报演示。这辆车前不久刚刚在国内首次实现城市、环路及高速道路混合路况下的全自动驾驶，开创了三个中国之“最”——测试路况最复杂、自动驾驶动作最全面、环境理解精度最高。随后，百度公司宣布成立自动驾驶事业部，聚焦技术研发、生态建设与产业落地，加快研发普通城市道路的无人驾驶技术，计划三年商用化，五年实现量产。

2017 年 5 月 16 日，百度与安徽省芜湖市人民政府在北京正式签订合作协议，宣布将在芜湖共同建设“全无人驾驶汽车运营区域”，这在全球范围内尚属首例。芜湖市市长潘朝晖、百度自动驾驶事业部总经理王劲分别代表双方出席了此次活动。此次签约，意味着百度无人车三年商用、五年量产的目标又向前迈出了坚实的一步，最终实现百度无人车高效、安全、经济的社

百度·芜湖无人车运营签约仪式

会价值，开创城市智能化未来的美好愿景。王劲在致辞中表示，“自动驾驶是汽车行业的未来，代表了汽车行业的发展趋势，那就是软件定义汽车（The Software Defined Vehicle，SDV）”。所谓SDV，就是决定未来汽车的是以人工智能为核心的软件技术，而不再是传统的技术与性能指标。软件定义的汽车，将彻底改变汽车业的格局。芜湖市市长潘朝晖表示，芜湖市将在技术研发、车辆测试、试点运营、标准完善、产业推广等方面为百度公司创造必要的条件，力争把芜湖打造成为全球无人驾驶汽车领域举足轻重的示范性城市，努力开创芜湖与百度互利共赢、携手发展的新局面。

沃尔沃

2013年在《财富》全球论坛上，沃尔沃汽车产品战略及车辆产品线管理高级副总裁莱克斯·科斯迈科斯表示：“安全始终是沃尔沃汽车的基因，沃尔沃汽车在进行的自动驾驶技术的研发时，其首要目标是实现零伤亡，而且沃尔沃相信，科技可以帮助我们实现这个愿景。”

过去十年里，各种不同水平的驾驶辅助系统（DAS）得到了快速发展。奔驰的“方向盘辅助自适应巡航控制”系统、通用的“超级巡航”系统以及奥迪的“自动泊车”等都已被研发出来。但没有一家车企如沃尔沃这样成体系地推广其自动驾驶技术和成果。其实，业界早已形成共识，在自动驾驶的安全和舒适方面潜心研发多年的沃尔沃汽车是该领域的绝对领跑者。早在2012年，沃尔沃汽车就已经提出了“零事故和零伤亡”的口号，并对无人驾驶的未来发展有了详尽的规划。

沃尔沃根据自动化水平的高低区分了四个无人驾驶的阶段：驾驶辅助、部分自动化、高度自动化、完全自动化。

沃尔沃自动驾驶技术宣传

驾驶辅助阶段

目的是为驾驶者提供协助，包括提供重要或有益的驾驶相关信息，以及在形势开始变得危急的时候发出明确而简洁的警告，如“车道偏离警告”（LDW）系统等。

部分自动化阶段

在驾驶者收到警告却未能及时采取相应行动时能够自动进行干预，如“自动紧急制动”（AEB）系统和“应急车道辅助”（ELA）系统等。

高度自动化阶段

能够在或长或短的时间段内代替驾驶者承担操控车辆的职责，但是仍需驾驶者对驾驶活动进行监控的系统。

完全自动化阶段

可无人驾驶车辆、允许车内所有乘员从事其他活动且无需进行监控。这种自动化水平允许乘员从事计算机工作、休息和睡眠以及其他娱乐等活动。

可以看出，沃尔沃并未将眼光停留在驾驶辅助系统研发，而是试图以技术迭代和逐步整合的方式达到汽车的完全自动化，而且已经进入到了实质性的测试项目和商业化阶段。2012 年 9 月，三辆无人驾驶的沃尔沃汽车，在一辆有人驾驶的卡车带领下，在西班牙巴塞罗那的公路上，以 90 km/h 的速度完成欧洲环保型道路安全列队行车（SARTRE）的测试项目。沃尔沃也因此成为第一个在开放的高速公路实现完全自动跟车测试的汽车厂商。2013 年 12 月，沃尔沃汽车开始在哥德堡进行全球首个大规模自动驾驶公共试点项目——“Drive Me”。

“Drive Me”试点项目由沃尔沃汽车集团、瑞典交通管理局、瑞典交通运输处、林德霍尔姆科学院和哥德堡市共同倡议，旨在进一步明确自动驾驶对提升交通安全、降低污染和排放所起到的极作用。该项目于 2014 年启动了客户调研与相关技术功能的开发。项目将使用哥德堡市内及周围约 50 km 的指定道路进行测试，覆盖高速行驶、缓慢行驶和交通拥堵等常见的交通状况。“Drive Me”项目不仅仅专注于技术层面的研究，还将延展至自动驾驶对社会所带来的影响，如自动驾驶车辆将如何通过提高交通效率、改善交通环境和道路安全，带来社会和经济效益；自动驾驶对基础设施有哪些要求；适用于自动驾驶车辆的典型交通情况；乘员对于自动驾驶车辆的信心；以及其他车辆如何与自动驾驶汽车实现互动等课题都将通过这一项目获得解答。

沃尔沃自动驾驶汽车瑞典路试

北京是继瑞典哥德堡之后，沃尔沃“Drive Me”项目的全球第二站。2016年3月25—28日，在北京西六环实际道路上沃尔沃开展了高度自动驾驶测试和展示项目，成为中国及亚洲首个面向媒体、公众和汽车界行业机构开展自动驾驶路试的汽车品牌。沃尔沃为此次活动设置了湿滑路面提醒、全自动泊车、快递倒车、行人防撞以及自动驾驶实路测试等项目。在湿滑路面提醒测试中，前车如果车胎打滑，摩擦系数的改变会反馈给车内智能系统，仪表盘随即会显示路面湿滑标志。与此同时，即将经过这一路段的后方车辆仪表盘同样会出现该标志，以提醒驾驶者谨慎慢行。沃尔沃技术人员表示，此前汽车安全分为主动安全和被动安全，现在应该再加一个“互联安全”。“除了湿滑路面信息之外，未来，拥堵、颠簸等路况信息，都可以通过这种方式在汽车之间传递和分享。”

在行人防撞系统中，如果驾驶者没有注意到前方30 m以内的行人或障碍物，沃尔沃的车辆会首先用灯光和声音信号发出警告，如果驾驶者仍然没有刹车动作，汽车便开始自动制动。时速20 km/h以内完全刹停，时速超过20 km/h，可以最大限度减轻碰撞的危害。

最具有里程碑意义的自动驾驶车辆公共道路实测分为南北两线，搭载自动驾驶系统的沃尔沃V60汽车，在北京六环高速公路上顺利进行，累计行程达1 200千米。在测试中，自动驾驶车辆的AD自动驾驶系统在较为复杂的公共路况下表现可靠稳定，驾驶过程中车辆以时速70 km/h行驶，无需驾驶者介入。沃尔沃高级技术主管Erik表示，目前沃尔沃“Drive Me”测试的V60达到了自动驾驶的第三阶段，即高度自动驾驶。驾驶员只需偶尔操控汽车，双手双脚得到解放。通过汽车前后左右密布的雷达、探测仪及传感器，车辆可以监测到来自各个方向的路况信息，路标、路线，车内智能系统会分析并做出最安全的行车选择。由于汇集了全球几万起交通事故的大数据分析，相比于大部分驾驶者而言，自动驾驶技术就相当于一个经验丰富的老司机，面对道路上的各种交通状况都能基于减少伤害的角度去做出反应。同时，自动驾驶技术还可以减少交通拥堵，避免疲劳驾驶。

沃尔沃自动驾驶汽车北京路试

相比于谷歌、苹果等互联网公司，以及奔驰、奥迪、凯迪拉克等传统汽车企业在自动驾驶技术上的探索，沃尔沃率先把测试放到了实际公路上，“Drive Me”项目可以说是迄今为止最接近自动驾驶商业化的解决方案。另外，沃尔沃也是首个给出自动驾驶汽车量产时间表的企业：“2017 年，沃尔沃首批 100 辆自动驾驶量产车将交付到瑞典的普通消费者手中，XC90 将率先搭载这一系统。”

“自动驾驶最大的优点就是可以有效避免碰撞，这也是基于沃尔沃一贯的安全理念。”沃尔沃集团高管柯尔林介绍说，沃尔沃现阶段开发的自动驾驶技术，完整地保留了传统汽车的功能，目的并非要取代驾驶者，而是多给他们提供一种选择。在这一点上，沃尔沃与谷歌开发的无人驾驶原型车存在着本质区别。

智能交通系统

智能交通系统（Intelligent Transportation System，ITS）是以信息通信技术将人、车、路三者紧密协调、和谐统一，而建立起的大范围内，全方位发挥作用的实时、准确、高效的运输管理系统。据统计，ITS 作为一种实时、高效、准确的新型交通管理、引导系统，可有效提高交通运输效益，使交通拥堵降低 20%，延误损失减少 10%—25%，车祸降低 50%—80%，燃油消耗减少 30%。

智能交通系统让交通更智能

智能交通系统（Intelligent Transportation System，简称 ITS）是未来交通系统的发展方向，它是将先进的信息技术、数据通信传输技术、电子传感技术、控制技术及计算机技术等有效地集成运用于整个地面交通管理系统而建立的一种在大范围内、全方位发挥作用的，实时、准确、高效的综合交通运输管理系统。通俗地说，ITS 就是以缓和道路堵塞和减少交通事故，提高交通利用者的方便、舒适为目的，利用交通信息系统、通信网络、定位系统和智能化分析与选线的交通系统的总称。它通过传播实时的交通信息使出行者对即将面对的交通环境有足够的了解，并据此做出正确选择；通过消除道路堵塞等交通隐患，建设良好的交通管制系统，减轻对环境的污染；智能交通系统是一种先进的一体化交通综合管理系统。在这个系统中最理想的状况是，车辆靠自己的智能在道路上自由行驶，公路靠自身的智能将交通流量调整至最佳状态，借助于这个系统，管理人员对道路、车辆的行踪掌握得一清二楚。ITS 可以有效地利用现有交通设施、减少交通负荷和环境污染、保证交通安全、提高运输效率，因而日益受到各国的重视。

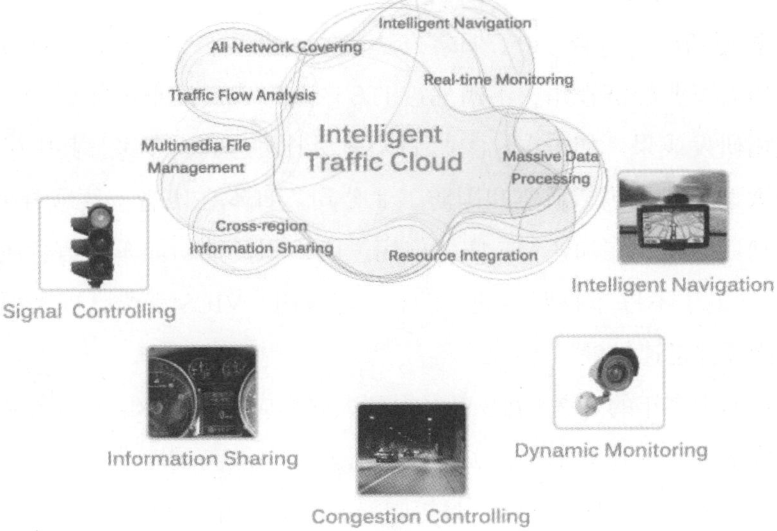

智能交通系统

从世界 ITS 发展情况来看，ITS 的研发应用大致经过了三个阶段：

ITS 行业起步阶段

20 世纪 60 年代后期—20 世纪 80 年代初。20 世纪 60 年代后期，美国运输部和通用汽车公司研发电子路线诱导系统，利用道路和车载电子装置进行路、车之间的交通情报交流，提供高速公路网路线指南，尝试构筑路、车之间情报通信系统，但经过 5 年的研发和小规模试验后，便处于了停止状态。1973—1979 年，日本通产省进行路、车双向通信汽车综合控制系统研发。1976 年联邦德国进行高速公路网诱导系统研发计划，但在此期间因实用化技术难于实现及通讯基础设施费用过于庞大等原因，均未能实现市场化应用。

关键技术研发和试点推广阶段

20 世纪 80 年代初期—20 世纪末。20 世纪 80 年代的信息技术革命，不仅带来了技术进步，还对交通发展传统理念产生了冲击，ITS 概念正式提出。由此开始，美、欧、日等发达国家都先后加大了 ITS 研发力度，并根据自己的实际情况确定了研发重点和计划，形成较为完整的技术研发体系。在此阶段，各国通过立法或其他形式，逐渐明确了发展 ITS 战略规划、发展目标、具体推进模式及投融资渠道等。

产业形成和大规模应用阶段

21 世纪初至今。美、欧、日等发达国家在推动 ITS 研发和试点应用的同时，从拓展产业经济视角，不断促进 ITS 产业形成，注重国际层面竞争，大规模应用研发成果。如美国，参与 ITS 研发公司达 600 多家，其中半数以上为美国大型公司，包括航空和国防工业公司。日本在四省一厅联合推动 ITS 研发活动后，一直在加速 ITS 实际应用进程，积极推动如车辆信息通信系统（VICS）、电子不停车收费系统（ETC）等应用。VICS 系统已进入国家范围内实施阶段并迅速扩展。

经过四十多年的发展，ITS 已经得到大规模应用。美、欧、日等发达国家基本上完成了 ITS 体系框架，关键技术研发已取得突破性进展，并在重点发展领域大规模应用。从美、欧、日等国家发展情况看，ITS 的发展已不限于解决交通拥堵、交通事故、环境污染等问题，也成为缓解能源短缺、培育新兴产业、增强国际竞争力、提升国家安全的战略措施。

智能交通系统的组成

先进的交通信息系统

先进的交通信息系统（ATIS）是建立在完善的信息网络基础上的。交通参与者通过装备在道路上、车上、换乘站上、停车场上以及气象中心的传感器和传输设备，向交通信息中心提供各地的实时交通信息；ATIS 得到这些信息并通过处理后，实时向交通参与者提供道路交通信息、公共交通信息、换乘信息、交通气象信息、停车场信息以及与出行相关的其他信息；出行者根据这些信息确定自己的出行方式、选择路线。更进一步，当车上装备了自动定位和导航系统时，该系统可以帮助驾驶员自动选择行驶路线。

先进的交通管理系统

先进的交通管理系统（ATMS）有一部分与ATIS共用信息采集、处理和传输系统，但是ATMS主要是给交通管理者使用的，用于检测控制和管理公路交通，在道路、车辆和驾驶员之间提供通讯联系。它将对道路系统中的交通状况、交通事故、气象状况和交通环境进行实时的监视，依靠先进的车辆检测技术和计算机信息处理技术，获得有关交通状况的信息，并根据收集到的信息对交通进行控制，如信号灯、发布诱导信息、道路管制、事故处理与救援等。

先进的公共交通系统

先进的公共交通系统（APTS）的主要目的是采用各种智能技术促进公共运输业的发展，使公交系统实现安全便捷、经济、运量大的目标。如通过个人计算机、闭路电视等向公众就出行方式和事件、路线及车次选择等提供咨询，在公交车站通过显示器向候车者提供车辆的实时运行信息。在公交车辆管理中心，可以根据车辆的实时状态合理安排发车、收车等计划，提高工作效率和服务质量。

先进的车辆控制系统

先进的车辆控制系统（AVCS）的目的是开发帮助驾驶员实行本车辆控制的各种技术，从而使汽车行驶安全、高效。AVCS包括对驾驶员的警告和帮助、障碍物避免等自动驾驶技术。

货运管理系统

这里指以高速道路网和信息管理系统为基础，利用物流理论进行管理的智能化的物流管理系统。综合利用卫星定位、地理信息系统、物流信息及网络技术有效组织货物运输，提高货运效率。

电子收费系统

电子收费系统（ETC）是世界上最先进的路桥收费方式。通过安装在车辆挡风玻璃上的车载器与在收费站ETC车道上的微波天线之间的微波专用短程通讯，利用计算机联网技术与银行进行后台结算处理，从而达到车辆通过路桥收费站不需停车而能缴纳路桥费的目的，且所缴纳的费用经过后台处理后清分给相关的收益业主。在现有的车道上安装电子不停车收费系统，可以使车道的通行能力提高 3—5 倍。

紧急救援系统

紧急救援系统（EMS）是一个特殊的系统，它的基础是 ATIS、ATMS 和有关的救援机构和设施，通过 ATIS 和 ATMS 将交通监控中心与职业的救援机构联成有机的整体，为道路使用者提供车辆故障现场紧急处置、拖车、现场救护、排除事故车辆等服务。具体包括：

◆车主可通过电话、短信、翼卡车联网三种方式了解车辆具体位置和行驶轨迹等信息；

◆车辆失盗处理：此系统可对被盗车辆进行远程断油锁电操作并追踪车辆位置；

◆车辆故障处理：接通救援专线，协助救援机构展开援助工作；

◆交通意外处理：此系统会在 10 秒钟后自动发出求救信号，通知救援机构进行救援。

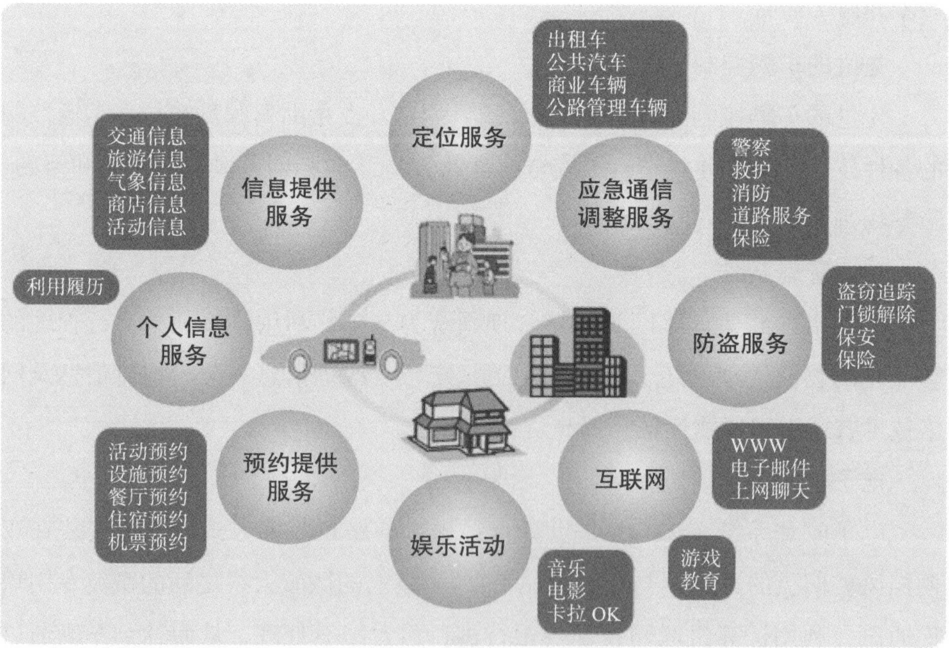

先进的交通信息系统

国外智能交通系统的现状

美国智能交通系统发展现状

1976—1997 年，美国每年的车辆千米数以 77% 的速度上升，可是同期道路建设里程的增长数却仅为 2%，在城市交通中的高峰时期，54% 的车处于拥挤状态。由于交通拥挤，人们每天消耗在上下班的时间比平时平均多 1.5 h。同时，导致商业车辆在运输中延迟，从而增加了运输的成本。美国从 20 世纪 80 年代开始，将先进的信息技术、数据通信技术、电子控制技术及计算机处理技术等，有效地综合应用于地面交通管理体系，从而建立起一种大范围、全方位发挥作用、实时、准确、高效的智能交通系统。

从具体功能上讲，这个系统将汽车、驾驶者、道路以及相关的服务部门相互连接起来，并使道路与汽车的运行功能智能化，从而使公众能够高效地使用公路交通设施和能源。具体的动作方式是：该系统采集到的各种道路交通及各种服务信息，经过交通管理中心集中处理后，传送到公路交通系统的各个用户，出行者可以进行实时的交通方式和交通路线的选择；交通管理部门可以自动进行交通疏导、控制和事故处理；运输部门可以随时掌握所属车辆的动态情况，进行合理调度。这样，路网上的交通经常处于最佳状态，能够改善交通拥挤，最大限度地提高路网的通行能力及机动性、安全性和生产效率。

1995 年 3 月，美国交通正式出版了“国家智能交通系统项目规划”（National ITS Program Plan），明确规定了智能交通系统的 7 大领域和 30 个用户服务功能，并确定到了 2005 年的年度开发计划。7 大领域包括出行和交通管理系统、出行需求管理系统、公共交通运营系统、商用车辆运营系统、电子收费系统、应急管理系统、先进的车辆控制和安全系统。

出行和交通管理系统

出行交通管理主要是收集和处理道路交通系统的信息，并对各种控制设备发出指令。例如可以向公路信息广播（HAR）、电子信息招牌（VMS）甚至直接向车辆提供交通状况的实时信息，也可以提供别的信息，比如事故信息、道路建设信息、公交时刻表、天气状态等。

这些出行前能够辅助出行者及时调整出行路线和时间计划，帮助那些已经出发的出行者选择另一条可行的路径或者转化为另一种可行模式。旅行服务信息部可以提供饭店、旅馆、停车场、修理厂、医院和其他公共设施等的地点、营业时间、营业项目目录等。

出行需求管理系统

该系统向公路使用者提供各种与出行有关的信息，疏导人们的出行需求。在智能交通系统的管理下，驾驶者可以通过车载计算机和无线通信设备获得各种交通信息，如路网条件、交通现状、各种服务设施的地点、各种导驾信息等，合理选择出行方式、出行时段和路线等；驾驶者还可以利用车载定位系统，自动有效地选择行驶路线，避开交通拥塞。

公共交通运营系统

这些服务能够提供公共交通运营的自动化程度，改善计划和管理功能，给旅客提供实时的交通信息。例如，在 Kansas 实施了这样的系统，在 38 条公交线路上建立了 160 个标有转发器（transponder）的路标，用以和通行管理中心取得联系。公共汽车上也配备了通信设备，如果发生意外，可以立即通知通行管理中心。

商务车辆运营服务系统

商务车辆运营的服务是为了满足提高汽车货运行业安全性和生产率的要求，通过车辆定位和优化运输路线来管理车队。这方面如在测重系统的应用中，当卡车通过测重系统时，卡车通过检测，就继续通行；反之，灯光就会闪动，车辆就要停靠到检测处。系统允许卡车在不减速的情况下，通过测重站，从而节约了时间，保证公路上车流的通畅，也减少了废气的排放。

电子收费系统

必须建立一个在所有的运输模式下，运输工具可以通用的公共电子收费系统。系统能够收取通行税、通行费、停车费，能够支持磁卡支付方式或者别的技术等。华盛顿市内使用的“通行卡”就是一种简单的支付费用的例子，持卡者可以使用它来支付公共汽车费、地铁乘坐费和停车费等。

应急管理系统

这项服务专门用来通过求救信息系统来帮助驾驶员或者他们的车辆，把事故的发生和危险状态立即通知交通警察或者别的部门，从而改善了交通安全状况。芝加哥市的电子911系统存储着该市详尽的电子地图，其中包括20 000个街道的路面状况，超过20 000个小巷的详细信息、消防栓的位置以及建筑物的占地面积等信息。在求援车队上配备有自动定位系统，由中央计算机指定距离发生事故地点最近的求援车，赶到事故现场并提供求援车到达事故发生地最佳的路线。系统同时有可能连接到一个数据库上，这个数据库能够提供请求帮助人的体格状态信息，便于与有关的求援人员取得联系。

先进的车辆控制和安全系统

这项服务主要通过避免车辆撞击和预警系统而改善车辆的安全状况。比如，采用扩大视野的设备、快速恢复安全状态的设备、引擎防撞装置等。为了改善铁路与公路交叉口以及轻轨与人行横道的交叉口的安全，洛杉矶市实施了交叉口监视系统和交叉口横穿识别系统。系统的另一部分是在公共汽车或者在运载危险货物的卡车上装备了报警设备，这些设备可以向轨道上即将到来的列车发出警告。

经过不断的发展和持续改进，美国的智能交通系统在节约交通基础投资成本、提高运输效益、减少交通事故和人员伤亡和减少政府的运营成本等方面取得了不菲的成绩。据保守的预算，在今后的10年里，美国公路需求量将增加30%以上，即使让公路保持现有的交通拥挤水平，美国的公路基础建设里程也至少要增加30%才能满足基本交通的需要。如果采用传统公路建设管理方法，估计投资额将达到870亿美元，建设公路里程至少要求4.4万英里（合7.08万km）。而使用智能交通系统，投资额则只要570亿美元，公路建设里程也只要 1.5 万英里（合 2.41 万 km）。换句话说，在公路基础设施的整个生命周期内，使用智能交通系统代替传统公路，其非折旧投资成本节约将达到 50%，折旧投资成本节约也将达到 35% 以上。

据美国交通部估计，如果美国约 50 个中心城市都使用智能交通系统中的高级交通管理系统的话，就可以减少 35% 的政府税赋；实地实验也证明，智能交通系统在 75 个最大的中心城市地区的效益 / 成本比约为 8.8 ∶ 1 ；自由道管理系统使现有道路及其他物理基础结构能够承担比过去多 8%—22% 的交通流，在线车辆的行驶速度提高 16%—62%，从而有效地缓解交通拥塞，提高运输效益；交通事故管理系统能够降低因事故造成的交通拥塞或延误 50%—60% ；电子收费系统的效益更加明显，能够提高 200%—300% 的劳动生产率。

据统计，智能交通系统的交通管理系统能够实时疏导交通，从而减少交通事故；商用车辆运筹系统能够帮助商业车队在提高运输效率的同时，强化安全检查，并建立危险物资安全运输的信息跟踪处理、快速反应系统。美国国家公路交通安全局（NHTSA）估计，如果所有商业车辆都使用智能交通系统的防撞避撞、车尾碰撞警告系统、道路偏离警告系统以及变换车道安全避撞系统等，将使商业车辆的碰撞交通事故减少 17% 以上，这意味着每年能减少 260 亿美元的交通事故损失。

智能交通系统的实时交通管理、自动收费管理及卡车安全检查等系统，能够显著地降低智能交通系统的运营成本。实地试验表明：高级公共交通管理系统在 265 个试验地区、在今后 10 年里将为政府节约运营费用 380—740 亿美元，而不降低服务标准；商用车辆管理系统能够为各级政府节约管理劳动力成本 9%—18%。

2014 年，美国交通运输部与美国智能交通系统（ITS）联合项目办公室共同提出“ITS 战略计划（2015—2019）”，为美国未来 5 年的在智能交通领域的发展明确了方向，汽车的智能化、网联化成为该战略计划的核心，成为美国解决交通系统问题的关键技术手段。该战略计划主要针对目前交通系统存在的安全性、机动性、环境友好性等社会问题。2011 年，全美有 48 亿小时的时间延误，超过 1.01 万亿美元耗费在城市拥堵上。

美国 ITS 战略计划蓝图的愿景是“改变社会的移动方式”，使命是“通过研究、开发和教育活动促进技术和信息的交流，创建更安全、更智能的交通系统”，旨在发现通往建设智能交通系统的途径，同时形成一个新的工业形式和经济增长点。在此基础上，美国提出了未来交通系统的发展思路：通过研究、开发、教育等手段促进信息和通信技术实用化，确保社会向智能化方向发展，即部署智能交通设备，开发智能交通技术。并提出了使车辆和道路更安全、加强机动性、降低环境影响、促进改革创新、支持交通系统信息共享等 5 项发展战略目标。

第一，使车辆和道路更安全：开发更好的防撞保护措施，碰撞预警机制，商用汽车安全机制，基于基础设施和协同式安全系统。

第二，加强机动性：改进交通管理、事故管理、运输管理、货源组织管理、道路气候管理等管理系统。

第三，降低环境影响：更好地控制交通流、车辆速度和交通堵塞以及其他先进的技术手段管理车辆行为。

第四，促进改革创新：通过 ITS 项目，培养先进技术和持续促进创新，调整，收集并部署技术开发路线满足未来交通发展的需求。

第五，支持交通系统信息共享：应用先进的无线技术使所有车辆、基础设施、可移动设备能够互联通信，实时传输信息和并应用。

英国智能交通系统发展现状

英国是世界上较早发展公共交通的国家之一，加强公共交通基础设施建设是历届政府的一项重要工作。早期伦敦就将发展城市立体交通作为战略规划，每年为公共交通系统建设划拨大量的预算经费。为迎接 2012 年奥运会在伦敦举行，伦敦交通局投入了总额为 100 亿英镑的 5 年（2005—2009 年）公共交通基础设施投资规划。在政府长期政策的支持下，目前伦敦已建成地上与地下、轨道交通与公路交通相交，集地铁、火车、轻轨、公共汽车、出租车于一体的立体化交通网络，并建立起了先进的智能交通系统。英国对智能交通系统的研究一直处于世界的前列，其拥有世界最多用户的 SCOOT 系统一直是智能交通系统的主要组成部分。另外，英国 TIH 交通信息高速公路（TIH）和视频信息高速公路（VIH）是世界领先的交通信息网络平台系统。具体来看，英国的智能交通系统主要包括以下内容：

自动车辆定位系统

伦敦公共汽车公司拥有世界上最大的自动车辆定位系统，能够向 2000 多个车站发送实时旅客信息。在英国，有两家私营公司为驾驶员提供车载服务，即 TIS Holdings 和 Trafficmaster。TIS 可以根据过往车辆的速度和位置来收集、分析及预测旅行时间，并通过各种平台获得系统不断更新的交通信息，如交通管理中心、互联网、车载设备及个人手持设备等。Trafficmaster 则采用通过全国网络中带有车牌识别装置的路边固定图像探测器获得交通信息，通过测定已知位置间的平均旅行时间，提供旅行时间数据资料。在英国，出行者可以很容易地通过互联网、电话、手机或街道上的信息亭查询旅行相关的各种信息。

可变信息系统

可变信息系统（VMS）是发布交通信息的主要途径之一。VMS 于 1995 年首先在 M25 高速公路上投入使用，一般每隔 15 km 就设置一处可变信息板。一旦发生公路拥堵，监控系统在 30 s 内就可以把拥堵信息反映到指示灯或指示牌上，提示来车减速或指示车辆通过另外的道路绕行。

智能停车系统

在英国莱斯特市，有一种实时停车信息系统能够为旅行者提供有关停车场方位和车位空间方面的信息。系统监控市内所有 10 个多层停车场的 7 000 多个车位，利用市中心及城市周围的 31 个 VMS 系统显示车位的即时信息，停车场系统由地区交通控制中心操作，可极大地改善当地的停车服务水平。

旅行信息高速公路

旅行信息高速公路（TIH）是类似于互联网一样的交通和旅行信息网络，它包含多种由英国 TIH 共同体开发的工具和标准，用于旅行信息的交换。TIH

作为旅行信息共享的媒介，各种信息系统之间可以实现互通，能够实现旅行信息的共享，利于综合管理和旅行者分享出行经验，促进企业之间的协作和终端用户服务，从而节约时间和金钱。

视频信息高速公路

视频信息高速公路（VIH）提供一个无缝连接的 CCTV 网络，在 VIH 覆盖区域内，从任何地点可以控制任何一部摄像机，从而实现实时远程监控和信息共享。在英国，大量的 CCTV 摄像机安装在高速公路和道路主干网络上，通过 VIH，各种 CCTV 系统使用者（包括交通执法部门、高速公路管理部门等）可以自由操控 CCTV 摄像机，能够对路网进行实时控制、事先控制和远程监视。VIH 也可以为公众带来好处，如出行者登录政府道路管理部门的网站即可查看 VIH 网络中摄像机拍摄的交通状况真实画面，作为出行的参考。

国家交通控制中心

2006 年，伯明翰城郊的国家交通控制中心（NTCC）正式投入使用，为英国的道路使用者提供高质量的实时交通信息。该中心投资 1.6 亿英镑，利用 700 台 CCTV 摄像机、4 000 个道路传感器以及 1 000 台自动数字识别摄像机等先进的交通监控设备收集路况信息，同时通过各地区政府和数千名交通执法人员，完成数据的采集、分析以及交通信息的发布。NTCC 的使用极大地提高了旅行时间的可靠性，减少了车辆运行晚点，有利于提供线路咨询以及紧急事件管理等服务。

城市交通管理和控制系统

城市交通管理和控制系统（UTMC）的形成是为了满足经济有效的城市交通管理的需求，UTMC 使 ITS 系统在功能体系上成了一种标准组件模式。拥有著名教堂的约克市是公共数据库设备的开发以及将空气质量监控作为配置工具来控制和管理交通方面的先行者，2002 年约克市成为第一个成功使用 UTMC 系统的英国城市。

SCOOT 系统

SCOOT 系统是一种对交通信号网进行实时协调控制的自适应控制系统，它由英国运输研究所于 1973 年开始研究开发，1975 年研制成功，1979 年正式投入使用。SCOOT 系统目前已被全世界 170 多个城市采用，最大的应用规模是在英国伦敦控制约 2 000 个路口，其最新版本已包括支持公交优先、自动的 SCOOT 交通信息数据库（ASTRID）系统、INGRID 事故检测系统以及车辆排放物的估算等。

电子收费系统

电子收费系统（ETC）利用车辆自动识别技术和车辆与收费站之间的无线数据通信，进行车辆自动识别和有关收费数据的交换，通过计算机网路进行收费数据处理，实现不停车全自动电子收费。英国的西洛锡安地区，车辆使用者首先开通一个电子收费账户并收到一个电子标签。电子标签每次经过收费站时，不需停车，收费系统会自动识别，自动从账户中扣除相应费用。

数字交通执法系统

数字交通执法系统（DTES）使用固定摄像机和车载 GPS 系统监控车辆的违章行为。伦敦塔桥采用了 DTES 交通管理系统，对过往车辆进行载重检测，一旦传感器发现违章行为，摄像机会对违章车辆进行跟踪，并通过车牌自动识别系统进行记录，并通过网络传输到执法中心。

射频识别技术

射频识别技术（RFID）是一种非接触式的识别技术，它通过射频信号自动识别目标对象并获取相关数据，识别工作无需人工干预，并可工作于各种恶劣的环境中。在本田汽车英国制造公司，英国 RFID 厂家为其提供 RFID 标签与相关软件，此种标签的 ID 编码与汽车的某一部件信息相关联，当贴标的集装箱和金属笼运离工厂，经过出入口时，手持可编程 RFID 阅读器对标签进行读取，就可以把读取到的相关信息以电子形式发送到公司总部，公司就可以处理各种读取到的信息。

物联网技术

物联网在全球统一标识系统和计算机互联网的基础上，利用射频识别技术（RFID）、无线数据通信等技术，给每一个实体对象一个唯一的代码，构建一个覆盖世界上事物相连的互联网。目前多数英国企业和公司已经加入物联网系统的建设中，许多公司都致力于物联网新型支持技术的研究与开发及系统的完善，以实现物流供应链的全球可视化管理和全程追踪。

整体来看，通过智能交通系统的建设，英国在过去25年里私人小汽车里程增加了65%，货运汽车里程增加了33%，但是道路里程只增加了12%。智能交通的建设使英国在道路里程增长很小的情况下适应了交通通行量的大幅增加，使得在运载量没有增加的前提下货运量得到大幅提升。

日本：现代化的公路智能管理

日本1996年制订了综合计划，由建设部、国际贸易与工业部、运输部、邮电通信部及国家警察署共同着手开发智能化运输系统。日本工业界、学术界及5个与智能交通系统相关的政府部门联合成立了车辆、道路与交通智能化协会（VERTIS）。该协会目前正开发智能化交通系统结构。系统结构的开发是以日本智能化交通系统的“综合计划”为依据，采用了美国的“Object modeling技术”，该技术是一种改进的结构分析技术。目前，日本智能化交通系统方面的开发与应用已取得重要进展：车辆信息与通信系统的开发覆盖全国范围；电子收费系统已进入实用阶段。先进的巡行辅助公路系统已进入实用阶段。

智能交通运输系统（ITS）通过应用计算机和信息技术，将人、车、路等交通因素加以统一考虑。它在日本不仅被认为是解决交通问题的一个有效方法，同时更是一项促进交通行业发生革命性变革的基础设施。通过发展和应用ITS技术，能够使道路交通更快捷、更安全、更具有高质量和高效率。在这种理念的支持下，日本已经在很大程度上应用了ITS技术，且相当有效，日本的道路车多而不乱。路上诸多监测器和雷达，随时监控道路情况和采集信息，驾车人可通过情报信息板获取即时道路信息。车载电子地图已广泛使用，有多家公司开发新产品，用户可在网上下载购买。电子地图可通过卫星天线、微波、电视载波机、电话地址等多种渠道接收信息，人们使用电子地图可以准确查询地址、气候、环境及计算拥堵时间等。

从2001年3月开始，ETC技术在日本整体投入运营。在实际应用中，

ETC 技术相对于传统收费技术来说有两大优势：一是更加适应于多个不同主体运营管理多条收费道路的情况；二是对非法行为、人为破坏和逃费行为有着更强的防范性。从 ETC 的功能来讲，可以根据条件实现收费费率的灵活设定和调整，从而提高了收费道路的利用率，最大限度地减少了在收费口的拥堵。一般来说，高速公路的拥堵 30% 由收费站造成，使用 ETC 后通行效率提高了 2 至 3 倍。此外，ETC 还改善了路侧的环境，对于解决一些地区接口或是不同管理体制下的特殊问题也十分有帮助。ETC 系统的应用在日本十分普及。到 2003 年 10 月末，大约 175 万辆车已经装备了 ETC 车载装置，约为 2002 年同期的 3 倍，增速非常快，标志着 ETC 已进入普及阶段。与此同时，到 2003 年末，超过 1 000 条 ETC 收费车道被安装在收费站，几乎遍及日本所有的高速公路。目前，关东高速已全部实现了 ETC 收费，只保留部分车道进行 ETC 和半自动混合收费。绝大部分的商业运营车辆已经装备了 ETC 车载单元，一般司机都使用 ETC 收费卡。此卡分为两种，一种为储值卡或借记卡，另一种可与信用卡通用。日本最早出售的收费卡是高速公路卡，后来则采取措施鼓励 ETC 卡的销售和使用。日本最常用的 ETC 收费站采取 3 个门桥的样式，这 3 个门桥分别用于识别车型、识别入口和收费信息传输，其栏杆采用新材料制成，里边为碳素纤维，外边为发泡纤维。在车的时速不低于 80 km/h 的情况下，门桥可迅速向上打开，万一打不开，也可向前推出，外层的发泡纤维对车体不会造成损害。

新加坡：高速公路监控及信息诱导系统

高速公路作为经济运输的大动脉，其承担的运输量与经济和社会需求同步增长。为了提高高速公路的使用效率和行车安全，高速公路需要有先进的监控系统和交通信息发布系统，即 EMAS（Expressway Monitoring & Advisory System）对其进行管理。EMAS 作为智能交通实施的一部分，将进一步改善高速公路交通管理的社会效果，使得各个交通子系统更好的协调工作，达到人、车、路协调运行的目的，提高道路利用率，改善交通秩序，加强交通管理者的执法力度和管理。

按照中央设备层次，高速公路监控和信息诱导系统由热备份中央计算机系统组成，主要包括如下子系统：

先进的交通管理系统（ATMS）

它是 EMAS 的心脏，采用先进的通信、计算机、自动控制、视频检测/监控技术，按照系统工程的原理进行系统集成，将交通工程规划、交通信号控制、交通检测、交通电视监控、交通事故救援以及信息系统有机结合在一起，通过计算机网络系统，实现对交通的实时控制和指挥管理。

ATMS 根据高速公路上检测到的交通流量、速度、道路占有率等实时交通信息，采用先进的算法，处理检测到的交通数据，判断是否有交通事故以及道路拥挤情况和程度。同时，通过可变电子情报板发布各种动态交通信息，也可发布市政施工等交通静态信息。先进交通管理系统主要任务是接收交通数据/信息，运用复杂算法进行事故检测分析并产生报警信号，对高速公路做各种路段行驶时间计算，为分析决策系统提供历史数据，发布交通信息等。

车辆检测系统（VDS）

VDS 包括若干个图像处理系统和视频检测点，安置在高速公路和隧道的关键位置。主要完成交通数据采集（如车辆总数、车辆分类、速度、车辆出现排队的长度等）、切换视频检测电视图像到中央控制中心，便于证实交通情况以及交通事故检测（回放事故前十二个画面）等功能。

自动事故检测系统（AIDS）

AIDS 采用两层检测方法来检测交通事故。第一层运用设在现场的视频检测设备，根据检测到的区域交通情况进行判断；第二层设在中央控制室，通过交通数据分析，运用人工智能算法，对视频检测区域外的道路情况进行判断，分析是否有交通事故发生。来自视频检测和电视监控的数据和图像通过传输网络送到中央控制中心，系统对交通事故报警信号自动检测。交通控制中心管理人员只需关注受到交通突发事件影响的路段，在派遣处警人员到达事故现场之前，控制中心可事先利用闭路电视监控系统确认事故性质，从而在规定时间内拖走事故车辆或救护伤员。

交通信息诱导系统（VMS）

VMS 的可变情报板设置在高速公路进口周围，可以显示文字和图形。情报板每分钟做修改，通知驾驶员前方的交通情况和行驶时间。交通信息从中央设备通过无线网络传输到可变电子情报板，实时通知驾驶员前面的交通拥挤状况。同时，公众可以通过 Internet 观察到实时监控系统视频图像。

除此，应急电话系统（ETS）、闭路电视监控系统（CCTV）、隧道机电管理系统（PMCS）等也是高速公路监控及信息诱导系统的重要组成部分。

新加坡高速公路监控和信息诱导系统是一个现代化的交通监控系统，是新加坡陆路交通管理局远景规划的重要组成部分。新加坡 EMAS 已经覆盖的高速公路包括中央高速公路（16 km，其中 2.4 km 隧道）、阿逸拉惹高速公路（20 km）、东海岸高速公路（20 km）和半岛高速公路（40 km）。这些高速公路是贯穿新加坡东西南北的交通大动脉，经过市中心几个最繁华地段，平均每条高速公路有 7 万多辆车通过。由新加坡科技电子建设的高速公路监控和信息诱导系统主要有以下功能：

提供实时的交通信息

用三种可变电子情报板形式提供前进方向的交通状况或者事故警告。在进入高速公路之前，以及在高速公路出口前的路段，驾驶员能够接收到前方实时的最新交通资料，允许在必要时改变行驶路线。如果不改变路线，至少能掌握所选择路线上延误的原因和情况。

对交通事故的快速响应

EMAS 对监控的道路进行 24 h 检测，可以对交通事故地点进行快速定位并报警，交通控制中心可以快速派出处警人员到达事故现场，在最短时间内使交通再次恢复正常通行。

将交通拥堵减少到最低限度

因为该系统能在交通事故发生的初期就有响应，大大缩短从事故检测到事故处理完的时间，使交通拥堵减少至最低限度。同时，电子信息板及时提供交通信息，使驾驶员有机会避开事故地点，选择其他道路行驶，从而进一步降低交通拥挤。

提高道路安全性

汽车驾驶员在道路上遭遇困难时即可引起系统的注意，可以以最快的方法移去道路上的障碍并清理事故现场，直到保持交通自由畅通，享有更安全的行驶环境。

智能交通系统在中国的实践

自20世纪90年代以来，智能交通系统开始受到国内学者的关注和重视，并逐步开展ITS方面的理论、技术研究与工程试验。我国政府十分重视和支持智能交通技术的发展和应用，为加快高新技术在传统行业的应用，科技部自1996年开始组织了一系列智能交通技术国际交流和合作，支持和推进国内智能交通技术的研究和开发。政府的高度重视是我国顺利推进智能交通系统建设的重要前提，智能交通是一个复杂的系统工程，它不仅涉及新技术推广应用，还涉及体制、管理理念等多方面的创新和改革，因此，政府的引导是必要的保证。为了便于协调，科技部于2000年联合交通部、铁道部、公安部、建设部、国家技术监督局等，成立了全国智能交通系统协调领导小组及办公室，总体规划道路、铁路、水运、民航等行业智能交通发展战略、标准制定和共性技术的研发和示范应用，同时相继批复成立了国家智能交通系统工程研究中心、国家铁路智能运输系统工程中心、国家道路交通管理工程技术研究中心。许多大学和研究机构先后组建了智能交通系统研究中心，如东南大学、武汉理工大学、吉林大学、同济大学、北京交通大学、华南理工大学等，纷纷投入到从事智能交通的基础理论研究及核心技术研发领域，并取得了一系列科研成果。“九五”期间，通过一系列国家、地方和行业计划的立项与实施，智能交通规划、体系框架制定以及应用系统的研发成果显著，并逐步形成了包括“政”“产”“学”“研”多方面构成的组织体系和相关研究基地，为我国智能交通系统科技发展奠定了基础。

“十五”期间，科技部实施了“智能交通系统关键技术开发和示范工程”“现代中心城市交通运输与管理关键技术研究”等国家科技攻关计划项目，率先在北京、上海、广州等城市，以城市、城间道路运输为主要实施对象，开展了智能化交通指挥、调度与管理系统，智能公交调度，综合交通信息平台为主要内容的示范工程建设，取得了一定成效。在科技项目的推动下，我国的智能交通系统从概念研究进入了实质性地开发和应用试验阶段。在改善城市交通状况、解决城市交通拥堵问题、提高城市间道路管理水平等方面，以道路运输为主的智能交通系统研究和建设应用成果发挥了很好的作用，智能交通技术已经成为解决交通问题的重要技术手段之一。

“十一五”期间，国家高技术研究发展计划（863 计划）设立了“现代交通技术领域”，并针对智能交通系统技术部署了一批前沿和前瞻性项目，以提高原始性创新能力和获取自主知识产权为目标，突破产品和系统的关键核心技术，实现重点目标的技术集成。在 863 计划专题课题的支持下，综合交通运输和服务的网络优化与配置技术，智能化交通控制技术，综合交通信息采集、处理及协同服务技术，交通安全新技术等各项技术得到进一步的突破，在智能化交通管控、汽车安全辅助驾驶、车辆运行系统状态监控与安全预警等一批核心关键技术上取得了实质性的进展。结合 2008 年北京奥运会、2010 年上海世博会、2010 年广州亚运会等重大活动举办的需求，科技部于 2006 年启动实施了“国家综合智能交通技术集成应用示范”科技计划项目，项目设立了“北京奥运智能交通管理与服务综合系统”“上海世博智能交通技术综合集成系统”“广州亚运智能交通综合信息平台系统”“国家高速公路联网不停车收费和服务系统”“远洋船舶及货物运输在线监控系统”等支撑计划课题，重点突破了交通智能化管理与动态诱导技术、跨区域网络化不停车收费技术、远洋船舶及货物运输在线监控等关键技术，构建我国智能交通技术支撑体系，改善交通状况和交通环境，缓解交通拥堵，提高路网通行能力和行车速度，提升为百姓出行和政府管理的服务水平，同时为办好北京奥运会、上海世博会和广州亚运会提供技术支撑，促进人才队伍和研发基地、智能交通创新体系和产业的形成。

2008 年 2 月，科技部、公安部、交通部共同启动了“国家道路交通安全科技行动计划”，行动计划打破了行业壁垒，组织公安部交通管理科学研究所、交通运输部公路科学研究院、中国智能交通协会等 20 多家单位共同开展道路交通安全领域技术的研发，设立了“交通安全信息集成、分析及平台构建技术开发与示范应用”“山区公路网安全保障技术体系研究与示范工程”“国家高速公路安全和服务技术开发与工程应用示范”“营运车辆与客运安全保障技术开发及大范围集成应用”“全民交通行为安全性提升综合技术及示范”“区域公路网交通安全态势监测、评估及应急指挥”“道路交通安全执法技术及大范围应用”等 7 个课题，形成的系列科技成果在全国 14 个省、自治区、直辖市实施应用示范，并取得了良好的效果。

“十二五”期间，交通领域 863 计划瞄准国家智能交通技术发展热点问题，对智能车路协同、区域交通协同联动控制等技术进行了部署。国家科技项目的实施推动和提升了我国智能交通行业的总体水平，培养形成了我国智能交通专业研究队伍和基地。近年来，国内智能交通领域在科学研究和学术交流上也注重加强相互间沟通与协作，智能交通领域的会议也如雨后春笋般相继召开，越来越多的地方政府、科研院所、企事业单位及专家学者都加入到这股 ITS 浪潮中，为推动中国智能交通系统事业献言献策。同时中国还积极参与不同国家和地区举办的智能交通系统相关活动与会议，通过实时跟踪世界 ITS 的前沿方向和技术，与国际上顶尖的专家学者相互交流，中国在世界 ITS 领域的影响已经逐渐扩大。随着智能交通系统关键技术不断取得突破，我国已形成一批符合中国国情的智能交通系统成套技术和装备；一线城市及东部沿海和经济发达城市的智能交通建设初具规模，随着各地建设智慧城市试点工作的开展，智能交通建设正逐渐向二三线城市扩展，全国城市交通智能化管控水平和服务水平显著提高。在道路交通智能化发展的同时，我国比较重视综合交通运输领域智能化系统的建设和发展，尤其是高速铁路技术正在走向世界；面向需求、注重应用已成为智能交通发展的主要方向；智能交通产业的规模不断扩大，培育出了一大批智能交通行业的骨干研究团队和骨干企业。

从应用领域来看，目前我国智能交通主要应用在公路交通信息化、城市道路交通管理服务信息化以及城市公交信息化领域。在公路交通信息化方面。北京实施了“科技奥运”智能交通应用试点示范工程，广州、中山、深圳、上海、天津、重庆、济南、青岛、杭州等作为智能交通系统示范城市也各自进行了有益的尝试；在公路收费领域中，全国 14 省市高速公路 ETC 正式联网运行，京津冀，长三角地区正逐步展开跨省区的收费系统的建设。在城市道路交通管理服务信息化方面。南京市城市智能云交通诱导服务系统通过综合分析人、车、路等交通影响因素，利用各类信息发布手段，为道路使用者提供最优路径引导信息和各类实时交通帮助信息服务，为众多出行者优化路径。厦门市智能交通指挥控制中心则通过检测设备、视频巡逻、电话、微信、微博等多元化渠道采集道路交通信息，通过室外诱导屏、网站、手机等方式及时发布信息。在城市公交信息化方面。37 个城市入选公交都市建设示范工程创建城市，在提高公共交通系统的吸引力、调控城市交通需求总量和出行结构、提高城市交通运行效率等方面进行了积极探索并取得了一定成效。

“十二五”以来，我国智能交通系统步入新的发展阶段，未来公路、铁路、城市交通、民航、水运等行业性智能交通市场将得到快速发展，总体市场规模增长迅速。2011 年中国智能交通行业应用总体市场规模达到 252.8 亿元，比 2010 年 201.9 亿元增长了 25.21%，2012 年随着各地智慧城市建设的推进，在智能交通行业 IT 应用投资方面加大了力度，2012 年比 2011 年增长了 25.59%，规模达到了 317.5 亿。2013 年受政府投资推动智慧城市建设的影响，智能交通行业应用投资增长至 408 亿元，增长率则高达 28.5%。预计到 2017 年，我国智能交通产业规模将超过 1 400 亿元，目前至 2020 年将是我国智能交通系统发展的重要提升阶段。

据中国智能交通协会理事长吴忠泽介绍，交通运输部提出要发展“综合交通、智慧交通、绿色交通和平安交通”四大交通。今后一个时期，立足国情、运用新技术手段，结合智慧城市建设，构建具有中国特色的新一代智能交通系统，将是我国智能交通发展的重要方向。交通部发布的《2012—2020

年交通运输业智能交通发展战略》，是中国第一部以政府文件形式发布的智能交通战略，标志着智能交通已经上升到了国家战略。交通部启动的新一代智能交通系统发展战略和应用物联网技术推进现代交通运输策略研究两个重大研究项目，为未来5—10年的发展进行了谋划。此外，目前传统的统一化智能交通监控已经越来越难以满足在不同特点道路的工作需要，因此专业化和定制化将成为未来智能交通管理设备的重要发展方向。

根据2015年国家出台的《国务院关于积极推进“互联网+”行动的指导意见》，在互联网+交通发展的计划中，有三项要求尤为重要，即“互联网+”高效物流、“互联网+”电子商务、“互联网+”便捷交通。汪鸣表示“交通是物流运输的核心环节和支撑。电子商务的发展也离不开配套的物流服务，智能交通在政策层面已经成为非常重要的内容。”基于此，智能交通在“十三五”期间将进入快速发展轨道，提升交通发展智能化水平并且通过智能化水平的提升来推动交通现代化将是智能交通发展的总体要求。总体要求具体包括：

一是促进交通产业的智能化变革。包括提升全行业的要素生产力，培育壮大智能交通产业等等。

二是推动智能运输服务的全面升级。使整个运输服务具有智能化的特征，通过智能服务进行整个产业链的构建。

三是优化交通运行和管理。光有方向和内容，整个交通运行和决策支撑系统还不能做出相应的调整，想达到智能交通系统的建设也是困难的。

四是健全智能决策支持和监管系统。要实现信息的互通共享，构建支撑和监管系统使信息有效、有价值。

五是夯实交通智能化基础。在基础设施建设方面，包括互联网、云计算，大数据等基础设施建设上将会加大力度。

党的十八届五中全会审议通过了《中共中央关于制定国民经济和社会发展第十三个五年规划的建议》，强调必须牢固树立并切实贯彻创新、协调、绿色、开放、共享的发展理念，为中国未来五年经济社会发展指明了方向。智能交通系统作为交通现代化建设的重要内容，“十三五”期间仍将是我国交通科技领域重点支持和发展的战略方向。针对“一带一路”“京津冀协同发展”“长江经济带”等国家战略对交通运输提出的重大需求，以解决我国综合运输效能低下、公众出行不便、交通安全态势严峻、交通能耗高、交通服务水平落后等迫切问题为导向，面向应用需求，继往开来，创新引领和推动智能交通的持续发展，是我国智能交通行业未来发展的主要思路。

展望智能交通未来的发展趋势，主要有以下几个方面：

综合交通智能化协同与服务

国外发达国家从基础设施与装备一体化、多种运输装备集成设计、运营调度与服务一体化等多个方面，充分实现综合货物运输方式间的信息共享，不断提高智能化信息服务水平。近年来我国各种运输方式都得到了快速发展，但多种运输方式间的信息交互服务滞后，制约了综合交通协同与高效服务。未来随着综合交通的发展和便捷出行的要求，信息共享和智能化服务技术将得到充分发展和应用。

交通运输系统安全运行智能化保障

交通安全是我国交通领域长期面临的严峻问题，交通运输系统安全运行的智能化保障将是未来智能交通发展的重要方向。交通安全涉及交通系统的多个要素，仅仅从单一因素不能从根本上改善交通安全水平，未来交通运输系统安全运行的智能化保障将重点集中于运用现代信息技术来分析事故成因、演化规律、管控策略以及设计主动安全技术和管理方法，从人、车、路协调的角度实现交通安全运行防控一体化。

合作式智能交通和自动驾驶将成为智能交通的重点

合作式智能交通、在美国成为互联车辆是近年来国际智能交通界关注的重要方向，它将无线通信、传感器和智能计算等前沿技术综合应用于车辆和道路基础设施，通过车与车、车与路信息交互和共享，首先实现车辆运行的安全保障，其次实现绿色驾驶和交通信息服务，它是安全辅助驾驶、路径优化、低碳高效等多目标统一的新服务。发达国家在这个领域已经做了大量的实际道路测试，基本实现了产业化。值得一提的是在日本已经在全部高速公路上实现了高速无线数据通信的全覆盖，具备上述功能的车载终端已经销售了数十万台。

另外值得重视的方向是自动驾驶汽车，虽然这是从智能交通诞生起就在研究的领域，但是近几年的发展极为迅速，在高速公路和城市道路上的测试试验已经在发达国家普遍开展，自动驾驶汽车在无人干预的条件下自动运行几千公里的例子比比皆是。同时低速无人驾驶汽车在发达国家的开发和试验也接近实用，在特殊区域、开放道路、居民社区已经进行了大量运行试验，新出行模式的萌芽已经开始显现。

智能交通的特殊要求推动信息技术发展

智能交通最大的特点是高速移动的交通工具间、交通工具与基础设施间的可靠数据交互和流数据的计算，而这些特殊的要求对宽带移动通信技术和计算技术的进步起到了强大的推动作用，例如超高速无线局域网和5G移动通信都把低延时作为一个重要指标，5G甚至提出延时不超过1毫秒，这个指标是直接对应于交通安全应用要求的。再例如，快速移动车辆在通信网络内要求不中断的数据连接，以保证流数据的计算，这就对通信的传输控制协议和流计算技术提出了新要求，这在一般公用通信系统中是没有的。这些技术近年来取得了不少突破，给实现智能驾驶和自动驾驶提供了支撑。

智能交通系统技术体系和标准化体系的完善

我国现有的智能交通系统体系框架和标准化体系是上世纪末借鉴国际智能交通系统发展的经验，结合我国实际国情制定的。应该说，这个体系框架和标准体系对引领我国智能交通系统的建设发展发挥了重要的积极作用，主要内容是符合技术发展走向和我国的应用实际的。

近年来，在交通运输部和国家标准委的安排下，对智能交通标准体系进行了修订，将智能交通领域的通信应用技术、车路和车车合作技术、移动互联交通应用技术、交通信息安全管理等内容补充进标准体系。其中，车路和车车通信国家标准由交通部和工信部安排，已经发布了两项，有两项将于今年年底发布，还有若干项在标准委的安排下正在开展编制。

同时，我国智能交通系统建设发展中，立足国情创新发展了许多智能交通新的应用和技术，成效突出。总结发展成果，立足国情，跟踪国际新技术发展动态，适时完善和丰富我国智能交通系统体系框架，将是未来我国智能交通系统领域的重要工作。

智能交通产业生态圈的跨界融合

随着新技术的发展和应用，为出行者提供更加精细、准确、完善和智能的服务，将是智能交通系统面向公众服务的重要方向。这些服务的提供将加速交通产业生态圈的跨界融合，汽车制造业、汽车服务业、交通运营服务、互联网、信息服务、智能交通等行业的融合发展将是大趋势。

典型代表：IBM 智能交通系统

世界城市化的步伐日益加快，人口密度也在不断增加。据联合国的一份报告估计，到 2050 年，大约 70% 的世界人口将居住在城市中。这一增长速度对各种类型的城市基础设施提出了更高的要求，给全球各地的交通系统带来了不小的压力，很多城市的交通系统和相关的基础设施日趋紧张，拥堵的交通系统阻碍了经济活动的正常开展，也消耗了大量的能源并对环境造成了污染。可以预见在不久的将来，由于不断增长的人口数量和越来越旺盛的移动需求，这些系统将更加不堪重负。

很明显，现在很多城市中有限的土地资源使得通过建设更多的路桥和增加车辆的数量（例如公交车或轨道列车）来满足日益增长的交通服务的需求已经到达了它们的极限，城市需要一种新的方法来解决这些挑战，我们需要优化现有的基础设施投入，提高现有资源的利用率，提供更安全、洁净和高效的交通。

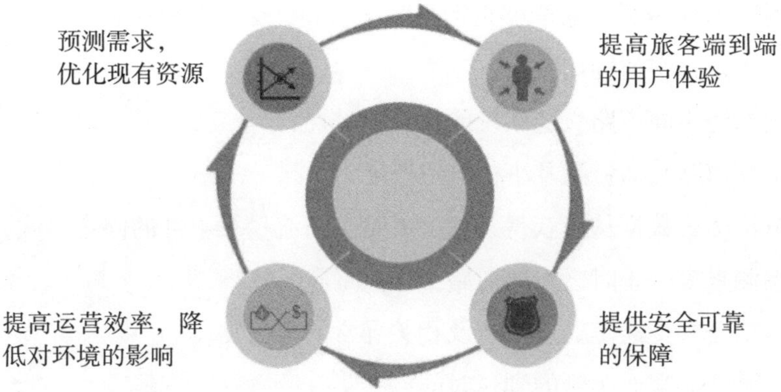

城市交通四大目标

IBM 智能交通产品将技术及智能与城市交通基础设施紧密结合在一起。通过它，城市交通机构可以提高运能、加强旅客的用户体验，使得交通系统和基础设施更为高效、安全和可靠。智能的交通依赖于信息技术理念：收集数据并可视化、资产的管理、传感器监控、最优化分析、分布式控制等等。有了智能的交通解决方案，通过采集相关数据、分析数据以及提供各种视图，城市管理者可以随时了解当前的基础设施和交通问题。通过使用合适的工具和技术（例如自动化、最优化分析等），城市管理者还可以进一步提高交通流量和运能，使智能的交通成为一种可能。

IBM 智能交通产品概述

IBM 于 2013 年 3 月发布的 IBM 智能交通 V1.5 提供了对整个交通网络的智能和洞察力以及更高的透明度和可见性。它有助于分析跨不同交通网络的交通行为和事件，帮助优化流量、效率、响应时间和旅行体验等等。IBM 智能交通是一个全面的、可扩展的交通管理平台，它提供系统范围的信息整合、洞察力和智能。它通过从跨区域的不同系统收集而来的数据，对道路交通和公交运营活动提供了一种集中式的管理。IBM 智能交通提高了事件觉察力，提供了一个全面的视图从而人们在任何时候都能知道路上在发生什么。这种解决方案帮助城市管理者主动地管理整个交通网络，提高旅客的旅行体验。

具体来说，IBM 智能交通能够帮助道路交通和公交运营机构：

◆减少道路交通拥堵；

◆提高跨不同道路交通系统的事件可见性；

◆提高道路交通流量及事件响应速度；

◆分析历史数据从而获得并理解道路交通流量及事件的固定模式；

◆预测未来一小时之内的道路交通流量状况；

◆增加公共交通车辆、服务及相关异常的可见度；

◆预测公共交通车辆的到达时间；

◆分析整个公交系统的性能状况和瓶颈。

IBM 智能交通是一个运行于 IBM 智能运营中心（IBM Intelligent Operations Center）之上基于 Portal 的一个解决方案，它利用 IBM 智能运营中心的底层架构和功能来实现城市不同机构之间的实时的信息传递和合作，从而有效的管理、协调、和解决出现的问题。IBM 智能交通有两种部署方式：传统的企业本地部署，或者基于 IBM SmartCloud 的云部署。IBM 智能交通也可以和其他的 IBM 智慧城市系列产品解决方案互为整合。

IBM 智能交通 V1.5 分为两个子产品（见下表），分别为道路交通运营和公共交通运营提供不同的功能。

IBM 智能交通 V1.5 功能简介表

子产品	可安装的功能部件
IBM 智能交通运营（IBM Intelligent Operations for Transportation）	交通感知 交通预测（可选）
IBM 智能运输分析（IBM Intelligent Transit Analytics）	车辆感知和预测

交通感知：是 IBM 智能道路交通运营的基础功能部件，它为交通流量运营数据的可视化和分析提供了交通信息模型和基础平台。道路交通感知功能部件把从分布的道路和流量数据获取系统得到的数据通过业界流行的协议规范整合起来，集中地展现给用户。

交通预测：这个功能部件为交通机构提供了流量预测的能力，它利用在道路交通流量感知系统中获取的历史的和实时的数据来预测未来 1 h 内特定地理区域内的道路交通流量情况。

车辆感知和预测：这个功能部件为公交运输系统提供了车辆感知和到达时间预测的能力，它可以同时为公交运输运营部门以及乘客提供整个公交网络上车辆服务状况的清晰视图。

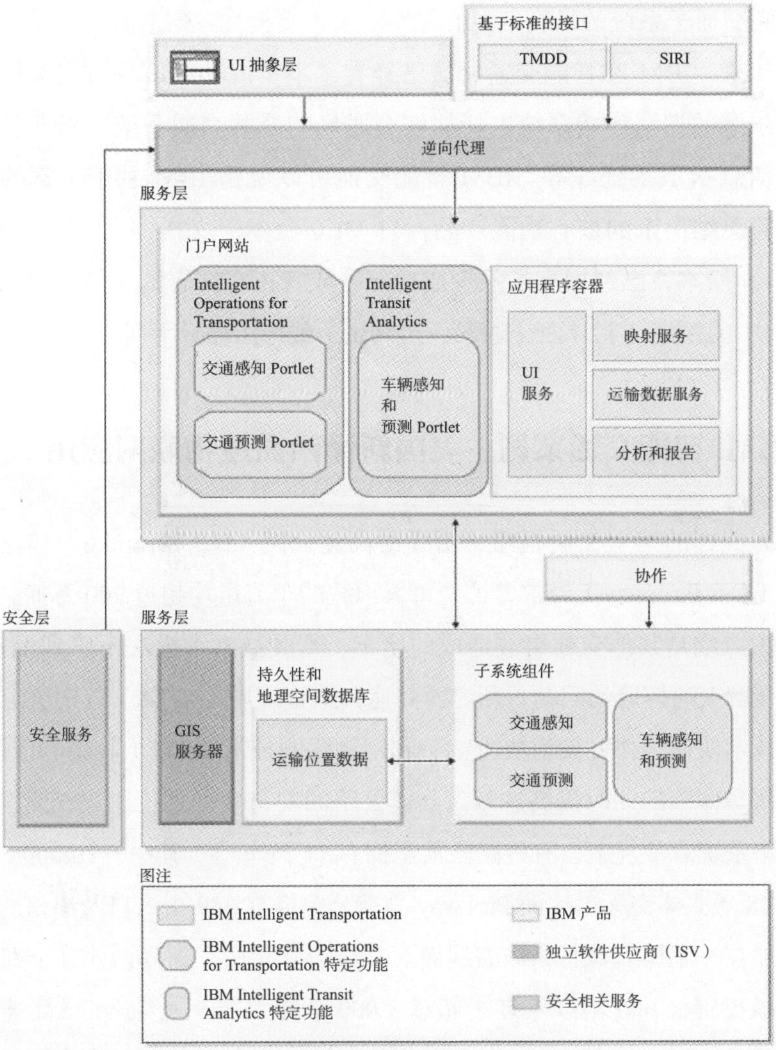

IBM 智能交通产品架构

和市场上其他很多类似或相关产品相比，IBM 智能交通产品是一个更为中立的解决方案，它支持了业界流行的规范来存储和处理信息，具有良好的可扩展性接纳不同数据源的数据。同时，高级的分析和预测能力也是它相对其他同类产品的优势之一。另外，基于 IBM 智慧城市智能运营中心的构架使得 IBM 智能交通产品具有较强的整合优势，可以将城市交通的不同子领域的解决方案整合在一起，为城市交通的高层领导者提供统一、完整的平台实时掌握不同交通子系统的最新信息。

近年来，IBM 在智能交通领域已经有了不少成功的解决方案案例，例如斯德哥尔摩的拥堵收费系统、新加坡交通局的公共交通系统、新西兰交通局的动态信息指示系统等等。IBM 智能交通可以说是 IBM 基于丰富的领域和实施经验总结出来的核心功能产品，自 V1.0 版本于 2011 年面世直到目前最新的 V1.5 版本，已经拥有了不少成功部署或者正在部署的案例，例如欧洲的 Veolia、中国镇江、新泽西交通局、迈阿密 - 戴德运输，等等。

IBM 智能交通案例：美国新泽西高速物联网应用

作为美国的路上交通枢纽，新泽西高速公路（N.J.Turnpike）和花园州高速公路（G.S.Parkway）异常繁忙，每天承载的车流量均超过 200 万辆。要是遇到雨雪大风或是其他交通事故造成的堵车，驾驶员常常没法不感到沮丧绝望。为有效缓解交通拥堵的问题，新泽西高速公路管理局（NJTA）近期决定与 IBM 及其他技术伙伴合作开发解决方案，利用物联网技术（IOT）收集和应用数据，在改善驾车体验的同时提高这两条高速公路的安全性。总长达 325 英里的新泽西高速路系统非常复杂，有些路段甚至拥有 14 条车道；其中，Turnpike 高速公路拥有 28 条立体交叉道，而 Parkway 高速公路拥有 359 个入口及出口。两条高速公路加在一起拥有数百条收费线路。在过去几年中，新泽西州在公路拓宽项目上积极投资，并在沿线安装了超过 3 000 个传感器——Turnpike 高速公路每隔 3 英里（4.82 km）就安装一个数字警示标志。此外，他们还在命令指挥系统中添加了新功能，以利用 Woodbridge 交通管理中心的全新数据流。

Turnpike 高速公路

IBM 与 NJTA 的合作包括开发和实施使用 IBM 智慧技术和流程来持续提高系统性能的相关项目——“高级交通管理项目”（Advanced Traffic Management Program）。这项下一代技术具有实时情境感知功能，还能提供预测性洞察力，让 NJTA 工作人员可主动且更加轻松地应对新出现的问题。通过路旁传感器发送的信号，工作人员将知道某个路段车速缓慢，从而判断出该路段发生事故或即将开始堵车。在某个时刻，我们能够自动执行整个流程。该项目可以有效管控二次事故的发生。二次事故是造成高速路堵车的一个主要原因——司机在不知情的情况下容易与前面停驶或减速车辆相撞。但是，如果我们能够防止不必要的拥堵，便能减少事故发生的数量。

我们恐怕不可能完全避免事故和堵车，但我们相信在物联网时代，由数据驱动的新技术将显著减少事故发生的数量和频率。此外，即便发生堵车，司机也能及时获得相关信息来主动调整行驶计划、管理预期从而缓解其焦虑，并因此获得相对愉悦的驾驶体验。物联网技术对于缓解大城市交通拥堵，疏通道路会起到不少的帮助，对于高速公路突然事件也能做到及时预警和排除，是对公路系统的一次全新尝试。

动力电池——安全、成本和回收

随着全球汽车保有量的迅速增长，面临能源和安全的压力日益加大。从可持续发展看，汽车产业必须解决能源、污染、安全和拥堵全球的四大汽车公害，低碳化、信息化与智能化汽车已被认为是最终解决方案。

电动汽车的关键是动力电池。美国人认识到锂离子动力电池就如同今天的石油一样具有重要的战略意义。因而，奥巴马上台不久就发布了"'下一代'电池和电动汽车计划"，对美国的电池及其配件制造者进行大力资助，以期在美国本土大规模制造电动汽车用的动力电池。

电池安全：电动汽车的核心问题

锂离子电池是一种充电电池，主要依靠锂离子在正极和负极之间移动来工作。在充放电过程中，Li^+ 在两个电极之间往返嵌入和脱嵌：充电池时，Li^+ 从正极脱嵌，经过电解质嵌入负极，负极处于富锂状态；放电时则相反。锂离子电池具有电压高、比能量高、循环性能好等特点，越来越广泛应用于消费电子品市场领域、纯电动和混合动力汽车市场领域、军事用途及空间技术领域等。安全性能是锂离子电池，特别是锂离子动力电池的核心指标。锂离子电池与金属锂二次电池相比，在安全性能方面有了很大的提高，但在实际应用中仍然存在许多隐患。特别是用于纯电动汽车（EV）和混合动力汽车（HEV）的动力锂离子电池，其充放电电流大，散热条件差，导致电池内部温度升高。研究证明：锂离子电池在滥用的条件下有可能达到使铝集流体熔化的高温（>700℃），从而导致电池出现冒烟、着火爆炸、乃至人员受伤等情况。因此，锂离子电池安全性能方面的研究，对扩大锂离子电池的商品化程度，保证使用过程中人员的安全是非常重要的。

电池材料本身的安全性

正极材料

锂离子电池正极材料一直是限制锂离子电池发展的关键。和负极材料相比，正极材料能量密度和功率密度低，并且也是引发锂离子电池安全隐患的主要原因。正负极材料的结构对锂离子的嵌入和脱嵌有决定性影响，因而影响着电池的循环寿命。使用容易脱嵌的活性材料，充放电循环时，活性材料的结构变化小且可逆，有利于延长电池的寿命。在锂离子电池滥用的条件下，随着电池内部温度的升高，正极发生活性物质的分解和电解液的氧化，这两种反应将产生大量的热，从而导致电池温度的进一步上升，同时不同的脱锂状态对活性物质晶格转变、分解温度和电池的热稳定性影响相差很大。寻找热稳定性较好的正极材料是锂离子动力电池的关键。层状 $LiCoO_2$、$LiNiO_2$、尖晶石 $LiMn_2O_4$ 和橄榄石 $LiFePO_4$ 是目前研究较多的正极材料。$LiCoO_2$ 热稳定性适中，电化学性能优异，但由于钴资源的限制，$LiCoO_2$ 在锂离子动力电池方面的应用受到限制；$LiNiO_2$ 虽然容量较高，但合成困难、循环性能较差，也不适合作为锂离子动力电池的正极材料；$LiMn_2O_4$ 热稳定性好、资源丰富、价格低廉，适合作为锂离子动力电池的正极材料；$LiFePO_4$ 由于合成原料资源丰富，成本低，对环境无污染，又有较高的比容量、有效利用率、适宜的电压及较好的循环性能，是一种有应用前景的锂离子正极材料。

负极材料

早期使用的负极材料是金属锂，而以金属锂为负极组装的电池在多次充放电过程中易产生锂枝晶，刺破隔膜，导致电池短路、漏液甚至发生爆炸。使用嵌锂化合物避免了锂枝晶的产生，从而大大提高了锂离子电池的安全性。目前在锂离子二次电池中较具使用价值和应用前景的碳主要有三种：一是高度石墨化的碳，二是软碳和的碳，三是碳纳米材料。

当前锂离子电池所用的负极材料大部分采用石墨，而石墨的理论适量比容量只有 372 mAh/g，体积比容量也只有 800 mAh/cm^3。尽管目前研制出的医学热解碳具有 700 mAh/g 的比容量，但是它的体积比容量还是非常有限。由于大功率的需要，高能量密度的金属和金属化合物材料引起了广泛关注，研究主要向微小颗粒（纳米级）、单相向多相、掺杂非活性材料等方面发展。金属和合金类负极在循环过程中，体积会发生很大的变化，循环寿命短。为延长寿命，采用金属学上的近似法开发控制合金材料的组成和微观组织（纳米级）及表面处理技术。

随着温度的升高，嵌锂状态下的碳负极将首先与电解液发生放热反应。在相同的充放电条件下，电解液与嵌锂人造石墨反应的放热速率远大于嵌锂的 MCMB、碳纤维、焦炭等的反应放热速率。硬碳类材料、软碳类材料、石墨类材料的碳层间距分别为 0.38 nm、0.34—0.35 nm、0.335 nm，当锂嵌入碳层后，层间距约为 0.371 nm。石墨类材料的层间距最小，其在锂离子电池的嵌入和脱出过程中形变最大，锂离子在此类碳层中的扩散速度也较慢，大电流充放电时，极化大、电阻大，电池的安全性差，硬碳类材料则相反。也有人认为，石墨化程度增加可以降低锂离子扩散的活化性能，有利于锂离子的扩散，而硬碳类材料由于存在大量的空洞，大电流充放时，其表现接近于金属锂负极，安全性反而不好。在新材料的探索方面，锂化过渡金属氮化物及过渡金属磷族化合物是很好的例子，对该类材料的进一步研究有可能为锂离子蓄电池负极材料的发展注入新的活力。

隔膜与电解液

隔膜本身是电子的非良导体，但也允许电解质离子通过。此外，隔膜材料还必须具备良好的化学、电化学稳定性和机械性能以及在反复充放电过程中对电解液保持高度浸润性，隔膜材料与电极之间的界面相容性、隔膜对电解质的保持性均对锂离子电池的充放电性能、循环性能等有较大影响。

电解液在锂离子电池的正、负极之间起着输送 Li^+ 的作用，电解液与电极的相容性直接影响电池的性能，电解液的研究开发对锂离子二次电池的性能和发展非常重要。从电池的安全性方面考虑，要求有机电解液具有良好热稳定性，在电池发热产生高温的条件下保持稳定，整个电池不会发生热失控。

有机电解液对锂离子动力电池安全性的影响主要从溶剂、电解质锂盐和添加剂三方面进行研究，从根本上解决锂离子电池安全性问题的，应为离子液体电解液。

制造工艺的影响

锂离子电池的制造工艺可分为圆柱式和叠片式，无论是什么结构，电极制造、电池装配等制造过程都会影响电池的安全性能。锂离子电池的制造工艺包括正极和负极混料、涂布、辊压、裁片、焊接极耳、卷绕或层叠、注液、封口、化成等。其中每一道工序都会影响电池的安全性能。其中起主要作用的有以下方面：

正负极容量配比

正负极活性物质的配比关系到电池的使用寿命和安全性能，尤其是过充电性能。正极容量过大将会出现金属锂在负极表面沉积，负极容量过大会导致电池的容量损失。为了确保电池的安全性，一般原则是考虑正负极的循环特性和过充时负极接受锂的能力，而给出一定的设计冗余。

浆料均匀度控制

浆料的均匀度决定了活性物质在电极上分布的均匀性，从而影响电池的安全性。制浆时间过短，浆料不均匀，电池充放电时会出现负极材料膨胀与收缩比较大的变化，可能出现金属锂的析出；而时间过长、浆料过细会导致电池内阻过大。

涂布质量控制

温度和时间是影响涂布质量的因素。加热温度过低或烘干时间不足会使溶剂残留，黏结剂部分溶解，造成一部分活性物质容易剥离；温度过高可能造成黏结剂结晶化，活性物质脱落形成电池内短路。另外，涂布的厚度和均一性会影响锂离子在活性物质中的嵌入和脱出。负极膜较厚，不均一，因充电过程中各处极化大小不同，有可能发生金属锂在负极表面局部沉积的情况。

电池组合使用的安全性

锂离子电池在单个使用时，配合防过充、过放、过流装置，安全性基本可以得到保证。但是对于组合使用的动力锂离子电池的情况变得比较复杂。组合使用比单个使用更容易发生过充和过放现象，且不易发现。电池组中各单体电池之间存在不一致性，连续的充放电循环导致的差异，将使某些单体电池的容量加速衰减，串联电池组的容量由单体电池的最小容量决定，因此这些差异将使电池组的使用寿命缩短。造成这种不平衡的主要原因有：在电池制作过程中，由于工艺等原因，同批次电池的容量、内阻等存在差异；电池自放电率不同，长时间的积累，造成电池容量的差异；电池在使用过程中，使用环境中温度、电路板的差异，导致电池容量的不平衡。为减小这种不均衡对锂离子电池组的影响，在电池组的充放电过程中，要使用均衡电路。目前，锂离子电池组均衡控制的方法，根据均衡过程中电路对能量的消耗情况，可分为能量耗散型和能量非耗散型两大类。能量耗散型是通过给电池组中每只单体电池并联一个电阻进行放电分流，从而实现均衡。这种电路结构简单，只有容量高的单体电池的能量消耗，存在能量浪费和热管理的问题。能量非耗散型电路的耗能比能量耗散型要小，但电路结构相对复杂，可分为能量转换式均衡和能量转移式均衡两种。现有的锂离子电池的均衡方案中，基本上是以电池组的电压来判断电池的容量，是一种电压均衡的方式，电压检测的准确性和精度及漏电流的大小，直接影响电池组的一致性。

中汽协最新发布的数据显示，2016 年上半年我国新能源汽车产销分别完成 17.7 万辆和 17 万辆，产销同比增速近 1.3 倍。受新能源汽车市场的影响，动力电池行业也迎来旺季，锂电行业投资正呈现井喷态势。据不完全统计，仅 2017 年上半年，已有 54 家动力电池的上中下游上市公司，发布了投资扩产计划，投资金额累计约 1 160 亿元人民币。中国电动汽车百人会理事会执行副理事长欧阳明高表示，“尽管最近几年我国新能源汽车，尤其是纯电动车的增长速度非常快，但解决动力电池技术的安全问题仍然任重道远。”在迈向高比能量锂离子电池的过程中，目前生产电池的成本逐渐下降，比能量迅速提高，续航里程也在逐步提升，我国的电动汽车在国际竞争中也已经占有一席之地。但在这一过程中，动力电池的安全性问题将会变得更加突出。现在纯电动汽车的成本主要来自于电池，从平衡续航里程与成本考虑的话，预计在2020年之后，续航200—250 km的电动汽车就可以跟燃油车竞争。但欧阳明高认为，“电动汽车的安全性、耐久性、动力性仍将是三大技术难题，而最核心的则是安全性。”

电池成本：电动汽车产业化的关键

一般来讲，纯电动汽车中，动力电池模块占整车成本的比例接近50%。如果在未来10—15年内新能源汽车真正实现普及，整车厂商要扩大利润，首先要解决的问题就是降低电池成本。目前，一辆市场指导价在20万元左右的电动汽车，其动力电池的成本约在8万元，占总成本的近1/2。与此同时，由于电动汽车对电池性能的要求极高，一般电池能量密度在衰减至70%左右时，便不能再继续使用。这就意味着消费者换置电池将面临高额的成本。而免费质保的推出，无疑可降低消费者在售后上的成本。业内人士透露，目前车用电池的使用寿命普遍都在5年以上，而车企给出的质保期内，一般都不会出现大幅的衰减和故障。但是在下雨或者车辆发生事故撞击后产生对电池的损害，厂家是不会负责的。由此可见，成本过高的电池已成为新能源汽车发展的“绊脚石”。

中国电动汽车百人会发布的《中国汽车动力电池发展路线图》对锂离子电池提出了发展要求，在“十三五”期间，锂离子电池实现技术升级，新型锂离子电池单体比能量提高一倍，达到350 Wh/kg；成本降低50%，达到0.6元/瓦时。电池系统比能量提高1倍，达到250 Wh/kg，成本降低一半，达到1元/瓦时。业内专家认为，动力电池要想实现成本减半的路线要求，必须从以下方面着手。

促进材料市场健康发展，降低材料成本

据调查，在车用锂离子的成本结构中，材料成本占比接近75%，其他如劳动力成本、制造成本（如厂房、设备、能源等）、环保成本等占比不足26%。从近两年来电池上游原料的价格走向可以看出，大部分原料价格呈上升趋势，且一些矿产资源被少数国际集团掌控，虽部分原料价格略有下降，但价格稳定性不能得到长期保证，所以通过降低原料价格来实现降低电池成本显然不现实。虽然原料价格难以降低，但是动力电池材料成本却是可以降低的。以隔膜为例，隔膜是动力电池四大关键材料中技术壁垒最高、国产化最低的材料，如果企业生产的隔膜品质过关且能实现稳定生产和批量供货，其毛利率可达到60%以上。目前国内企业对隔膜领域的投资力度正在不断加大，高端隔膜产能也在不断增加，所以隔膜产品存在巨大的价格下降空间。随着动力电池材料市场的健康发展，市场将逐步趋于成熟，其他电池材料的价格也会有所下降。

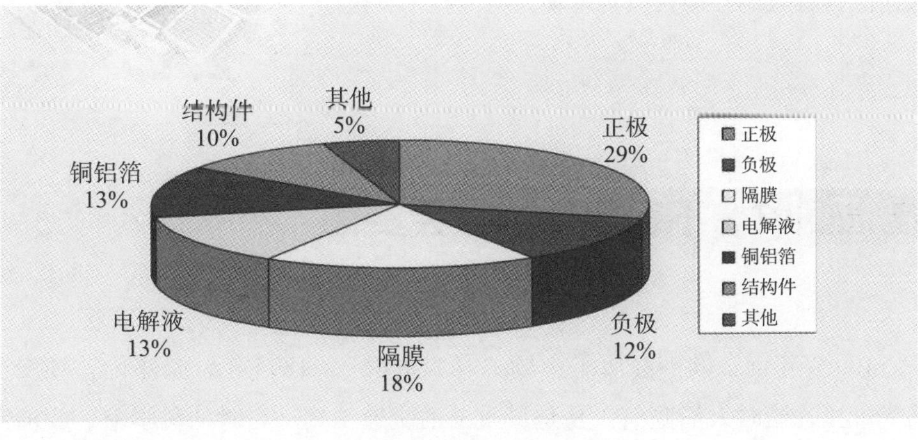

动力电池的成本构成

改善工艺生产流程，实现智能化、规模化生产

改善工艺生产流程，实现智能化、规模化生产，可以大幅度地降低电池材料和电池的生产成本。2015年国务院发布《中国制造2025》后，动力电池以及电池材料生产企业纷纷加入生产技术改革的行列。自动化、规模化生产不仅能有效地降低人工成本、提高工厂的生产效率和生产能力，而且能够提高材料利用率和产品合格率，要做到产品质量和产量的双提高，最终实现降低生产成本的目的。可以说，未来动力电池的成本能否成功减半，动力电池产业链能否实现智能化、规模化生产是主要因素之一。

提高电池技术，探索新型电池材料

目前，我国动力电池以三元材料电池和磷酸铁锂电池为主，这两种电池在技术上还有很大的改进空间，电池生产企业和科研机构也在不断深入研究，以实现电池成本和性能上的改进。此外，随着纳米技术、石墨烯等技术的不断深入研究和应用，一些新型电池材料也在不断问世。这些新型材料很有可能使动力电池在成本和性能上得以突破。2016 年 6 月 30 日，我国首个制造业创新中心——国家动力电池创新中心正式成立。动力电池创新中心主要解决的是面向动力电池行业的共性技术，而不是单个企业可以解决的关键技术。动力电池创新中心弥补了动力电池行业里实验室产品与产业化之间的缺失环节，通过协同技术、人才、资金等资源，打通技术研发供给、商业化等链条，从而能够有效地推动我国实现动力电池技术突破。

电池回收：不容忽视的社会责任

100 多年前，欧洲经历了一场“马粪危机”。1894 年，整座伦敦被浸在马粪堆里，当时人们坚信：马是最重要的交通工具。当时的科学家、政治家和城市规划者聚在一起应对“马粪危机”，而商人们也围绕着马创造各种商机——马鞍、马车、马粪回收，使很多家族暴富。不过，近几年新能源汽车市场销售狂飙突进，废旧动力电池的问题越来越凸显。而且电池属于严重污染类废旧物品，对环境造成了一定的威胁。因此，退役动力电池的回收再利用问题急待解决，新能源汽车正在经历新时期的“马粪危机”。动力电池的寿命一般在5—8年，当电池电量削减至原始电量70%时，就无法继续在车上使用。而使用频率较高的电池组，如出租车、公交车、商用车更换电池的需求更大。从2014年起，我国动力电池的生产就达到供不应求的程度，而回收产业现在还处于散小乱差的状态。造成这种局面的原因在于目前的技术手段，尚无创造回收利润的能力。也就是说，创造的新价值无法抵消回收花费的成本。2015年新能源汽车电池累计报废量为2万至4万t，预计到2020年新能源汽车电池累计报废量将为12万至17万t。因此，动力电池的回收再利用问题，已经引起有关部门的重视。在2016年电动车百人会论坛上，科技部部长万钢呼吁，要加快研究动力电池的回收再利用。他强调，要尽快建立电池回收体系，构建产业链，尽快制定出台车用动力电池回收利用的政策和法律法规，建立监督监管制度。

2016年1月5日，国家发改委、工信部、环保部、商务部、质检总局联合发布了《电动汽车动力蓄电池回收利用技术政策（2015年版）》（以下简称“回收政策”），对新能源汽车的电池回收、利用、处理做出统一规范。回收政策明确了废旧动力电池的管理范围，明确了责任主体，将废旧动力电池回收责任落实到新能源汽车生产企业、动力蓄电池生产企业、阶梯利用电池生产企业和报废汽车回收拆解企业。回收政策还提出建设动力蓄电池回收网络，电动汽车及动力蓄电池生产企业需在各地指定网点回收废旧电池，各责任主体需向工信部汇报动力蓄电池的回收处理情况，蓄电池回收利用遵循先阶梯利用后再生利用的原则。回收政策对废旧动力电池的收集、分类、贮存、运输、梯级利用、再生、监督管理等环节都做出规定。貌似齐全，实则只明确了一件事：责任主体和追责方式，即建立了可追溯体系。该游戏规则表明至少在目前这个阶段，从政府层面还没有把电池回收看作有利可图的生意，而是不得不规定责任的麻烦。

据了解，目前报废的动力电池通常有如下几种处置方法：第一，重新制造。即替换电池上的损坏零件，重新装配给电动汽车。第二，电池转型。即改变电池的调校（控制发动机的数据），并将其装配给其他静态储能装置。第三，循环利用。即分解提取电池中的贵重金属、化学材料及副产品，在原材料市场中出售或重新投入车用电池的生产。日本在动力电池回收利用方面的经验非常值得我们学习。

日本汽车企业在新能源车领域起步比我们早十几年，丰田普锐斯诞生于1997年。按照日本人极其重视垃圾回收（全国垃圾处理率达到100%）推理，日本应在新能源车诞生5年内建立动力电池回收产业链，但实际上并没有。即便对于丰田而言，回收镍氢电池（混动车用动力电池）同样面临无利可图的困境。这是日本直到2011年才在本土启动回收镍氢电池项目的原因。在本土，丰田与住友金属合作，借助后者世界一流的高纯度提取技术，丰田实现了混合动力车动力电池中镍的多次利用，该项业务可回收电池组中50%的镍；同时，丰田化学工程和住友金属矿山配置了每年可回收相当于1万辆混合动力车电池用量的专用生产线；而2012年，本田则与日本重化学工业公司合作做了类似的事情。不过，本田回收项目可以回收超过80%的稀土金属，用于制造新镍氢电池。在几年前，混合动力车电池中回收的镍只能用来生产不锈钢。随着高精度镍提取及分离技术的发展，现在回收的镍可以用来生产新电池。丰田已经将镍回收利用技术推广到海外工厂。回收电池虽然是责任所在，但日企也是依靠回收金属（包括对日本来说极为宝贵的稀土元素）作为回收产业驱动力。

在欧洲，丰田则表现出更积极的态度，这与欧洲更为苛刻的环保法规有关。丰田2016年宣布，实现对混动车电池100%的回收目标，之前回收率91%。丰田同时延长sNAM公司（法国）、优美科（umicore）集团（比利时）合作关系，由后两者分别对镍氢电池和锂电池进行回收。而丰田（含雷克萨斯）自2000年起，已经在欧洲累计销售了85万辆混动车，比目前我国的新能源车车保有量还要大。同时，为了延长动力电池的使用寿命，避免处理高峰的产能限制。丰田还推进动力电池梯次利用项目。2016年，丰田将凯美瑞混合动力车的废旧电池用于黄石国家公园设施储能供电。

日产也与住友合作，利用电动车聆风的废旧锂电池开发蓄电池系统，作为太阳能发电的辅助储能系统，用于在夜晚和光照不足天气下的独立供电。住友商事与日产合资成立的4R Energy公司，以电动车EV废旧锂电池的商业再利用为目标，其公司成立以来已经成为商业上最成功的锂电池回收企业。

日本企业在全球梯次建立回收产业链的经验表明，即便政府已经发布相关政策，全社会对建立电池回收产业的重要性和紧迫性的认识还需要一个过程，因此要达到 2020 年的目标，我们的任务依然十分艰巨。

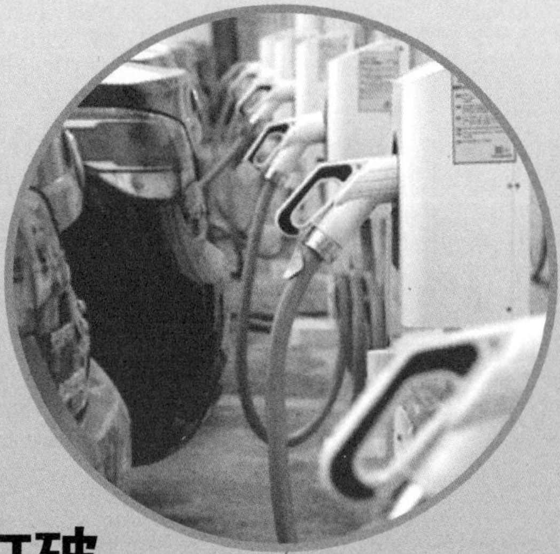

基础设施——打破鸡和蛋的难题

充电基础设施主要包括各类集中式充换电站和分散式充电桩，完善的充电基础设施体系是电动汽车普及的重要保障。进一步大力推进充电基础设施建设，是当前加快电动汽车推广应用的紧迫任务，也是推进能源消费革命的一项重要战略举措。

充电桩：2020 年满足 500 万辆电动汽车充电需求

作为新能源汽车产业链中的重要一环，充电基础设施直接影响新能源汽车消费者的使用，进而影响研发、生产和销售等各个环节，最后制约整个新能源汽车产业的发展。根据工信部数据，截至 2014 年底，我国纯电动汽车和充电桩比例为 4∶1，距离标配 1∶1 尚存在不小差距。充电基础设施建设本应适度超前，但目前却严重滞后于电动汽车发展，已成为制约新能源汽车产业的重要因素。以北京为例，截至 2016 年 6 月底，已累计推广纯电动汽车约 1.8 万辆，而安装在车主个人停车位上的充电桩仅 2 000 余个，建成的社会公用充电桩约 1 500 个，充换电站 5 座。北京市电动汽车充换电管理服务平台显示，可对公众开放的充电网点相对较多的是海淀区、朝阳区和丰台区，分别有 10 个、7 个和 5 个可充电网点，大部分都是汽车 4S 店，位置以五环一带居多。北京各区中，不仅东城、西城两大核心区无公共充电桩，门头沟、平谷、怀柔、密云、延庆也是公共充电桩的空白区域。从购车补贴到购置税减免，从单独摇号到电价优惠，新能源汽车的政策扶持力度层层加码，但消费者的购买热情依然低迷，最主要的症结无疑是充电难。

公共充电桩

据初步测算，与 6.66 元 / 升燃油单价相等价的充电价格水平是每千瓦时 1.78 元，然而，在当前的市场条件下，一个大型充电站仅充电、配电等设备投资就需要 1 000 万元以上，如果再加上土地、设备维护、人工等费用，考虑到不同地区经济发展水平的差异，为收回成本的充电价格水平最高要达到每千瓦时 8 元，最低也在每千瓦时 4 元左右。这远远高于上述 1.78 元的临界值，大大超出了终端消费者的承受能力。因此，目前全国各地充电站普遍面临亏本经营的厄运。据国家电网相关人士透露，2014 年已建成的 400 余座充电站几乎处于全线亏损状态；南方电网分公司则表态，其在深圳建成运营的 7 座充电站，每年亏损额为 1 300 万元。

除了盈利问题外，目前充电站 / 桩的建设和使用还面临着诸多“烦恼”。插上后不能充电是被诸多电动汽车车主诟病的首要问题。现在，充电接口的物理标准已经统一，但除了物理接口以外，还存在不同厂商对充电接口通信协议理解不一致的问题。此外，充电站还存在管理问题。对于企业建的充电桩，理论上是应该免费开放的，但是在人为管理时，经常出现“行不通”的情况，例如车主买个上汽的车，到北汽的 4S 店应该也是可以充电的，但是对方可能会以充电机损坏等理由拒绝为用户充电。充电站在技术可靠性和设备维护保养上也存在问题。充电设备的技术状态没有达到100%的稳定，有些充电桩建起来但后续的维护没有跟上，充电桩搁在那里好久了一直没人用，想用却发现用不了。

为促进电动汽车产业健康快速发展，2015年10月9日，国家发展改革委、国家能源局、工信部、住建部联合印发了《电动汽车充电基础设施发展指南（2015—2020年）》（以下简称“指南”）。作为国务院办公厅《关于加快电动汽车充电基础设施建设的指导意见》的配套文件，指南提出了我国“十三五”阶段充电基础设施发展的总体目标，以及分区域和分场所建设的目标与路线图。

指南预测，到2020年全国电动汽车保有量将超过500万辆，其中电动公交车超过20万辆，电动出租车超过30万辆，电动环卫、物流等专用车超过20万辆，电动公务与私人乘用车超过430万辆。根据各应用领域电动汽车对充电基础设施的配置要求，经分类测算，2015年到2020年需要新建公交车充换电站3 848座，出租车充换电站2 462座，环卫、物流等专用车充电站2 438座，公务车与私家车用户专用充电桩430万个，城市公共充电站2 397座，分散式公共充电桩50万个，城际快充站842座。

根据需求预测结果，按照适度超前原则，指南明确提出了充电基础设施建设总目标：到2020年，新增集中式充换电站超过1.2万座，分散式充电桩超过480万个，以满足全国500万辆电动汽车充电需求；优先建设公交、出租及环卫与物流等公共服务领域充电基础设施，新增超过3 850座公交车充换电站、2 500座出租车充换电站、2 450座环卫物流等专用车充电站；积极推进公务与私人乘用车用户结合居民区与单位停车位配建充电桩，新增超过430万个用户专用充电桩，以满足基本充电需求。鼓励有条件的设施对社会公众开放；合理布局社会停车场所公共充电基础设施，按照适度超前原则，新增超过2 400座城市公共充电站与50万个分散式公共充电桩，以满足临时补电需要；结合骨干高速公路网，建设“四纵四横”的城际快充网络，新增超过800座城际快充站，以满足城际出行需要。

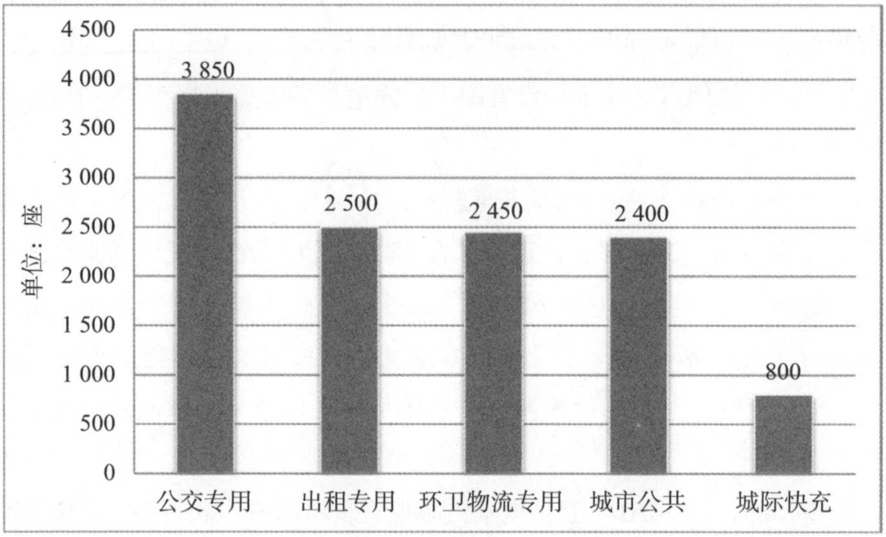

集中式充换电站

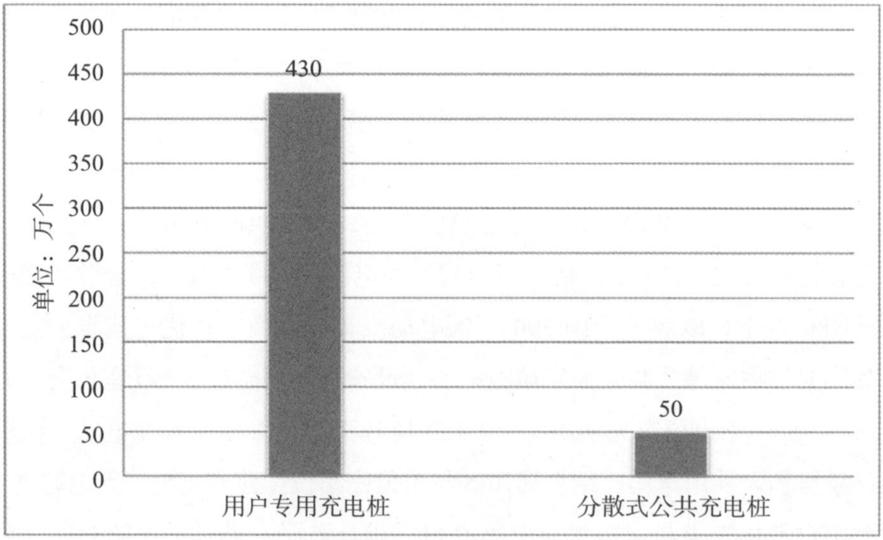

分散式充电桩

指南还提出了分场所的建设目标，在公交、出租、环卫与物流等公共服务领域专用停车场所，适当补充独立占地的充换电站，新建超过 3 850 座公交车充换电站、2 500 座出租车充换电站、2 450 座环卫与物流等专用车充电站。

在居民区，建成超过 280 万个用户专用充电桩，鼓励有条件的设施对社会公众开放；在公共机构、企事业单位、写字楼和工业园区等单位内部停车场，建成超过 150 万个用户专用充电桩。鼓励有条件的设施对社会公众开放。

在交通枢纽、大型文体设施、城市绿地、大型建筑物配建停车场、路边停车位等城市公共停车场所，建成超过 2 400 座城市公共充电站与 50 万个分散式公共充电桩，满足临时补电需要。

在城际高速公路服务区，2015 年之前初步形成四纵两横三环（四纵：京沪高速、京港澳高速、沈海高速、京台高速；两横：青银高速、沪蓉高速；三环：京津冀、长三角和珠三角）的城际快充网络，建成超过 500 座城市快充站。2020 年之前，形成“四纵四横”（四纵：沈海、京沪、京台、京港澳；四横：青银、连霍、沪蓉和沪昆）城际快充网络，建成超过 1 000 座城市快充站。

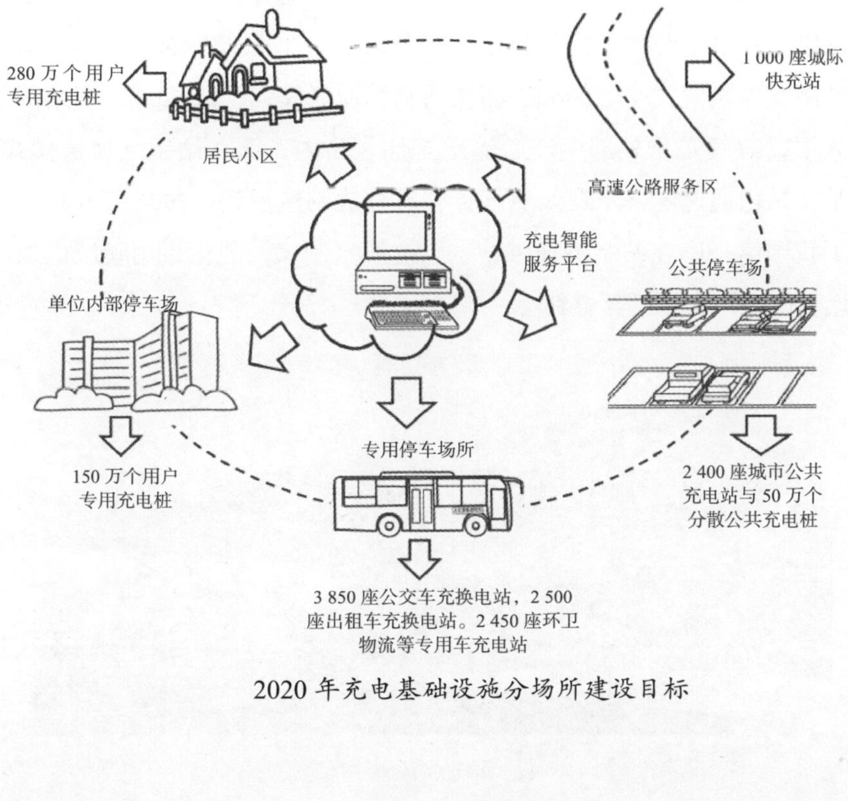

2020 年充电基础设施分场所建设目标

加氢站：国际明确，国内稀缺

加氢站（氢气加注站）是给氢燃料电池车提供氢气补给的基础设施。世界上最早的氢气加注站可以追溯到 20 世纪 80 年代位于美国 Los Alamos 的加氢站，是美国阿拉莫斯国家实验室为了验证液态氢气作为燃料的可行性而建造。加氢站的工作原理是：氢气通过管束槽车运输至加氢站，经由氢气压缩机增压后储存至站内的高压储罐中，再通过氢气加气机为燃料电池汽车加注氢气。若以建设形式来划分，加氢站可分为固定加氢站和移动加氢站。移动加氢站以被加注对象的运行范围为服务区域，与母站共同构成小型高压氢气加注网络，提高了氢气供给的机动性。若以氢气来源进行划分，加氢站可分为离站制氢加氢模式（Off-site）和在站制氢加氢模式（In-site）。离站制氢加氢模式下，氢气是从外部生产后输送至加氢站内，而在站制氢加氢模式下，氢气是在站内通过电解水或天然气重整等方法制造得到。2006 年 6 月，北京建成了我国第一座在站制氢加氢站，以电解水制氢，纯化后用膜压机加压充瓶为燃料电池汽车补给氢燃料。

氢气加注站

资料显示，与充电站/桩不同，加氢站的建设难度更大、成本也更高。如果只是对现有的加油站进行改造如添加个加氢泵，成本在100万美元以下，但如果是新建一个加氢站，那么花费可达200万美元以上。美国加利福尼亚州一直被视为全球氢燃料电池汽车示范和推广的先行者，位于该地区的加氢站数量也较多。但全球包括加州的加氢站的建设并不一帆风顺，这也是专家一再强调加氢站建设难度高的原因。早在2004年，加州州长阿诺·施瓦辛格便计划建造一条氢高速公路，公路沿途最多能有200个加氢站。按照当时的计划，这些加氢站可在2010年开始运行。但加利福尼亚燃料电池联盟（CaFCP）数据显示，截至目前加州只有23个加氢站，并且其中只有9个能供公共使用。从日本来看，丰田早在2011年便和日本其他汽车厂商以及石油能源公司签署协议，承诺将共同推动燃料电池汽车的大众化，并且到2015年完成约100个加氢站的建设。但实际情况表明，目前日本国内只有13个加氢站，因此预计该计划会和加州氢高速公路的一样，很难如期完成。

Fuel Cell Today 数据显示，截至2016年1月，全球共有214座加氢站正在运营，其中亚洲67座、欧洲97座、北美50座、南美1座、澳大利亚1座。2015年全球加氢站建设迈入新阶段，新增54座加氢站，其中日本新增加氢站28座，是新建数目最多的国家。2015年丰田公司第一款燃料电池车Mirai在日本批量上市后，订单火爆，超出了产能负荷。奔驰公司将于2017年推出燃料电池汽车GLC F-Cell，宝马计划2020年推出首款燃料电池车。目前，世界各大主流车厂均有推出氢燃料电池汽车的计划。因此，受车企推广氢燃料汽车热情高涨的刺激，日本、美国和欧洲等纷纷制定了燃料电池汽车推广及加氢站基础设施建设的发展战略。据统计，到2020年美国东北各州将建设100座加氢站，加利福尼亚州截至2015年建成68座加氢站；英国计划建设67座加氢站；德国截至2015年建成加氢站50座；日本加氢站建成100座，各国都在出台相应加氢站建设计划，2015—2020年间，全球有望建成数百座加氢站。

与国外大规模建站不同，目前中国现有加氢站数量稀少，且没有长期规划。据介绍，国内加氢站仅有4个，分别位于北京、上海、郑州、深圳。北京加氢站自 2006 年 11 月启用至 2010 年 8 月，累计加注燃料 2 023 次，共加注氢气 19 100 kg。“距北京加氢站 1 km，曾还有一个加氢站。”同济大学教授、上海氢能利用工程技术研究中心副主任张存满介绍说，“这个加氢站为民营，采用电解水方式制氢，由于其他原因于 2011 年被拆除。”上海安亭加氢站还在运营，该站始建于 2007 年 11 月，主要采用外供氢气，加注压力为 35 MPa，存储压力为 43.8 MPa，存储容量为 800 kg。截至 2015 年 6 月，安亭加氢站累计加注 6 013 次，加注总量为 10 216 kg。上海为服务世博会曾特意建设了一个世博加氢站，张存满教授介绍说，世博加氢站是当时世界上规模最大的加氢站之一，氢气供给方式为外供氢，主要用拖车运输。该加氢站的加注压力为 35 MPa 和 43 MPa，储存压力 43—45 MPa，最大存储容量达 1 000 kg。“该站曾服务 170 余辆汽车。”张存满有些遗憾地表示，“由于规划原因，世博加氢站已于 2011 年被拆除。”为服务大型国际展会或赛事建造加氢站的城市还有深圳。2011 年 8 月，深圳为迎接第 26 届大学生运动会也建设了一个简易加氢站，作为示范运行使用。该站运营期间共加注 537 次，加氢总量为 460 kg。该站曾停运两年，于 2014 年恢复运营至今。建设广州加氢站是为供给亚运会观光车的氢能，共加注 1 700 次、总量为 5 900 kg 的氢气，目前该设施也已被拆除。

加氢站的运营成本居高不下是阻碍大规模发展的主要原因。主要包括建设高成本、运营维护成本高、成本回收期较长三部分。根据张存满教授的测算，日本建设一个储存量为 150 kg 的加氢站大约需要 300 万欧元；美国则需要 250 万—300 万美金；欧盟国家为 100 万—150 万欧元；中国建设一个 200 km 以上存储量的加氢站，成本仅为 600 万—800 万人民币（不包括土地成本）。中国建加氢站具有一定成本优势。但是由于加氢站设备的运行维护成本很高，即使按照净现值分析法，目前一个 200 kg 存储量的加氢站，氢气成本达到 70 元 / 千克，经济性非常差。即使达到国际上平均水平 55 元 / 千克，按照国内目前氢气加注量和氢燃料电池汽车的保有量，十年内也很难盈利。此外，加氢站成本回收周期较长，加氢站的基础设施需要依靠车辆充电、加氢规模效应平衡收支来盈利。据公开数据显示，2015 年，国内氢燃料电池乘用车仅 10 辆、公交、大巴为 3 辆。到 2020 年，国内氢燃料电池乘用车有望达到 3 000 辆，公交车大约为 8 000 辆，保有量依旧远远低于日本、美国、欧盟等地区。

《中国制造 2025》文件明确提出：到 2020 年，将生产 1 000 辆燃料电池汽车并进行示范运行；到 2025 年，将实现高品质关键材料、零部件实现国产化和批量供应，制氢、加氢等配套基础设施基本完善，燃料电池汽车实现区域小规模运行，和传统汽车、电动汽车相比具有一定的市场竞争力。从国际上来看，燃料电池车目前已经从开发阶段进入到市场导入阶段，现在的核心问题是建生产线降低成本。我国的燃料电池关键材料还未进入投产阶段，燃料电池汽车的可靠性、耐久性和国际水平相比仍有较大差距，我国还未形成明确的燃料电池汽车发展路线图。中国工程院院士、全国燃料电池标准技术委员会主任委员衣宝廉在 2016 年 APEC 燃料电池国际论坛上表示，“未来的汽车行业将是燃料电池车、混合动力汽车和纯电动车三分天下。”针对国内加氢站不足的问题，衣宝廉院士建议，发展燃料电池发动机快速评价方法，推进加氢站建设和燃料电池汽车的示范运行，以示范带动技术链与产业链的发展，全力攻克 70 MPa 氢瓶、空压机、加氢站建设的难题。

智能交通：大数据与交通碰撞出的火花

近几年，随着中国城市信息化的步伐加快，各地政府对城市交通投入增加，城市交通智能化建设也取得了初步成就。2011 年，中国智能交通行业应用总体市场规模达到 250 亿元，比 2010 年 201.9 亿元增长了 23.55%，2012 年随着各地智慧城市建设的推进，在智能交通行业 IT 应用投资方面加大了力度，2012 年比 2011 年增长了 27.56%，规模达到了 317.5 亿元。2012 年中国城市智能交通市场千万级项目数量 235 项，同比增长 26%，千万级项目市场规模合计68.1亿元，同比增长46%。中国国家测绘地理信息局主办的2013年测绘地理信息蓝皮书发布会上发布的《智慧中国地理空间智能体系研究报告（2013）》称，“十二五”后三年交通投资规模近4万亿元人民币，其中明确提出加快智能交通与信息化建设，智慧交通已上升为国家战略。蓝皮书指出，2013年，中国智能交通产业联盟在北京成立，由中国交通运输部指导组建，包括英特尔、中国电信、百度等45家大型企业，覆盖通信、汽车、交通管理等多领域，这标志着中国以企业为主体的智能交通发展新模式初步形成。

数据是智能交通的基础和命脉。无论是交通基础设施、交通运行状态还是交通服务对象和交通运载工具，每时每刻都在产生着大量的数据，以大数据的思路和角度来看，这些都是正待挖掘的宝藏，能为交通决策和服务带来新的解题思路。上海市城乡建设和交通发展研究院研究发现，交通大数据应用服务呈现四大趋势：一是数据资源交互渗透。二是交通数据挖掘分析更经济、高效及可视化。三是分析研判更综合、信息服务更个性。四是服务模式更合理。政府的数据资源未来能够和企业进行交融，进行合作共享，产生新的模式，对推动未来交通信息服务起到重要作用。

2015年6月，工信部批准上海国际汽车城承担了国内第一个智能网联汽车试点示范区，计划通过3—5年的建设发展，打造覆盖整个汽车城100 km^2的智能网联汽车试点示范区，开展智能网联汽车总体测试和智慧交通示范。2016年6月，国家智能网联汽车（上海）试点示范区封闭测试区开园，建设有GPS差分基站、LTE-V2X通信基站、DSRC和LTE-V2X路侧单元、智能红绿灯和各类摄像头，整个园区道路实现了北斗系统的厘米级定位和Wi-Fi的全覆盖，可实现测试及演示工况29种。随着智能网络汽车产业的不断发展，试点示范区将为我国城市开展智能交通基础设施建设，企业、研究机构和组织开展车联网与自动驾驶技术研究与测试评估提供环境支撑和资源保障。基于上海试点示范区的道路无线通信网络部署实践，清华大学车路协同研究团队支撑芜湖市政府开展中心城区改造工程，重点实施了基于车联网系统的交通基础设施改造。在芜湖市城区中心挑选十个比较典型的路口安装了路侧通信设备，通过路侧通信设备与相应的信号机、微波等交通基础设施进行实时数据通信，为装载车载通信设备的车辆提供车速引导、闯红灯预警、车辆避撞、行人避撞等多种应用服务。

2016 年 7 月 30 日，国家发改委和交通运输部联合发布了《推进“互联网 +”便捷交通、促进智能交通发展的实施方案》（以下简称“实施方案”），要求各级地方政府和各部门充分认识推进“互联网 +”便捷交通、促进智能交通发展的重要意义。随着《推进“互联网＋”便捷交通促进智能交通发展的实施方案》的发布，我国智能交通发展的总体框架和任务也基本明确，物联网、云计算、大数据、移动互联网等新一代信息技术的快速发展也为智能交通提供了强大的技术支撑。我国智能交通即将进入新阶段。

实施方案从构建智能运行管理系统、加强智能交通基础设施支撑、全面强化标准和技术支撑、实施“互联网 +”便捷交通重点示范项目四个维度全面阐述了汽车产业转型升级的重要方向，提出了车联网与自动驾驶的技术创新发展趋势和应用推广路径，并明确了相应的引导政策和示范项目。实施方案将“构建下一代交通信息基础网络”作为重点发展任务，提出了要加快车联网建设，为载运工具提供无线接入互联网的公共服务，以及建设基于下一代互联网和专用短程通信（LTE-V2X、DSRC 等）的道路无线通信网。实施方案还特别强调要从以下几个方面加强智能交通基础设施支撑：

建设先进感知监测系统

以提升运行效率和保障交通安全为目的，加强交通基础设施网络基本状态、交通工具运行、运输组织调度的信息采集，形成动态感知、全面覆盖、泛在互联的交通运输运行监控体系。基本形成覆盖全国的铁路设施设备运行状况监控网络。推动国家公路网建设和运行的监测、管理和服务平台构建，完善监测网点布设，深化公路、水运工程基础设施质量安全状态感知监测及大数据应用。加快推进内河高等级航道数字化建设，大力推广应用电子航道图。加强城市地面交通、轨道交通、枢纽场站等运行状况信息采集能力。建设交通节能减排监测网点，加强分析预警。

构建下一代交通信息基础网络

加快车联网、船联网建设，在民航、高铁等载运工具及重要交通线路、客运枢纽站点提供高速无线接入互联网的公共服务，扩大网络覆盖面。进一步完善全国高速公路信息通信系统等骨干网络，提升接入服务能力。探索应用交通运行控制、运营管理和信息服务的通信网络新技术，建设铁路下一代移动通信系统，布局基于下一代互联网和专用短程通信（DSRC）的道路无线通信网。研究规划分配智能交通频谱。

强化交通运输信息开放共享

推动跨地域、跨类型交通运输信息互联互通，依托国家及行业数据共享交换平台和政府数据开放平台，促进交通领域信息资源高度集成共享和综合开发利用，完善综合交通运输信息平台功能。按政务公开的有关规定，政府交通信息资源分级分类向社会开放，鼓励基础电信企业和互联网企业向小微企业和创业团队开放资源。鼓励发展交通大数据企业，提升处理和分析能力，创新数据产品，更好支撑企业运营管理和政府决策。

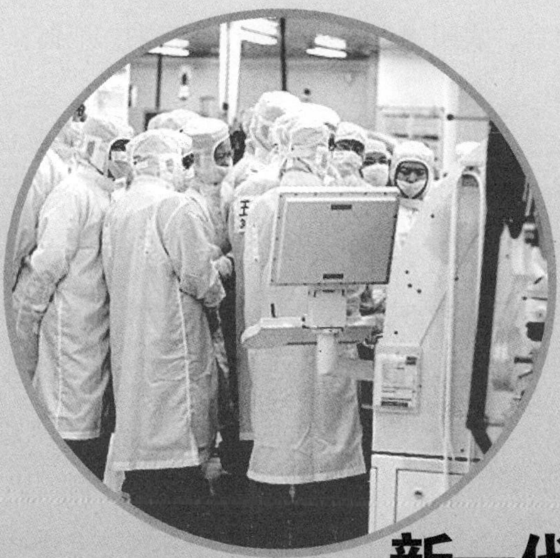

新一代信息技术——智能网联时代汽车的核心

随着物联网、大数据和移动应用等新一轮信息技术的发展，全球化工业革命开始提上日程，工业转型开始进入实质阶段。在中国，智能制造、中国制造 2025 等相关政策文件的相继出台，表明国家开始积极行动起来，把握新一轮工发展机遇，实现工业化转型。

黑客帝国：智能网联时代如何保障汽车的信息安全

如果有一天，你正开着你汽车听着优美的音乐行驶在路上，突然收音机里传来一段奇怪的声音，导航也开始胡言乱语，车载显示器上出现一个神秘男子，方向和速度好像也不再受你的控制，你以为是在做噩梦，其实是黑客捣鬼……这并非恐怖片的剧情，而是美国知名科技杂志《连线》的资深编辑安迪·格林伯格在邀请两名黑客参与的一次汽车入侵实验的亲身经历。

黑客汽车入侵实验

2016 年 7 月份，著名白帽黑客查理·米勒（Charlie Miller）以及克里斯·瓦拉塞克（Chris Valasek）进行了一项测试，在一辆 Jeep 自由光行驶过程中，侵入 Uconnect 车载系统，远程通过软件向该系统发送指令，启动车上的各种功能，包括减速、关闭发动机、制动或让制动失灵。此外，黑客还可以控制车上的 GPS 设备，获取目标车辆的坐标及车速等参数，以便在地图上跟踪车辆。外媒指出，一旦上述菲亚特克莱斯勒车辆连接到 Uconnect 的蜂窝网络，都有可能被知道车辆 IP 地址的人在任意地点控制。这无疑加大了车辆的安全风险。

随后，菲亚特克莱斯勒宣布在美国召回 140 万辆汽车（含 Jeep 大切诺基和自由光等车型），并被美国国家高速公路交通安全管理局（NHTSA）处以 1.05 亿美元的高额罚款，原因是车辆搭载的 Uconnect 车载系统存在软件漏洞，可能被黑客利用控制汽车。这是汽车行业全球首例因黑客入侵风险而大规模召回车辆的事件。

不要心存侥幸，以为 Jeep 是孤例。2016 年 2 月份，宝马 Connected Drive 车联网数字服务系统出瑕疵在安全性方面显露，短短几分钟内，黑客能够从该漏洞以远程无线的方式侵入车辆内部，并打开车门，该缺陷涉及宝马集团旗下的宝马、MINI 和劳斯莱斯三大品牌，大约 220 万辆配备 ConnectedDrive 数字服务系统的车辆受到影响。HackPWN 2015 的启动仪式上，安全专家利用发现的比亚迪汽车云服务平台漏洞，在没有钥匙的情况下，成功利用电脑实现了远程开锁、鸣笛、闪灯、开启天窗等操纵。从开始操作到成功破解，只花了不到 2 min。此次利用的比亚迪安全漏洞存在于比亚迪云服务系统中，会影响到比亚迪混合动力汽车秦、思锐、S7 和最新的唐等多款搭载比亚迪云服务的汽车。据外媒报道，网络安全研究人员近期发现，特斯拉 Model S 型车存在 6 个显著缺陷，这可能会让黑客控制车辆，影响驾驶员的安全。相关的报道显示，Lookout 首席技术官凯文 · 迈哈菲和 Cloudflare 的首席安全研究员马克 · 罗杰斯表示，他们之所以决定尝试侵入特斯拉汽车，是因为该公司在软件认知方面的知名度远大于传统的汽车生产厂家。与切诺基多功能越野车被远程控制事件不同的是，这一次 Model S 型车存在黑客控制车辆风险的测试，是在实际进入特斯拉汽车之后进行的，而不是采用远程攻击的方式。但测试表明，如果黑客可以通过互联网远程访问特斯拉系统，也就有可能控制汽车的操作屏幕，从而操纵汽车行驶的速度，以及调节车窗的升降，锁死或解锁汽车，甚至让汽车启动或熄火。

上述一系列演示表明，汽车正在逐渐演变成轮子上的电脑，有分析预测，2017 年将有 60% 的新车会接上网络，如果黑客利用智能汽车的系统漏洞来远程遥控汽车，那么后果将不堪设想。汽车安全和生命息息相关，因而汽车安全相比其他网络安全问题更加严峻，更应重视和关注。

人工智能：当阿尔法狗挑战人类老司机的那天

人工智能（Artificial Intelligence，AI）发展已有 60 余年历史，但是业界普遍认为在之前的 50 年时间里人工智能都没有获得巨大的进步。当最近十年深度学习兴起和发展后，情况变得有些不一样了，它让人工智能获得了发展上的突破，说是“质变”也不为过。谷歌阿尔法狗（Alpha Go）战胜李世石的例子，可谓是人工智能发展之快的佐证。Alpha Go 花了两年多的时间学习了人类的 16 万个棋局，其中有三千多万步的走法和大量数据，深度学习技术让此前无法想象的浩大工作在如今变得轻松得多。跟围棋对弈不同，无人驾驶要学习的是如何应对异常复杂的路况、是如何处理和预见临时发生的问题，更重要的在于，围棋失败最多是丢掉棋局，而无人驾驶的失败可能是关乎性命。正因为此，海量数据、超大规模计算、超强算法，缺一不可，而且要求之严苛超乎想象。想在无人车市场搅动风云，没有十足的底气根本不行。谷歌用了两年的时间能让 Alpha Go 打败全世界最优秀的围棋棋手，但是用了 8 年时间还无法让无人驾驶打败普通驾驶者，说明无人车开发难度之高。

前不久，在美国 IHS 公司发布的关于“人工智能”的调研报告中，分析师预期到 2025 年，车内人工智能系统的数量将从 2015 年的 700 万台增加至

1.22 亿台；同时基于 AI 技术打造的相关系统（绝大部分以语音识别功能为主）的新车配售率会从 2015 年的 8% 增加至 2025 年的 109%；此外，IHS 指出，未来很多汽车上都会安装具有不同功用的人工智能系统。在接受媒体采访时，IHS 汽车半导体事业部高级分析师 Luca De Ambroggi 称，“人工智能一直被认为是能够实现无人驾驶汽车商业化的关键推动技术。所以这也是整个汽车供应链都为之振奋的原因”。

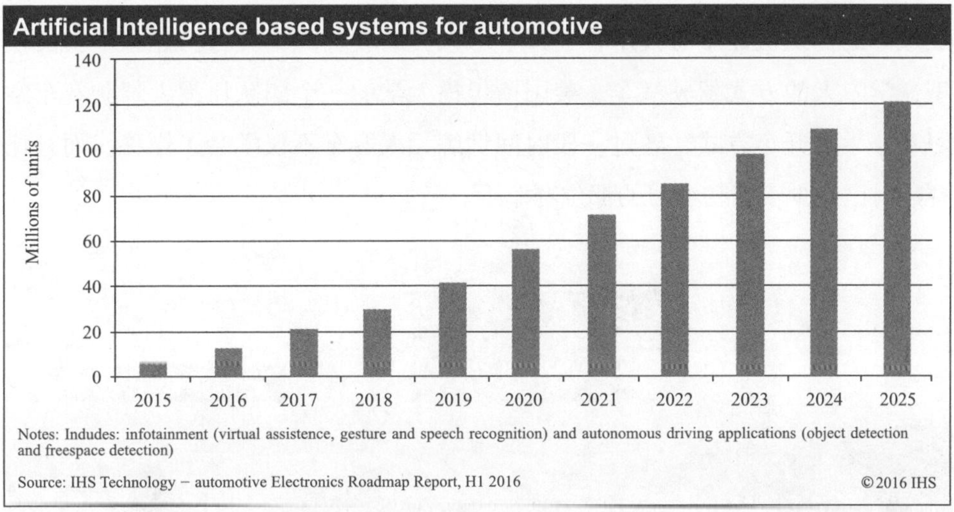

2015—2025 年基于 AI 技术打造的相关系统的新车配售率

无人驾驶汽车并不神秘，现阶段无人驾驶实际上是类人驾驶，即计算机模仿人类驾驶员的驾驶行为，目标是使计算机成为一位眼疾手快、全神贯注、经验丰富、永不疲倦的虚拟司机，最终将人类从低级、烦琐、持久的驾驶活动中解放出来。人类开车是在周而复始地进行“感知→认知→行为”的循环。感知的对象是周围的交通环境，如本车在哪里、其他车在哪里、道路多宽、限速多少、现在是红灯还是绿灯等；认知包括理解、规划、决策以及经验，比如红灯要停车、路口要减速、何时及如何换道、当前加速还是减速等；行为指的是操控汽车，如方向盘是否转到位、油门刹车挡位如何协调等。无人驾驶也在重复着“感知→认知→行为”的过程。从感知、认知、行为三个方面看，感知部分难度最大，人工智能技术应用最多。感知技术依赖于传感器，比如摄像头，由于其成本低，在产业界倍受青睐。以色列一家名叫 Mobileye 的公司在交通图像识别领域做得非常好，它通过一个摄像头可以完成交通标线识别、交通信号灯识别、行人检测，甚至可以区别前方是自行车、汽车还是卡车。人工智能技术在图像识别领域的成功应用莫过于深度学习，近几年研究人员通过卷积神经网络和其他深度学习模型对图像样本进行训练，大大提高了识别准确率。Mobileye 目前取得的成果，正是得益于该公司很早就将深度学习当作一项核心技术进行研究。认知与控制方面，主要使用人工智能领域中的传统机器学习技术，通过学习人类驾驶员的驾驶行为建立驾驶员模型，学习人的方式驾驶汽车。美国斯坦福大学的一个团队让无人驾驶赛车学习赛车手的开车方式，经过一段时间训练无人赛车不仅学会了漂移，而且比赛用时已经少于当初学习的那位赛车手。

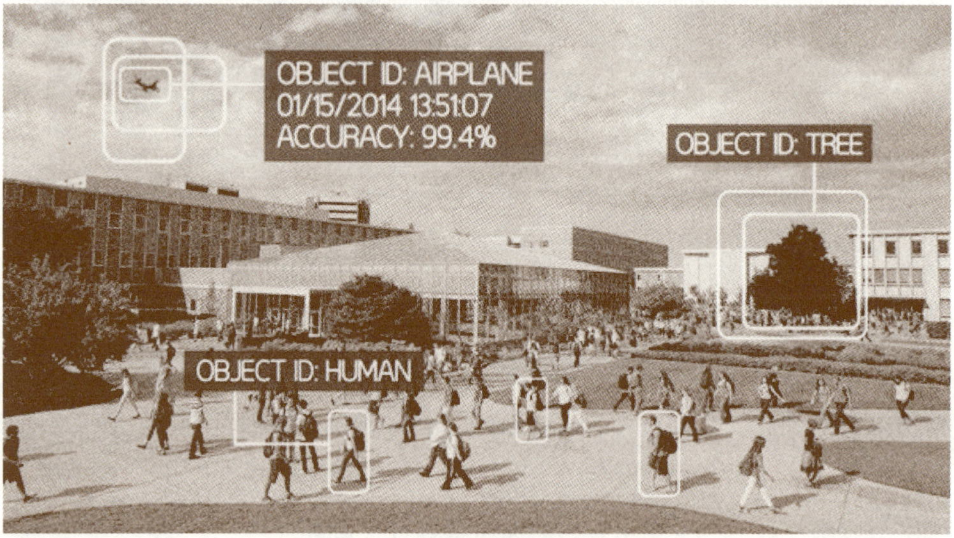

图像识别技术

2015 年 8 月，宇通集团与中国工程院李德毅院士团队合作研发的一辆 10 m 长的无人驾驶电动大客车满载乘客从河南省郑州市出发，在正常交通流量下，沿着郑开大道无人驾驶 32 km 安全到达河南省开封市，最高时速达 68 km/h，途经 26 个路口及信号灯，停靠 2 个公交站，全程无人工干预。李德毅院士认为，“高精度传感器价格昂贵与‘驾驶脑’认知功能不够是目前无人驾驶最大的障碍，尤其是‘驾驶脑’的智能方面还需进一步提高，否则这一技术只是有限的无人驾驶。现有无人驾驶汽车具有一定的行为能力和感知能力，但要真正实现无人驾驶还需要有认知能力。”驾驶活动是人在活动中预测控制，更多是技巧和经验，而不是知识、推理和计算。目前，无人驾驶主要是通过大数据计算方法及数据的收集、挖掘和分析，还不具备交互认知能力，仍无法解决对路面行人及车内乘客行为的回应。李德毅认为，提高无人驾驶汽车的认知能力，重要的方法是“驾驶脑”通过深度学习实现自学，继而实现驾驶认知的形式化，使“驾驶脑”能对不确定的未来做出合适的决策，只有实现这点才能实现真正意义上的无人驾驶。

无人驾驶电动客车

我们虽然离真正的无人驾驶汽车上路还相去甚远，但是目前汽车已经可以实现自动驾驶，甚至已经有车企将这一技术投入商用。在今天，支撑自动或者无人驾驶的核心技术如深度学习、视觉感知、大数据和雷达等硬件设备方面已经有了相当大的进步。

工业物联网：让标准化流水线变智能工厂

汽车工业经过100多年的发展，现在几乎在任何一家汽车制造车间，钢板的搬运、装配，甚至打磨、喷涂大都由机器人完成。从全球范围看，汽车工业是机器人应用最广泛的领域，汽车制造的高度自动化使得机器人越来越多地出现在工厂里。自动化是现代化车间的重要标准，可以想象，未来会有更多先进的机器来代替人力，而人则主要负责维护和管理这些机器设备。然而，在社交网络、电子商务、共享经济、移动支付等已经广泛渗透到我们生活方方面面的互联网时代，互联网也正在逐渐颠覆人们印象中那个封闭而传统的工业世界，一场虚拟与现实融合的制造革命——把工厂的机器以及人连接到网络中去，机器与机器之间、人与机器之间实现对话——才刚刚开始。

德国博世工业4.0展台

依托信息物理系统（CPS）和信息通信技术的结合，工厂将引入大数据技术进行分析优化管理，在计算机虚拟环境中，对整个生产过程进行仿真、评估和优化，最终将实现自动化、智能化、互联化的生产制造。在德国人的概念中，能实现这种制造方式的工厂被称为智能工厂。目前对于何为智能工厂有着各种各样的描述，但并没有一个统一标准化的定义。这种无法被定义的状态恰是当前智能工厂发展的真实写照。

在德国博世洪堡工厂的一条液压产品生产线上，所有零件都配备一个独特的射频识别码（RFID），并能同沿途关卡自动对话，当工件到达某个工位时，显示屏上就会相应提示员工所需处理的具体工作内容，而每一个工位也可以根据员工的个性化设置进行自动调节。博世在全球超过 250 家工厂里应用工业 4.0 的理念和技术，位于中国苏州的工厂也是其工业 4.0 试点基地之一，在那里，从基础的无纸化办公到自动备料系统的实施都已经成为现实。在未来博世的工厂里，一台平板电脑的视频图像上会给出所显示部件的综合信息和维修指令，工人可以直接通过触摸屏处理这些信息。

德国蒂森克虏伯集团董事会主席海里希·赫辛根（Heinrich Hiesitiger）认为，工业 4.0 概念的推行是要做很多前期准备工作的。比如必须要做好 IT 基础设施的准备，网速要有保障，而且这些新的基础设施还要能整合到现有生产设施当中，才能保证以高效的方法来传递和输送大量信息和数据。现在，蒂森克虏伯集团希望将 2 300 多个不同地点的 IT 网络能够通过高速和超宽带宽的基础设施联系起来。还有一个重要的前提是生产设施的自动化。2014 年 11 月，蒂森克虏伯发动机系统（常州）有限公司正式开业，这家发动机系统生产基地将为中国生产发动机缸盖罩盖模块总成。客户通过电子订单系统把需要的钢板信息发送到蒂森克虏伯，这些信息和数据又马上会传送到生产公司，生产时的相关信息和数据又被录入到 SAP 系统当中。这样，一块钢板在生产过程当中就已经被赋予一个电子编码，包含了完备的产品信息。在整个生产的过程当中，客户可以实时地知道所有钢板的待产情况，同时也可以更改一些序列，或者是一些生产的要求。只要在钢板付诸生产之前的 8 h 告诉蒂森克虏伯，就可以马上做出更改。目前这一流程已经开始实施了。

德国蒂森克虏伯发动机系统有限公司开业庆典

德国半导体制造厂商英飞凌在德累斯顿的 300 mm 和 200 mm 晶圆工厂，先进的流程控制保障了领先的质量和无纸自动化工厂运营，实现了所有零部件全程可追溯以及高效的工厂间物流，其中的 200 mm 已 100%实现自动化，完全依靠机器人操作。英飞凌还计划在奥地利的菲拉赫工厂创建工业 4.0 试点基地。先进的技术也被引入英飞凌在中国无锡的工厂。作为英飞凌全球后道的试点，英飞凌无锡工厂 2014 年开始实施的后道自动化线路图 BEAR 项目已经在智能制造和零缺陷制造上初见成效，中国的团队甚至已经开始把先进的经验带给德国的雷根斯堡。

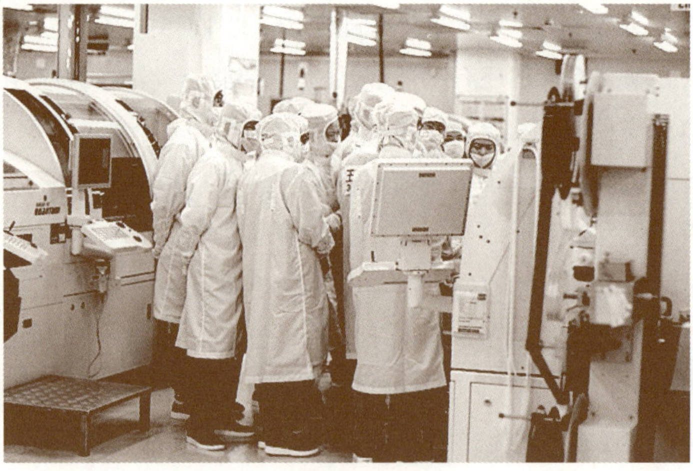

宝马智能工厂

德国宝马公司的汽车制造厂在自动化、智能化上的一些尝试，被视为工业 4.0 的生产方式。例如，宝马兰茨胡特工厂在汽车保险杠生产中启用非接触式手势识别系统。这种系统被视为一种智能人机交互的范例。虚拟手势识别系统由安装在检验工作区域上方的 2 台 3D 摄像机、红外传感器等部分组成，系统内保存有保险杠部件的 3D 实体模型数据，并在检验区域建立起 3D 空间扫描坐标系：当工件进入检验区后，检验人员只需几个手势，即可完成检验工作：比如指点偏差所在的部位后，设备即可精确记录下该偏差产生的位置以及偏差数据；而如果零件合格，检验员只需滑动手指，就可以指示系统该零件已经通过检验。在这套创新系统的支持下，不但能够加速检测过程。检验精度和零件偏差的定位精度也大幅提升。同时因无需配备护目镜、麦克风等装备，提升了检验员工作的舒适度及工作效率，而且，系统操作简单易学，大受检验人员的认可和欢迎。这正印证了宝马集团新任董事长科鲁格（Harald Kmger）的表述——“对宝马而言，工业 4.0 并不是一味追求自动化，排斥人参与生产的全过程；与之相反，我们认为未来的智能科技将着眼于更高层次的人机交互领域，让科技装备为工作人员提供更好的支持”。

德国宝马公司汽车制造厂

消费者的需求未来将更加多样化，几十年前人们有一辆能够代步的汽车就已经很满足，但今天可能人人都希望自己的汽车拥有与众不同的“个性”。与此同时，他们只愿意接受正常的售价，并且还要尽快提车。当前的汽车工业，通过精细分工的供应商体系，汽车生产的过程已经实现了复杂的合作，每家供应商只需要生产自己专精的零部件，汽车可以在一定范围内采用不同的零部件完成基本的生产组织模式。但汽车厂商在消费端模块化的探索远远不够。车厂倾向于给定一定数量的配置或选装，消费者选择的余地是很有限的。我们可以设想一下伴随智能工厂的普及，工厂内人与机器之间可以进行更多的信息交互，机器间也可以用自己的语言交换信息，机器可以借助海量数据提供的经验，对生产中复杂的状况做出精准判断，它们逐步发展出学习能力，甚至懂得自行组织生产，从而不断提升生产效率。由几台机器人组成的工作小组或许会承担更多的工作，而不仅仅是目前的各司其职，如果一台机器人提高工作速度或产生意外故障，它会提前告知同一小组其他的机器人甚至是前后关联生产线上的机器人做好准备。那么在不远的未来，用户就可以根据自己的需求，实现不同种类模块的加装，从而打造真正人人不同的汽车体验。

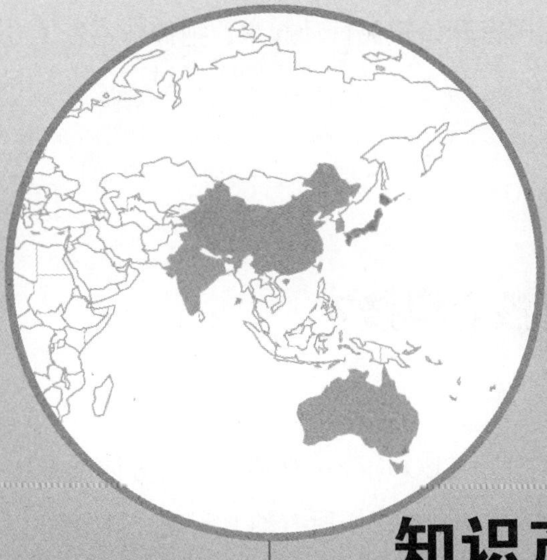

知识产权——隐蔽的新能源技术路线之争

随着物联网、大数据和移动应用等新一轮信息技术的发展，全球化工业革命开始提上日程，工业转型开始进入实质阶段。在中国，智能制造、中国制造 2025 等战略的相继出台，表明国家开始积极行动起来，把握新一轮工发展机遇实现工业化转型。

特斯拉到底有没有掌握核心科技？

2014 年 6 月 12 日，特斯拉汽车公司 CEO 埃隆 · 马斯克在官方博客发表了题为《All Our Patent Are Belong To You》(《我们所有的专利现在属于你》)的文章，宣布将对外公布特斯拉全部专利，鼓励所有汽车制造商都来关注、使用特斯拉的专利技术，从而推动全球电动汽车事业的发展。在谈及为何开放所有专利时，埃隆·马斯克称："如果我们的目标是创造令人惊艳的电动车，但却依靠知识产权来抑制后人，那我们的行为则与我们的初衷相背离。"

对于特斯拉公开所有专利，允许任何人无偿使用其专利技术这件事，各方褒贬不一，一时间鲜花与掌声一色，唾沫与臭鸡蛋齐飞。有人说马斯克就是当代的活雷锋；有人赞誉这是伟大公司才具有的情怀；有人推断这只是马斯克的一次攻关秀，目的在于维持或推高股价；有人揣测这背后隐藏着特斯拉一统江湖的巨大野心；有人认为特斯拉用的电池是松下的，自己根本没有什么核心技术，即使开放专利也没有人会用的。

我们无意加入这场辩论，我们更为关心的是作为当今最火的电动汽车公司，特斯拉到底有没有掌握核心科技？如果有的话，其核心技术与同行相比有何区别？开放的专利技术到底会不会有人感兴趣使用？

在回答这些问题之前，我们得先搞明白什么是电动汽车的核心技术？对于燃油汽车来说，发动机无疑是各大汽车公司最为关注的核心技术。而电动汽车根本就不需要发动机，为车辆提供驱动能量的部件变成了动力电池。另外消费者最为关注的电动汽车续航能力也主要取决于动力电池的性能。换句话说，动力电池对于电动汽车的重要性，跟发动机对于燃油汽车的重要性是相当的。因此，我们有理由认为，动力电池就是电动汽车的核心技术。回顾电动汽车的发展史，我们知道铅酸电池、镍氢电池、锂离子电池等都曾被使用过，只不过由于锂离子电池各方面表现更符合电动汽车的需求，逐渐成为主流电池。其实，锂离子电池也分为好几种类型，例如钴酸锂、镍酸锂、锰酸锂、镍钴铝酸锂、镍钴锰酸锂、磷酸铁锂等。仔细看你会发现，很多电池同样也用在手机、数码相机和笔记本电脑上。正是由于特斯拉使用了松下公司生产的业内最普通的18650电池，而被很多人诟病没有什么先进技术或者对电动汽车产业发展没有什么贡献。那么，是不是把更多的手机或笔记本电脑用的电池连在一起就可以直接用在电动汽车上了呢？事实上，事情远没有想象得这么简单。因为有两点关键的技术问题必须解决，即如何保障电池组的安全性和一致性。由于锂离子电池在特殊温度、湿度及接触不良等情况下可能瞬间放电产生大量电流引发自燃或爆炸，因此控制电池的安全性就很重要。另外，大量的电池串在一起工作，个别工作不正常的电池很可能影响整个电池组的性能，因此控制电池的一致性也很关键。换句话说，在没有能够满足电动汽车要求的大型单体电池出现之前，只能将许许多多的小电池串在一起拼成一个大电池组，那么问题的关键就在于你如何保证这么多电池在一起能既安全又高效地工作。这才是当前电动汽车用动力电池的核心技术所在。

现在我们可以看看特斯拉公开的专利都包含些什么内容了。通过检索可以发现：截至2015年8月，特斯拉公司在美国、日本、中国等11个国家和地区总共申请了776件专利。其中有效授权专利291件，失效专利355件，仍处于申请状态的130件。目前大部分有效的授权专利要等到2030年之后才会失效。进一步分析特斯拉的421件有效专利或专利申请可以发现：大部分专利都与电池组结构或电池管理技术相关，例如电池冷却、电池监控、电荷平衡、自动化焊接技术等。此外，也包括一部分与电机、电控和整车设计相关的专利技术。

特斯拉采用了松下公司比较成熟的型号为 18650 的三元材料锂离子电池（镍钴铝酸锂）。在特斯拉之前，松下这种电池普遍用于笔记本之中。只不过，普通家用笔记本电脑只要 7—8 节电池就够了，而 85 kW · h 版 Model S 则需要 7 100 多节。如此大量的电池单体组成大块的电池组，会大幅增加单体之间的不一致性，容易导致个别单体过充、过放并产生静电反应，从而降低电池组寿命并产生安全隐患，因此对单体的一致性检测提出极高的要求。为此，Tesla 专门建立了一个锂电池监测实验室并依据锂电池单体化学性能、形状系数建立了一个完备的数据信息中心，通过这个实验室以及数据中心将电池供应商所提供的 18650 电池进行严格的性能测试以及一致性筛选，从而在根本上保证电池组功率传导的稳定性及持久性。

每个锂电池单体都有一个电压上限和下限，电池在此范围内可正常工作，但一旦单体电压接近这一限值，其化学性能将发生突变，必须立即停止放电或充电，否则电池将会受到不可逆的损坏，将会大幅增加电池的自放电率、产生静电反应进而引起爆炸。为此 Tesla 自主研发单体电荷平衡系统，可有效排除故障单体，保证整车安全性能。Tesla 电池组尾部安装有印刷电路板，内置众多电源开关，每个电源开关一端连接某个 18650 电池单体，另一端连接一个中型的集电器（单体电荷监控器）。当电池组中某一电池因过充、过放、温度过高导致电量与其他电池不同时，集电器就会将能量在电池之间进行相互转移，防止其电压超过安全范围而产生异变。而当该电池真的产生异变时，电子集成器将控制电路板上相对应的电源开关弹开，从而将此电池单体隔离，避免产生静电反应而引起爆炸。

Tesla 高达 60—85 kW · h 的电池组容量使其运行过程中将会释放大量的热量，从而加大了电池组温度过高引起爆炸的概率，这是 Tesla 电池管理系统解决的最为核心的问题之一。为此，Tesla 汽车电池组中的每一个电池单体都连接着一个热敏电阻以及一系列的光导纤维，同时将热敏电阻连接到电池监控器，将光导纤维连接到光敏感应器。当某个电池单体温度超过安全标准时，热敏电阻将产生一个电信号传达至电池监控器以便启动电池冷凝系统保证电池安全性能。当电池发生热逃逸等现象时，将影响光导纤维中光束的传输，进而刺激光敏感应器发出相应信号进行热度调节。而当汽车发生剧烈碰撞时，电池组与电机的能量传输路径将被立即阻断，电池组外保护层将保护电池组免受碰撞影响，从而避免发生剧烈爆炸。为了给电池组更好地散热，Tesla 研发了双模式冷却系统，其中第一层冷却回路专门为电池组降温，电池回路将电池组与冷却泵相连接，回路中充满了冷却剂，且延伸多个冷却管覆盖至每个电池单体。第一层冷却回路将控热系统，通风设备以及其他散热装置与电池组热量管理系统连接起来，从而保证每个电池单体温度低于其安全值以下，保证其散热性以及安全性能。第二层冷却回路包括第二冷却储液罐并与至少一个转动部件进行热交换，并独立于第一个冷却回路，保证电池组冷却系统的独立性。

Tesla 公司承诺为 Model S 电池组提供 8 年或 10 万英里（合 16.1 万 km）的质量保证，汽车其他部件提供 4 年或是 5 万（合 8.05 万 km）的质量保证。这意味着特斯拉对其电池组质量有极大的信心，基本保证了电池组与整车同寿命，很大程度上打消了消费者对于更换电池的担心。因此，虽然 18650 锂离子电池称不上什么先进技术，但将其用作量产电动汽车的动力电池绝非容易的事情。特斯拉的专利恰恰是解决这些问题的核心技术。

另外一个很重要的问题是，特斯拉为什么要选择最普通的 18650 电池，而没有像别的公司一样选择更先进的电池呢？譬如，美国 A123 System 公司的磷酸铁锂电池。要知道，无论是学术界、产业界还是美国政府都认为 A123 System 的磷酸铁锂电池要比 18650 电池先进得多。2001 年初，美国麻省理工学院（MIT）蒋业明教授发现了一个可能改变电池制造的革新方法，即利用胶体表面力可将电池里的正负极颗粒自动按照正负极分组。蒋教授依靠从实验室里带出的 0.5 g 纳米磷酸铁锂正极材料获得了来自美国政府 10 万美元的拨款，成立了 A123 System 公司。A123 宣称其技术能将锂离子电池的磷酸锂铁正极材料制造成均匀的纳米级超小颗粒，因颗粒和总表面面积剧增而大幅提升电池的放电功率，而且整体稳定度和循环寿命皆不受影响。A123 System

迅速得到了高盛和红杉等华尔街知名投资公司的关注和支持，因为他们相信这家企业能够迅速改变并引领电池工业，即把当时能量密度不足、易于发热的锂离子电池，变得具备竞争力、足以满足从电钻到汽车对电池的需求。2009 年奥巴马政府推出新能源政策之后，A123 更是被美国政府青睐有加。仅 2009 年和 2010 年，A123 获得的美国新能源政策扶持贷款就高达 2.5 亿美元，相当于美国新能源政策扶持贷款的十分之一。2010 年 A123 System 公司在北美最大的工厂利沃尼亚工厂开业时，奥巴马总统亲自打电话祝贺。但就是这样一家由知名科学家创办、华尔街不惜重金投资、美国政府悉心扶持的高技术明星企业于，2012 年 10 月 16 日向美国特拉华州破产法院递交了破产保护申请。A123 最重要的商业合作伙伴——美国电动汽车制造商菲斯克汽车公司（Fisker）受其破产的影响也陷入困境，于次年宣布破产。当美国政府塑造的两大新能源明星企业 A123 System 和 Fisker 均以失败告终之后，人们才真正理解了埃隆 · 马斯克领导的特斯拉的高明之处。新的电池技术虽然是鼓舞人心的，但是任何新技术、新材料和新工艺都需要经过相当长的一个成熟和转化过程，才能进入商业化应用阶段。因此，当我们谈论核心技术的时候，真的不能光看它学术上是不是那么先进，更不能轻易地被华尔街投资报告忽悠，只有市场才是最终的审判者。

至于有没有其他公司会对特斯拉公开的专利技术感兴趣，我们不妨看看奥迪最新的动向。在上海举办的亚洲消费电子展上，奥迪展出了第二代 R8 e-tron。据奥迪的德国工程师介绍，这台车采用的是与特斯拉一样的 18650 电池，电池组容量可达 95 kW · h。相比第一代只有 200 km 不到的续航水平，第二代 R8 e-tron 续航里程达到了 500 km。虽然第二代 R8 e-tron 离量产还有 3 年，但 R8 e-tron 走的路线已经代表了奥迪的态度——师从特斯拉。最近，奥迪宣布了将与 LG 化学、三星 SDI 联合研发电动车动力电池。这就意味着，继特斯拉 - 松下联盟之后，另一个汽车公司与电池厂的联盟宣告成立。奥迪尚且能师从特斯拉，谁又敢保证别的汽车公司不会步其后尘呢。

丰田为什么不再独霸燃料电池专利?

2015 年 1 月 6 日，丰田汽车高级副总裁鲍勃·卡特在 CES 展会上宣布丰田公司决定开放 5 680 件燃料电池相关的专利使用权。按照丰田公布的内容：在 2020 年底之前，将无偿提供燃料电池组约 1 970 件专利、高压储氢罐约 290 件专利、燃料电池控制系统约 3 350 件专利。此外，为了促进加氢站尽快普及，丰田将无限期无偿提供制造、供给氢气的加氢站相关约 70 件专利的使用权。在使用这些专利时，使用者需向丰田提出申请，就具体使用条件等进行个别协商后签订合同。

在花费了 20 多年时间、投入巨额资金才研发成功的燃料电池汽车——Mirai 刚刚推向市场之际，丰田就一次性开放与其相关的 5 680 件专利技术，实在是令人意外和震惊。因为这与之前丰田混合动力汽车的专利政策形成了鲜明的对比。那么，是什么原因造成丰田要对其专利战略进行 180° 的大调整呢？我们恐怕得从丰田公司混合动力汽车专利战略的得与失，以及燃料电池汽车与混合动力汽车发展环境上的差别等方面进行深入的分析。

自 1997 年推出第一款混合动力汽车——普锐斯以来，丰田制造的 30 余款混合动力汽车畅销全球 90 多个国家和地区，累计销量突破 800 万辆。对于混合动力汽车来讲，凭借这样的成绩，丰田绝对是鹤立鸡群，包括本田、通用、大众在内的其他竞争对手都难以望其项背。丰田能在混合动力汽车领域取得如此骄人的成绩，与其围绕混合动力核心技术构建的一张庞大而严密的专利保护网，从而给所有竞争对手设置了坚不可摧的专利壁垒有很大的关系。丰田采用的 THS 混联式混合动力系统配备了两台电机、一台发动机和一个行星齿轮机构。这个技术的绝妙之处在于，通过行星齿轮机构，有效组合了并联和串联两种模式，在电力驱动和汽油燃料驱动配比控制上，完全由能量控制单元进行计算分配，实现了最佳的混合动力比。其他公司的混合动力技术为了避开丰田的专利只能选择其他串联或并联模式，导致效果大打折扣。据媒体报道，大众汽车曾经想购买丰田的混合动力技术，使用在大众公司的车型上，表示可支付20亿日元的技术授权费。丰田一位高层听到这个价格后回应说："你们远远不理解这个技术的价值所在。"因此，截至目前大众公司也没有推出一款像样的混合动力汽车。

但凡事都有两面性。丰田混合动力严格的专利排他政策固然为其带来了独霸市场的绝对竞争优势，但另一方面混合动力也成了只有丰田一家有兴趣玩的独角戏。大众、宝马等欧洲车企发展了柴油和涡轮增压技术，通用汽车则发展了增程式混动技术，马自达发展了创驰蓝天技术，日产更侧重于发展纯电动汽车。中国工业和信息化部苗圩部长曾表示："日本企业向国际标准化组织申报，把日本的混合动力标准变为国际标准，这也影响了我们。传统混合动力以丰田为代表，已经设计了若干个技术陷阱，我们千万不要碰它。"因此，就算丰田再牛也不可能让混合动力成为主流汽车技术。统计显示，混合动力车在全球汽车市场所占的份额如今仍仅为2%左右。这也就难怪有汽车产业的资深人士表示，"单看丰田的混合动力技术和产品无疑是非常成功的，但在混合动力推广战略方面丰田却是彻底失败的。"

据《日本经济新闻》报道，根据需求预测，2015年燃料电池车的年产量约为700台。但如果其销量仅达到这一水平，用于燃料补给的加氢站等基础设施建设将难以得到推动。而通过补贴扶持燃料电池车普及的日本政府也已开始对丰田施压，要求其"更为积极认真地投入"。在如何能更快地推动燃料电池车普及这一关键问题上，丰田公司内部的知识产权委员会提出的建议是："无偿公开专利，让其他公司更容易进入该领域。"

丰田知识产权委员会不仅主管丰田法律事务和技术部门，还参与制定公司的知识产权战略，是丰田在知识产权方面的最高决策机构。该委员会参考年轻成员的意见，确定了无偿公开作为燃料电池车核心零部件的燃料电池组、燃料箱以及加氢站等所有专利技术的方案。毋庸置疑，对于将花费20多年时间投入巨资研发的燃料电池车有关知识产权无偿提供给同行企业的方案，确实是令人难以接受的。“普锐斯之父”内山田竹志最开始对该方案表示坚决反对。为了打消技术人员和决策层的疑虑，知识产权委员会给所有董事会成员算了一笔账：如果有偿出售专利，能获得的收入将不过 10 亿日元。而与之相比，开放专利推动参与企业增加、市场扩大、最终基础设施建设取得进展，所获益处远超 10 亿日元。另外，知识产权委员会相信即使其他公司利用被公开的相关专利，也无法制造出与 Mirai 一模一样的燃料电池车。因为旨在防止氢外泄的电堆密闭技术并未申请专利，而是丰田公司最高的技术秘密。此外，短时间大量冲压加工厚度 0.2 mm 钛金属板的技术，即使利用公开专利也难以仿效。

因此，我们有理由相信丰田是在认真总结了其混合动力专利战略得与失的基础上，全面权衡了开放燃料电池车专利技术的利与弊，以及充分考虑了特斯拉给其带来的竞争压力的情况下，最终做出了开放燃料电池专利的决定。从而使丰田公司的专利战略做了一个 180° 的大调整。

未来终极替代能源的路线之争！

丰田燃料电池车 Mirai 一上市就被业内认为是特斯拉 Model S 最直接的竞争对手。无论是技术还是价格方面，两者都难分高下，确实是旗鼓相当的竞争对手。如今在先后仅隔半年的时间里，特斯拉和丰田又分别宣布开放其全部纯电动汽车和燃料电池车相关的专利。二者的竞争真可谓是针尖对麦芒，大有一山不容二虎之势。

特斯拉与丰田，一个是纯电动汽车的翘楚，一个是燃料电池车的先锋，貌似有点儿关公战秦琼的意思。但如果我们从整个汽车工业未来终极替代能源这个角度观察的话，其实不难理解这二位为什么会视彼此为眼中钉、肉中刺，必除之而后快了。

2011 年温家宝总理在中国科协第八次全国代表大会上提出了著名的“新能源汽车路线之问”，即“新能源汽车发展方向和最终目标是什么？现在重点发展的混合动力车和电动车是不是最终产品？”这两个问题，不仅对于我国的新能源汽车发展至关重要，其实对于全球汽车工业来讲也是急需寻找答案的。而且就算 5 年之后的今天，恐怕也没人能给出确切的正确答案。特斯拉与丰田如此玩命地厮杀，归根结底就是都想证明自己才是这两个问题的正确答案。

无论是特斯拉推崇的纯电动路线，还是丰田力主的燃料电池路线，与目前主流的燃油汽车相比，都有一个巨大的缺陷，那就是能源补给基础设施匮乏。发展纯电动汽车需要建设大量的充电站 / 桩，发展燃料电池车则需要建设大量的加氢站。这已经远远超出了一两个汽车公司的能力范围，甚至超出了整个汽车工业企业的能力范围，涉及更广泛的能源供给企业甚至是政府的参与。能源企业和政府关注的不一定是纯电动和燃料电池技术上谁更先进的问题，他们考虑的最重要的因素一定是哪种基础设施的投入产出比更高，说白了就是建设充电站 / 桩更划算，还是建设加氢站更划算。因此，除了建站成本之外，潜在用户数量就是非常关键的因素。如果道路上跑的需要充电的电动汽车越来越多，那么毫无疑问将更倾向于建设充电站，反之则更倾向于建设加氢站。

尽管政府可以动用财政、税收和产业政策等有形之手干预汽车产业的技术路线和能源基础设施的建设，对市场的选择施加一定的影响，但是在全球经济一体化的大趋势下，大家其实都是在一口锅里吃饭的。试想，如果大部分国家都选择了纯电动汽车路线，而只有你自己孤芳自赏玩燃料电池，那么就意味着你为了一棵树而失去了整片森林，从而将自己排除在世界产业大分工之外。因此，不要说日本、韩国，就算中国或美国这样的世界第一和第二大汽车市场国家恐怕也不敢冒这个风险吧。

显然，纯电动车和燃料电池车，谁能成为汽车工业未来的真命天子，除了市场，没有人知道正确答案。因此，未来二者的市场占有率才是决定胜负的关键所在。正如毛主席在《论反对日本帝国主义的策略》中所说的：“目前的时局，要求我们勇敢地抛弃关门主义，采取广泛的统一战线，防止冒险主义。”大概马斯克和丰田章男也读过毛主席的书吧，否则难以想象他们都如此深刻地领会了毛主席统一战线的精神。的确，如果此时还在打着独霸专利能给自己带来多少垄断利润的小算盘的话，那么必将失去更多的市场份额，而在未来终极替代能源这一战略对决中失利。因此，让更多的人加入自己的战线，才是特斯拉和丰田公开专利的本意所在。

商业模式——“共享经济”时代的新玩法

根据车联网产业技术创新战略联盟的定义，车联网是以车内网、车际网和车载移动互联网为基础，按照约定的通信协议和数据交互标准，在车与X（X：车、路、行人及互联网等）之间进行无线通信和信息交流。

汽车共享的模式及其发展历程

汽车共享指的是多名用户通过“拼车”或者“共乘”的方式共同享有某一特定汽车的旅程使用权的行为。拼车的概念并不仅限于固定车辆与多人共乘的供需和服务关系，还包括固定车辆与不同单位群体的供需服务关系，分为：共享汽车具有固定驾驶员，此时汽车本身的共享功能体现为多名乘客具有拼乘权利，即“座位共享”权利（ride-share）；共享汽车没有固定驾驶员，此时汽车的使用权可在不同时间段被多名乘客分享，即“车辆共享”（car-share）。

汽车共乘从经济利益角度可分为两种形式。

一种是互助性的，指不以营利为目的的多人合乘，驱程双方达成协议共同负担费用的出行方式。

一种是商业性的，即出租车辆征得第一租用人同意后，可在核定乘坐人数范围内合乘，线路必须顺路。

最早的汽车共乘的概念由德瓦尔斯在1951年首次提出，但由于当时并不存在交通拥堵的情况，所以这一设想也并没有土壤可以真正实施。私家车共乘于20世纪80年代才真正得以发展，起源地是德国和瑞士，最初参与者仅是熟识的朋友和家庭成员之间，然后，在政府等相关部门介入之后在这些国家开始施行商业化运作。Daganzo在1982年首次提出运用共乘解决在网络中均衡交通流分配问题的设想。1999 年，Prettenthaler 和 Steiningcer 的研究结果显示，共乘行为对于减少汽车的总的行程数上有着明显的优势，可以使私家车的总出行里程数减少 42%—50%。2000 年，Fellows Pitfield 以英国 WEST MIDLANDS 地区为参考依据，通过研究一天中从早高峰到晚高峰再到平常时间段这三个流量不同的阶段，将不参与和参与拼车者以及有意愿参与拼车的人和时间价值、单位油耗换算成净现值，经过经济学的统计和分析，这三类人群的净现值都有逐渐增加的趋势，这种数值如果兑现到实际前景来看，将会给人类出行带来很多好处。从 20 世纪 70 年代开始新加坡在交通高峰期开始实施通行证制度，规定乘客若在 4 人以下则私家车必须出具通行证才有资格出行，若发现车辆空乘会遭到罚款。通过这项顺风车鼓励政策，新加坡每天减少了 10% 到 25% 的私家车出行。美国旧金山市在早晚交通高峰时间段规定私家车如果只有驾驶员一人乘坐的话，需得缴纳 4—5 美元的过桥费用，而搭乘 3 人以上则可以享受免费通行特权。纽约和洛杉矶等城市为上下班高峰期共乘出行的私家车专门设立了共乘专用车道（High Occupation Vehicle Lane，简称 HOV），只允许车内乘坐人数不少于 2 人的车辆行驶。车内乘客不到规定人数且使用这一专用车道行驶的车辆将被处以 100 美元以上的罚款。据统计，以 50 km 左右通勤距离计算，高峰时段走 HOV 专用车道大约需要 40 min，而走普通车道则需耗时 90 min 左右。可见通过设立合乘专用车道，可以有效减少机动车出勤率，明显缩短通勤时间，大幅提高交通效率。

瑞士和德国是目前全球私家车共乘组织发展最快的两个国家，例如瑞士的小汽车共乘组织的用户每两年增加一倍，1998 年瑞士全国 600 个地点有 900 辆小汽车用于共乘，用户人数超过 2 万人；2000 年，用户达到 3 万人，车辆增加到 1 400 辆；到今天瑞士小汽车共乘出行仍然保持活跃发展的势头。作为汽车共乘模式的发源地，瑞士已经建立起全球规模最大的私家车共乘组织。

德国一些最新研究显示，协作消费在欧洲正成为主流消费方式。越来越多的德国人喜欢汽车共享，他们认为自己养车代表着老一辈的落后生活方式。过去，汽车是每个人生活的必需品，也有很多象征意义。如今，随着公共交通更便捷，以及人们移动需求的多元化，汽车以往的象征意义已经淡去。随着年轻人买车意愿的减少，德国新车购买者年龄在增加。自 1995 年以来，平均新车购买者年龄提高了 6 岁。在德国柏林，大约有 46%的人没有属于自己的私家车。

汽车业是德国的支柱产业，汽车企业可不愿意失去年轻客户，他们拿出的武器就是汽车共享，其目的是希望通过改变消费模式保留年轻人对汽车的兴趣。奔驰创建了 Car2go 项目，在慕尼黑、科隆、汉堡、柏林等地提供汽车共享服务。宝马的汽车共享业务 DriveNow 提供 MINI Cooper、宝马 1 系等一系列车型。雪铁龙公司汽车共享品牌名为 Multicity，提供零排放电动车共享服务。德国高铁通过 Flinkster 系统，提供包括菲亚特 500S、大众高尔夫等多个品牌的共享车型。

汽车共享一般按使用时间收费。Car2go 是每分钟 29 欧分，Multicity 是 28 欧分，Drive Now 是 31 欧分。客户可与一个或多个共享品牌注册，交纳一定的登记费，即可购买后续服务。通过智能手机的应用程序，他们可以找出距离最近的可用车辆。当他们完成一段旅程，可以方便地停在最近的地方，账单通过电子邮件发送到他们的手机。这项服务十分简单方便，迅速受到欢迎。德国弗劳恩霍夫研究所预测：到 2050 年，德国的汽车保有量将比现在减少一半。城市将更加环保宜人，行人和汽车互不干涉，在每个较大的交通枢纽站都有充足的停车位。

大西洋彼岸的美国也受到了这种潮流的影响。1999 年 9 月，丹尼尔森从德国旅行回来，并带回来一个新的想法。在柏林时，丹尼尔森对在欧洲十分流行的车辆分享概念印象非常深。她认为这项业务在美国的城市市区内也可以同样成功。2000 年 1 月，丹尼尔森与朋友蔡斯在美国马萨诸塞州剑桥市创办了网络租车公司 Zipcar，并提出了一个简单易记的口号——“你身边的轮子”（wheels when you want them）。Zipcar 采取会员制的运营模式，其自有汽车停放在居民集中区，会员可上 ZipCar 网站搜寻需要的车，网站根据车与会员所在地的距离，通过电子地图排列出车辆的基本情况和价格。会员取车并使用完之后于预约的时间内将车开回原本的地方，用会员卡将车上锁。相比之下，其他传统的租车服务商却要烦琐得多，而且取车还车大部分环节都离不开人工服务，平均耗费时间数倍于 ZipCar。 Zipcar 的租车模式不仅减少了人工服务的费用，而且自助消费的模式也让消费者拥有很大的自主权，因此很快流行开来。到 2005 年 1 月，Zipcar 已经拥有 30 000 名注册会员，是全美租车业务中最大的活跃用户群。截至 2012 年 1 月，Zipcar 已经拥有 76.7 万名会员、车辆 11 000 多辆，业务遍布美国、加拿大、英国、西班牙以及奥地利。2011 年 4 月 Zipcar 在纳斯达克上市，上市首日市值突破 10 亿美元，2013 年初被汽车租赁巨头 Avis 以每股 12.25 美元的价格（约合 5 亿美元）现金收购。被收购后 Zipcar 将以 Avis 子公司的身份继续运营。

美国 Zipcar

目前无论是私家车自由发展比例最高的美国，还是采取政策导向合理发展私家车的日本和欧洲国家，抑或是对私家车严格控制的新加坡、香港和马来西亚，对汽车共享模式都是积极鼓励和扶持的。汽车共享已经成为一种社会趋势，通过智能手机的沟通软件，人们在城市不同地方能够轻松共享各种信息，推动了汽车等消费品共享的便利性。美国作家马克 · 莱文对汽车共享进行了概括，他说："共享汽车很干净、便捷、从容、后现代，而自己养车则显得传统、沉闷、封闭。"

汽车共享在中国的野蛮生长

目前在中国的一二线城市里，或许还有很多人不知道共享经济是什么，也没有用过 Uber，但如果想找到几个没有拿过滴滴和快的两家公司发的红包的人恐怕不太容易。一场由腾讯和阿里在背后支持，滴滴打车和快的打车挑起的打车补贴大战，除了让全国人民真切感受到什么叫“有钱就是任性”之外，还迅速普及了互联网约租车这种新的服务形式。

正如许多美国互联网公司在中国都能找到一个类似于双胞胎的兄弟一样，对应于互联网打车软件鼻祖 Uber，滴滴打车和快的打车也立志在中国的互联网约租车服务市场干出一番事业。2012 年 8 月，成立仅三个月的杭州快智科技有限公司推出了名为“快的打车”的打车软件；2012 年 9 月，相隔不到一个月的时间，小桔科技在北京也推出了名为“嘀嘀打车”（后改为“滴滴打车”）的同类产品。这个时候 Uber（优步）虽然在美国已经成为最火的科技公司，但在中国打车软件还是一个新鲜事物，只有杭州和北京两地的少数人在使用。但这种情形随着两个互联网巨头阿里巴巴和腾讯的加入而迅速改变。

2013 年 4 月，快的获得阿里巴巴、经纬创投 1 000 万美元 A 轮融资；2013 年 4 月，腾讯向滴滴注资 1 500 万美元。有了互联网巨头在背后撑腰，二者以迅雷不及掩耳之势席卷全国。2013 年 6 月，快的打车开通全国 30 个城市，并与去哪儿、高德地图、百度地图、支付宝形成战略合作伙伴，为其打车功能提供服务支持；8 月，快的打车接入支付宝，成为全国唯一一家可以通过支付宝在线支付全部打车费用的打车软件。2013 年腾讯欲利用具有大量用户基础的微信打破阿里对移动支付的垄断，实现自己连接线上线下服务的梦想。由于打车服务用户群体与移动支付用户的高度重合，2013 年 9 月，在改版的微信 5.0 中，腾讯开始将滴滴打车接入微信支付。在快的打车和滴滴打车分别接入阿里的支付宝和腾讯的微信支付之后，一场震惊全国的打车软件补贴大战全面爆发。2014 年 1 月份，随着腾讯 1 亿美元融资到位，滴滴打车开始发放红包，而快的在阿里的支持下也紧随其后。这场“打车软件 + 红包大战”一直打到 2014 年 5 月份才告一段落，双方共烧掉 20 多亿元，盛况空前历史罕见。据双方公开的数据，在历时近半年的补贴活动中，滴滴打车补贴规模超 14 亿，快的打车也补贴近 10 亿。当时滴滴 CEO 程维向媒体提供了两个数据，在滴滴打车补贴最高的时候，滴滴打车订单量峰值曾达到 530 万单，而停止补贴后，现在平均每天的订单量回落到 300 万单左右。快的方面也声称，在补贴期间日单数甚至超过了 600 万单，补贴结束后订单数下降了 6 成。

滴滴打车与快的打车补贴大战

除了出租车之外，双方将战场进一步扩展到了专车服务市场。2014 年 7 月 8 日，快的率先推出“一号专车”服务，紧接着 2014 年 8 月 19 日，滴滴也推出了“滴滴专车”服务。滴滴创始人程维表示，滴滴打车如果要从出租车这样大用户量的市场切入中高端专车租赁细分市场，一举抢占掉小公司的市场份额只是分分钟的事情。快的打车也声称，快的打车未来更加倚重商务约租车业务。商务约租车领域的“一号专车”，盈利模式非常清晰，将来肯定会成为营收主力。为了打消用户专车不安全的顾虑，在专车领域站稳脚跟，这两家更是不遗余力地推出了专车保险。2015 年 1 月 9 日，“一号专车”宣布，将率先成立1亿元的乘客“先行赔付”基金，并和中国平安保险公司共同达成责任人责任险合作框架。对使用专车服务的乘客在营运过程中发生的保险事故，由该基金先行赔偿，以提高乘客的安全保障。最高一单赔付额度可达50万元，并且一年不限次数。滴滴专车同样建立了保险赔付体系，但并非先行赔付，而是滴滴进行责任兜底。发生事故后，如果是车辆责任，则由租赁车公司来赔付；如果是驾驶员责任，则由劳务公司来赔付；如果超出赔付范围和金额，则由平台完成余下的赔付。具体做法是：在车辆和司机已有保险机制的基础上设立“基金池”。该“基金池”委托中国人寿设立管理，前期滴滴专车平台投入100万人民币保底资金，每次订单服务后再从服务费中投入1元。

2014年12月双方又一次补充弹药，滴滴打车获得腾讯、淡马锡和DST的7亿美元D轮融资，快的打车获得阿里巴巴、软银和老虎基金的6亿美元D轮融资。双方的补贴大战，在12月12日（双十二）这天达到了高潮。首先是“快的打车”宣布双十二请全国人民打车，只要用“快的打车”并用支付宝付款就可以免起步价，而且每人有两次机会；“滴滴打车”随后宣布叫车后1分钟内打不到车就送至少8元的打车券。“快的打车”迅速再出招升级优惠，除了减免起步价外，再加送10元支付宝打车红包；而“滴滴打车”也迅速调整策略，提前往客户端用户的账户送上了双十二专享的打车券。

接下来戏剧性的一幕出现在2015年的情人节。2月14日，快的打车与滴滴打车联合发布声明，宣布两家实现战略合并。滴滴打车CEO程维及快的打车CEO吕传伟将同时担任新公司联合CEO。两家公司在人员架构上保持不变，业务继续平行发展，并将保留各自的品牌和业务独立性。新公司总裁柳青将其称为“情人节项目”。合并之后，虽然没有了补贴大战，但新公司扩张的步伐并没有停止。5月13日，滴滴宣布在北京、天津、广州、深圳、成都、重庆、武汉以及杭州等8个城市上线公益性搭车服务“滴滴快车”。“滴滴快车”仅按照里程单价和时长收费，价格非常低廉，再加上没有起步价，上述8个城市的乘客因此大幅降低出行成本。7月6日，滴滴打车宣布正在内测一个“合乘拼车”系统，该套系统将作为滴滴打车的底层构架，在出租车、专车以及快车等所有滴滴的服务内上线。通过这套系统，出租车、快车、专车上的每一个座位都将成为一个独立的可售资源。9 月 9 日，“滴滴打车”更名为“滴滴出行”并启用新 Logo。9 月 10 日，滴滴宣布正式与全球最大的客车制造企业宇通客车达成战略合作关系，双方将在资源互补的基础上，在新能源巴士以及无人驾驶等客车智能化前瞻技术的落地推广方面展开深度合作，共同打造良性循环的互联网巴士生态。9 月 16 日，滴滴宣布完成对 Lyft 的 1 亿美元战略投资。与美国第二大网络约车平台 Lyft 结盟，预示着滴滴在中国市场完胜 Uber 之后，已经开始向 Uber 的大本营发起了进攻。

汽车共享在中国的困境和希望

滴滴在中国攻城略地快速发展的同时，各地相关部门的约谈与叫停也如影随形。2014 年 10 月，沈阳市交通局明确表示，滴滴专车等专车服务属于非法运营，表示一旦查处将按“黑车”处理，给予处罚。2014 年 11 月 19 日，南京市管理部门表示：私家车、挂靠车等非汽车租赁企业所属车辆，不得提供有偿汽车租赁经营。

2015 年 1 月 14 日，成都市交通委和公安局发布《成都市交通运输委员会、成都市公安局关于严厉打击汽车非法营运行为的公告》。四天之后，两部门联合约谈“快的打车”“滴滴打车”“神州专车”和“优步打车”等 4 家提供专车服务的公司，明确表示对本月 14 日后从事专车服务的行为进行调查取证，并将按照现行法律法规进行处罚，警醒告诫 4 家公司严格遵守现行法律法规、合法经营。

2015 年 6 月 2 日，在顺风车上线并宣布推出“橙色星期一”活动的第二天，滴滴快的就被北京市交通委运输管理局、市交通执法总队和市公安局公交保卫总队三家联合约谈。约谈的内容主要是通知滴滴，专车和快车业务利用私家车和租赁车，配备驾驶员提供运输服务并按里程和时间收费的做法是违反现行的法律法规的，是要被取缔的。在约谈之前，北京市交通委查处了207辆涉及滴滴快的专车平台的“非法运营”车辆。

2015年7月23日，北京市交通委运输管理局、市交通执法总队、市公安局公交保卫总队、市发改委、市工商局、市国税局、市通信管理局、市网信办等8个部门再次约谈滴滴、优步平台负责人，明确指出其组织私家车、租赁车从事客运服务的行为，涉嫌违法组织客运经营、逃漏税、违规发送商业性短信息和发布广告等。在被约谈的同时，北京市交通执法总队查处了非法运营私家车、租赁车2 147辆，涉及滴滴专车平台上的1 211辆，涉及优步平台170辆。

2015年8月31日，滴滴打车、优步深圳、易到用车3家平台首次被深圳市交通委约谈。深圳市交通委客运管理局认为，按照已查取的证据材料、现有法律和国家交通运输部规定，私家车接入互联网平台参与营运，实质上是以营利为目的、为非特定对象提供运输服务的非法营运行为，属违法经营行为。该局要求各平台企业要依法依规经营，自查自纠、立即整改，否则将根据有关法规处罚相关平台。

在各方意见达成一致、新的规则制定完毕之前，以滴滴为代表的互联网约租车平台被各地相关部门叫去约谈这种事情恐怕还会继续……市场的热情与监管部门的冷酷，让滴滴们真切感受到了什么叫“一半是海水一半是火焰”的折磨。要理解这种市场与监管之间尖锐的矛盾，我们必须要搞清楚滴滴到底改变了什么？触犯了什么？

回忆一下，在没有滴滴之前你是如何出行的。拼命挤进塞得像罐头一样的公交车和地铁里，或者在风雨交加的时候抱着生病的孩子在路边祈祷出现一个能可怜可怜你的出租车司机大爷，抑或痛下决心节衣缩食买一辆属于自己的私家车，然后每天自己开着车像乌龟一样慢慢爬向单位。

柴米油盐，衣食住行是老百姓日常生活的必需品。随着互联网在中国的快速发展，衣、食、住都已经被互联网深度改变了。现在没有多少人专门去商场买衣服了，天猫上有的衣服比100家商场都多。也没有多少人为去哪里请家人或朋友吃饭而发愁了，打开大众点评等，各种菜系、各种价位的餐馆任你选，口味如何、环境好坏、服务态度一目了然，还能打折团购。租房买房怕碰到黑中介？没有关系，去赶集、58 同城或房天下，价格透明、服务周到。在滴滴出现之前，唯独出行问题好像互联网无法解决似的。滴滴公司总裁柳青在接受媒体采访时表示，“中国人出行的需求是多样性的，单一的出租车业务无法解决出行难问题。滴滴推出新业务、进入新的城市，都是通过大数据分析的结果，正是发现用户有需求滴滴才会去做。”

针对出租车司机认为专车和快车抢了他们的生意而不满的情况，滴滴官方表示，滴滴从出租车起家，截至目前已有 135 万出租车司机用户，而今天出租车的空驶率还在 40% 左右，出租车的效能还没有真正利用起来，出租车司机的收入还是受限的。滴滴将继续帮助出租车提高效率，帮出租车司机提高收入。在滴滴看来，出租车本身是一个有先天优势的产品，价格统一有发票、司机认路等。如果出租车服务能够提高，它会是一个非常具有吸引力的一个产品。滴滴正在探索通过互联网技术将出租司机服务质量与收入挂钩的方法。

此外，在谈到出租车、专车和私家车的关系时，柳青表示：“之前我们都说出租车是一个存量市场，如果专车进来就把这些存量挖走了，所以说它被颠覆了。现在的数据是，每天有 2.6 亿人次自己开车出行，如果我们可以将这部分人转化 10%、20% 甚至 30% 出门是坐出租车、专车、快车，其实出租车就成了一个增量市场，这会给出租车带来很大的变化”。柳青还算了这么一笔账，如果买一辆 20 万的车，大概 5—7 年一般就会换车，购车成本加上在这段时间的养护成本、保险、停车费等费用，摊销到每一次出行，保守估计一次的成本在 100—200 元之间。买一辆车的费用至少可以坐 10 年的专车或 15 年的快车。在滴滴快的眼里，未来应该是大家都不去买车，与其买车回来 90% 的时间都在闲置，自己开车也很辛苦，不如你来坐专车、快车，或者你真的想要开车，你可以做顺风车车主，这样更经济环保，在路上还有人可以聊天。因此，滴滴要消灭的根本不是出租车，而是要改变目前利用率极低、造成大量资源浪费的私家车出行方式。

官方数字显示，目前在滴滴平台，出租车业务每日订单约为300万人次，专车业务日单约400万人次，顺风车日单约60万人次，企业用车已服务5 011家企业，代驾业务峰值时日单约50万，滴滴巴士在北京、深圳已开通了500条路线。同时，拥有135万出租车司机，200万专车司机，460万顺风车司机和100万代驾司机。柳青说，滴滴的核心战略目标是在未来3年时间里每天服务3 000万用户、1 000万车主，用户在任何地方都可以在3 min内叫到一辆车。

十八大三中全会已经明确表示，要让市场在资源配置中发挥决定性作用。在大连举办的第九届夏季达沃斯论坛上，李克强总理表示，“目前全球分享经济呈快速发展态势，是拉动经济增长的新路子。”这是中国本届政府最高领导人对分享经济这一新兴经济形态首次予以正面肯定，是对近年悄然兴起的国内分享经济模式探索者、创业者和实践者莫大的鼓励。另外，中央全面深化改革领导小组第十六次会议审议通过《关于实行市场准入负面清单制度的意见》。市场准入负面清单由国务院统一制定发布，从2018年起全国正式统一实行，这也意味着传统的行政审批制度将全面改革。因此，在这样的大背景下，在“出行难”这个让政府倍感头疼的老大难问题被技术进步和市场机制轻易地解决掉的时候，相关部门的决策者也应该与时俱进，不要在思想上故步自封，拿已经过时的旧办法去监管新时代的新事物。

好消息是，在滴滴们的倒逼压力下，出租车改革已经在部分地区出现了向好的苗头，对于这种新生事物的监管思维也在发生微妙的变化，不再那么简单、粗暴、武断，而开始以一种合作、温和、商量的态度处理问题。2015年5月7日，浙江义乌出台《出租车改革运行方案》，强调2016年全部取消出租车营运权使用费，2018年起不再管控数量，车费由市场定价，并鼓励专车服务。交通部公开表示义乌为全国出租车行业改革提供了借鉴。2015年6月1日，滴滴与上海市交通委、出租汽车企业联合表示，三方共建的“上海出租汽车信息服务平台”正式上线运营，其中专车、拼车等新服务方式都将纳入平台管理。上海市交通委主任孙建平在接受采访时表示：“必须承认，约租车（包括专车）是在目前出租车不能满足供需矛盾的情况下，出现的一种新服务，是一种新思路。”滴滴 CEO 程维则表示，他们也需要这样一个契机与主管部门“彼此拥抱”。2015 年 9 月 14 日，杭州市出台《深化出租汽车行业改革的实施意见（征求意见稿）》，明确规定自 2015 年 1 月 1 日起，停止收取出租车经营权有偿使用金，实行经营权无偿使用。一次性缴纳有偿使用金获得经营权且经营期限尚未用完的，按照投入资金、剩余时间折算出相应的余额，予以退还。经营权实行有期限管理，每期 6 年。期满后，以服务质量信誉考核结果作为主要依据，优先再配置给服务质量优良的经营者。考核不合格的，按有关规定或协议约定收回经营权。滴滴快的公司杭州地区高级公关经理蔡婧嫣在接受时代周报记者采访时表示，“《征求意见稿》反映了杭州市政府深化改革、简政放权、充分发挥市场配置资源的决定性作用，积极推进落实‘互联网 +’的决心和魄力，为积弊已久的出租车行业改革迈出了突破性的一步。”